図① 意識の拡大図

好奇心（高木真）による意識の拡大
（自己の内側へと自己の外側への2方向への意識の拡大）

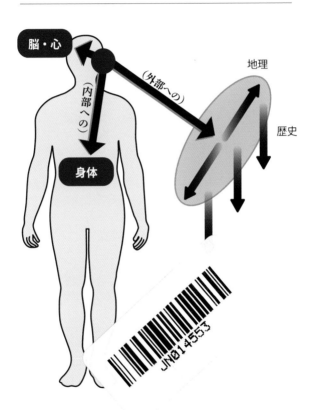

図② 財務諸表・PLとBSの関係（廊下とついたて）

BS　資産状況の表示・PLの補完調整

PL　一会計期間でいくらコスト・費用をかけ収益・利益を得たかを示すもの

BSの変動　借り入れ・返済（負債の増減）
　　　　　　資本取引（増資・減資・利益剰余金の積立・取り崩し等）
　　　　　　損益取引 PLよりの増減額資産）

資産　流動性の高いものから（債権者の回収容易性より）
　　　　PLの将来の費用・費用予備軍・PLの補完・調整

負債　債権者持ち分

資本　株主持ち分

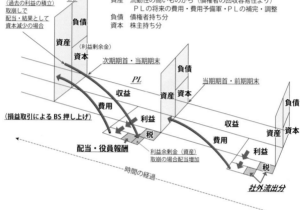

図③ 損益分岐点

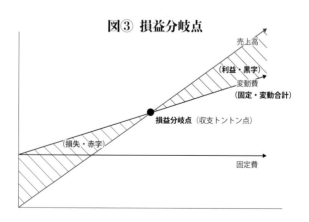

文庫増補改訂版

海外百ヵ国以上一人旅で考えた事

実践

高木 真
Takagi Makoto

幻冬舎
MC

目次

巻末図版
　　図① 意識の拡大図
　　　　好奇心（高木真）による意識の拡大
　　　　（自己の内側へと自己の外側への 2 方向への意識の拡大）
　　図② 財務諸表・PL と BS の関係（廊下とついたて）
　　図③ 損益分岐点

まえがき

　私は、ほぼ一人で、世界百カ国以上を、仕事ではなく個人で自費で、これまでに旅をしてきました。

　そこで、旅・移動に関する事を、文章にしてみました。最近は最初の旅自体に意味を見出すというより、異空間をたった一人で歩くという事に意味を見出しています。全く見た事も経験した事もない異空間の中で、自分一人で環境を認識理解し判断決断し行動する、という事に意味を見出し、海外の旅をしています。組織人なら、自分自身で判断決断し実行する必要性はあまり感じないかもしれませんが、組織から離れたり組織人でない人は、一人で日々判断決断実行の連続になります。私は世界旅行の最初の頃の世界の多くの事を見たい知りたいから、だんだんと全く知らない異空間で未知の問題に遭遇し、たった一人でいかに取り組んでいくか解決していくかに意義を見出すようになりました。従って、この本は海外諸国で見聞した事を、ただそのまま文章化しただけの普通の旅行記のようなものではありません。更にこの本は、自己の体験を通じ、単に楽しみ娯楽の為のエンターテインメント本ではなく、旅と**旅を越えて人生を旅だと敷衍（ふえん）**して、心を安定（平常心・不動心）させ体を調え、好奇心を満たし・チャレンジ挑戦・

問題解決力訓練・現代社会経済システムの構造等、現実社会を生きる知恵として役立つ・参考になる事項等にまで及び、実質的・本質的内容・実のある**実用・実践本**としてまで読んでいただけるよう、心がけて書いています。

　内容は、旅・移動に関しての、**我々の歴史上の現在の立ち位置の確認、旅の目的、旅の準備**（旅を敷衍して、人生と見るならば、人生を乗り切るための準備）としての**心・体・技・経験**について、書いています。

　また別の角度・切り口から、**自己の意識・視野・認識の拡大**として、①自己の外に向かっての意識・視野の拡大（日本・世界の地理・歴史上の認識）、②自己の内に向かっての意識・認識の拡大（自己の健康、自己の**心・脳、体（食事・運動）**）についても書いています。この内外２つの意識の拡大考察を総合的に同時に書いているものはあまりないと思います。（図① 意識の拡大図）この２つを共に明確に意識し認識し問題対策を考えていないと、自己自身の判断決断行動に重大な影響が出ると考えているからです。

　そして、その知恵・知識は、単に旅にとどまる話・問題ではなく、我々が生きる・生き抜く事に生かせる実践的な知恵・知識として役立つものではないか、と思っています。

　私の旅に関して、考えた事・実際に体を動かしたった一人で世界を歩き経験した事が、多くの人の生きる事・生き抜く事・生ききっていく事の、多少なりとも何らかのヒン

ト・参考（私からのささやかな人生応援歌）になれば、私がこの文章を書いた意味があるのではないか、と考えています。

　更に、ある特定の時代を生きたごく普通の一般的な庶民の日本人が、何をどう考えどう行動したかを、記しておく事は、ただ単に時代運命に翻弄され流されただけで何も残っていないという事にならず、意味のある事ではないか、とも思っています。「虎は死して皮を残し、我は（名はどうでもいいが）死して言葉・本を残す。」です。

はじめに

　私は、日本全国各都道府県はもとより、世界百カ国以上を、殆ど一人で旅をしてきました。しかし、この本では単に世界各国で見聞した事それをそのまま文章化したものではなく、もちろんそれも多少ありますが、それ以上にそれを通じて帰納して得られたもの、生きる事に役立つものまで及んで書いていこうと思います。単に世界各国を、「来た・見た・感動した」式の紀行文は他にたくさんあるし、世界各地の詳細解説も多くあり、動画でも現代は多く見る事が出来、それをやるときりがなく、私があえて書く必要はないと思うからです。単なる旅行ではなく、**異空間への一人旅に意義がある**、と考え旅をし、その経験を通して考えた事を書こうと思います。

私の国内外の旅と旅とは何かについて

　私は、**日本国内**は、今までに、飛行機・バス・車・カーフェリー・新幹線・JR青春18きっぷ等を使って、一人で沖縄から北海道まで全都道府県を旅してきた。国内旅行は、言葉の問題を含め、あまり難しい事ではない。

　海外もこれまで、百カ国以上を、殆ど一人で、旅をしてきた。ただ、百カ国以上といっても、単に入国数・訪問国数を増やすための入国スタンプラリーではなく、また国数を増やす事自体が目的でもなく、非日常・異空間を知りたくて、結果的に訪問国が増えただけである。また主要国は、1カ国1回という事ではなく、何回も色々な所を何回かに分けて、訪問している（ただし、場所的にも時間的にも全世界を全て見るのは不可能だし、更に、この自分も含めてこの世はどんどん変化しており、行ったとしても、地球のほんの表面・世界の限定された場所を、変化する中のある時間・ある瞬間のほんの一部を見に行っただけで、全てを見て分かった気持ちにならないよう、自戒はしている）。

　まず、そもそも海外旅行より大きな概念、「**旅**」とは何であろうか。英語の「**ツーリズム**」という言葉が参考になる。語源はラテン語で「**ろくろ**」を意味する。ろくろのイメージは、作業する人の前から離れて円を描いてまた戻っ

てくる、というものである。これを人の移動に当てはめると、日常生活の場があり、そこからいったん離れて移動し、またもとの日常生活の場へ戻ってくるというものである（オーストラリアの**ブーメラン**のイメージでもよいと思うが）。

　これを海外の旅で考えると、短時間日常生活から離れ再び日常生活の場・空間に戻ってこない、海外移民・移住・留学・勤務・長期滞在等は、旅に含まれてこない。また、Ｕターン・Ｊターン・Ｉターンという言葉がある（主に国内移動を念頭にしていて、生まれ故郷を離れ、別の場所で生活し、再度別の場所に住み替える、という捉え方・発想である）。これらのターンは、生まれ故郷に戻ってくる・途中まで戻ってくる・生まれ故郷から離れて全く別の所へ移住する（これはもうターンではないと思うが）、というものだが、これも住所・居所・日常生活をする所・場所を変えるのであるから、旅には含まれない（海外移住の前提として、海外の視察・様子見は、海外旅行と考えてもよいと思うが、同様に国内移住の前提としての、視察・様子見・準備は、旅（国内旅行）の範疇に含めてよいと思う）。

　これに関連して、**観光**という言葉がある。概念の変化はある（最初は幕末の国の光を観るという意味の軍艦の名前）が、今は**物見遊山**（日々生活する日常空間と違った各地の世界遺産等の名所・旧跡・風光明媚な所を見物して歩き、各地の名物料理を食べ歩く）のイメージで使われる事が多

い。旅・旅行はもう少し広い意味で使われる。

　更に、最近**インバウンド・アウトバウンド・国内旅行**と、主に観光産業・観光行政の立場から、分類される言葉がある。日本人の海外旅行は、**アウトバウンド**に分類される。（最近よく使われる**インバウンド**は、海外からの外国人の日本国内旅行である。これらは、観光を産業として捉えどう取り込むか、からの視点での言葉である。コロナ禍で一気にばったり観光産業が落ち込み深刻な問題になったが。）話はそれるが、コロナが少し落ち着いて、観光に付随する産業を支援する目的で、**ゴー・ツー・トラベル**、というキャンペーンがあったが、ツーは英語のto不定詞（現在分詞・過去形・過去分詞形とかのように定まっていない、動詞原型）ではなく次に名詞のくる前置詞のtoであろうから、英語的に考えれば、目的地点（名詞）への方向を表す言葉なので、動詞原型は来ず、ゴー・ツー・サムウェアー　キャンペーン、ではなかったかと思う。goは、go doing（～しに行く）という表現もあるが、本来自動詞（主語と対象との関係ではなく、主語自体の動作・状況を説明する動詞）で直接後に目的語を取らず、行く（日本語では方向性を前提としている）というより、動く・移動する、の意味で、方向を示すには、前置詞toが必要で次に目的地・名詞のはずである。～するためにというto不定詞（副詞的用法）がくるとしてもそのあとのはずである。英語の戦争・コンバッ

10

ト映画を見ていると、go! go! といっている）。個人の海外
旅行者としての立場からは、このように分類されたからと
いって、特別に意味があるわけではない。

旅移動に関する我々の現在の立ち位置

この歴史認識がないと、単に表面的に現在だけを見ても、
我々の日本や国際社会での**現在の立ち位置**が理解出来ない
し、判断行動がうまくいかないし、外国の人と共通認識も
出来ず国際社会でのコミュニケーションも国際社会理解も
出来ない、という事になる。広く歴史的考察する意味はこ
こにある。歴史的考察は、単に点の丸暗記では足りず、流
れとしてそして現在にどのように影響を与えているか理解
しないと役に立たない。そして、多くの日本人が旅移動に
関する体系的統一的流れとしての歴史認識を欠いているの
ではないかと思う。そこで、旅移動に関する歴史を今一度
確認する意味で観てみたい。

現代では、居住・移転・職業選択、海外渡航・海外移住
の自由は、日本国憲法22条１項・２項の憲法保障で、当た
り前のように思われていて誰も何の疑問も持たないが、日
本の封建時代、特に**江戸時代**は、農民を土地に縛りつけて
おく必要上、居住・移転・職業選択の自由はなかったし、
関所が置かれ（幕府は、大名の反乱・倒幕を恐れ、特に関

所では「入り鉄砲に出女」は厳重に警戒された）、旅行の自由はなかった（農業生産が日本の主要産業だった封建時代、土地と農民はセットで農民の農地からの逃亡（欠落・走り）は重罪であった。江戸時代には仏教と結びつけられ、例外的に無宿人もいたが、**宗門人別帳**で庶民は建前上皆仏教徒とされ管理された。当然体制崩壊させる危険性のあったキリスト教は認められなかった。武士の場合も、**藩**に無断で自由に藩外に出る事は出来ず、脱藩する事は、重罪を犯す事となっていた。

　脱線であるが、藩に関していえば、日本の行政区画は、３つの変遷をたどっている。最初の中央集権時代・律令時代の**国郡郷里**、江戸時代幕藩体制・封建制のもとでの**藩**、再度の中央集権時代の明治期の版籍奉還・廃藩置県での**都道府県**である。３層構造になっているので、現代の視点から日本の行政区画を見ると、旧国名なのか藩名なのか理解しにくく、混乱する。例えば、幕末明治期の**薩長土肥**。薩摩・長州・土佐は藩名であるが、肥前は今の長崎佐賀で本来は旧国名である。肥前藩ともいわれるが、正確には藩名は佐賀鍋島藩であろう。ただ鍋島はいいにくいのでこうなったのであろう）。

　国内旅行も原則自由に出来ず、例外として、豪商・豪農、無尽・講を利用した農民の、**お伊勢参り・善光寺参り・お**

かげ参り・抜け参り等があった。これは江戸時代、大名の反乱・倒幕運動を抑えるために、蓄財を予防・防止し散財させるため（江戸幕府は各藩が豊かになるのを防いだ。それ故藩が豊かになるのは問題だった）、**参勤交代制度を作り**（大名負担で**普請**もさせられた）、そのための**宿場町を整備**したが、これが大きかったと思う（今でいう旅のインフラ整備がなされたという事である。このため、藩主と付き添いの者は、国元と江戸を参勤交代で移動・旅する事は、制度上認められており、旅が出来た事は当然である。仕事としてではあるが、いったん国元を離れまた戻ってくるのであるから、これも江戸時代の例外的な旅の範疇に含めてよいと思う）。

　ただし、江戸時代は、幕府が反乱・倒幕軍の移動を恐れ、意図的に大きな橋を架けさせず（限定された場所での橋ではない渡河の方法として、**大井川渡し**（人足渡し。多くのダムがある今の水量では昔の水量を判断出来ない）・江戸川の限定された場所での小船での渡しの**矢切の渡し**等が有名）、馬車を禁止（中山道の馬籠宿（島崎藤村の生家・記念館がある）は車の通れない山の中の坂道のでこぼこ・石段道に宿場町がある。また箱根の旧東海道は石畳石段道でとても車では通行出来ない）し、また国禁の鎖国を犯し抜け荷・密貿易をしたり、倒幕のための大軍勢輸送を避けるため、**大型船の建造・使用を禁止**したため、徒歩か駕籠か

小舟かで旅をするしかなかった。旅の様子は、東海道中膝栗毛の滑稽本や、広重・北斎らの版画・浮世絵で見て取れる。松尾芭蕉も徒歩の旅だったが、芭蕉がなぜ当時国々を自由に旅出来たのかは、藩・幕府権力との関係で不思議である。文学の人は、俳句の内容ばかりで、資金面を含めなぜ旅が出来たかを全然問題にしていない。色々憶測も働くが、本当の所は、どうだったのであろうか。

　水戸光圀が、中国の司馬遷の「**史記**」を読んで感銘を受け、日本でも「**日本史**」を編纂しようと、資料収集のため、実際に家臣を諸国に派遣した（これで、「日本史」・水戸学が水戸藩で生まれた）。それに尾ひれを付け・盛られて、「水戸黄門（中納言）諸国漫遊記」なる講談・映画・テレビの時代劇・旅の話が生まれた（徳川御三家の水戸光圀は、朝廷から**中納言**の官位をもらっており、**黄門**は中納言の唐名で、黄門・中納言はダブりである）との話を聞いた事がある（日常生活と違った、旅の話・異空間・異なる世界の話は、楽しく・好奇心を満たし、いつの時代も人気がある。特に庶民が自由に旅行出来なかった時代には、旅の話は楽しみとなっていた）。

　しかし、原則禁止、例外的に認められても、幕府防衛のため原則徒歩・駕籠・小舟でしか旅が出来ないにもかかわらず、江戸時代には何回か大きな「**参りブーム**」があったようで（実際は神社・仏閣参りを口実にした、物見遊山の

観光旅行）、こうなると原則禁止の意味が失われ、何が原則で何が例外か分からなくなるくらいである。

　江戸時代、国内旅行も自由にならなかったのに、ましてや**海外渡航・旅行**は、幕府体制支配に不都合な宗教・思想に感染するのを恐れて（江戸時代交易のためのオランダ人が長崎出島に閉じ込められたのは、一般人への宗教・思想感染を恐れた以外、天然痘・ペスト・コレラ・麻疹・梅毒等の疫病感染を防ぐ防疫の意味もあったかもしれない。出島では、遊女以外の一般人の出入りは禁止されていた）、体制を揺るがすのを恐れて、**鎖国**で入国・出国が禁止されていた。特にキリスト教、中でもカトリックが警戒された。江戸時代のキリスト教は、日本史上一般にはカトリックとプロテスタントはあまり意識して区別されていない。日本のいわゆる熊本・長崎辺りの「**隠れキリシタン**」は、ザビエル布教由来の、カトリック・イエズス会の信者であった。これは、ザビエルが、日本での布教の許可を幕府・天皇にもらいに鹿児島から九州西海岸沿いの山口を通って京都まで行ったが、その途中の布教により信者となり、幕府禁教後も隠れて信仰したカトリック・イエズス会の信者であった。ザビエルはその後京都から引き返したが、山口（滞在していた大内氏はその後滅亡した）を経て一時ザビエルが逗留した大友宗麟の豊後の府内は、一時期カトリックの日本布教の中心地となった。この事は、**フロイスの書簡**（日

本史）で分かる。その後豊後は、キリスト教禁止で「豊後崩れ」（1660〜1682年）となり、豊後のカトリック信者は仏教に改宗させられた。

　徳川家康は、1600年豊後・臼杵・佐志生・黒島に漂着したオランダ船**リーフデ号**（この船には、オランダプロテスタントの象徴エラスムス像が飾られていた。実物を国立博物館で見た事がある）に乗っていた、**ヤン・ヨーステン**と**ウイリアム・アダムス**を、カトリックのバテレン宣教師よりも、領土的野心なしとして厚遇し、幕府の顧問に迎えた（ウイリアム・アダムスは、イギリス人であったが、相模・神奈川・三浦に領地を持つ水先案内の意味の、**三浦按針**と呼ばれ、西洋人の武士となった）。徳川幕府は領土的野心がないとして、プロテスタントのオランダとの交易を認めた。イギリスも、ウイリアム・アダムスのよしみであろう交易を認められていた（家康から朱印状をもらっていた）が、イギリスは東アジアの交易覇権でオランダに敗れ（**アンボン事件**）、東アジアから撤退した。この時イギリスは、日本の平戸島からも同年に同時に撤退した。50年後、再びイギリスは、幕府に朱印状はいまだ有効だとして、交易再開を要求したが、オランダからの情報であろう、イギリスのカトリック傾向が強まったとして、幕府は交易を断っている（**リターン号事件**）。結果的に、幕府は幕末まで、西洋とはオランダとのみ交易をした事になった。プロテスタ

ントのオランダは、島原の乱の時、海上船から反乱軍・カトリック信者を砲撃し、幕府の信任を深めていた。イギリスとは、前述のように、最初は交易していたが、イギリスのクロムウェルの共和制後の王政復古時カトリック傾向が強まったとして、幕府は中断後の再開を断っている。その後イギリスでは、国王のカトリック傾向に反発が強まり**名誉革命**が起こりイギリス国教会のプロテスタント化が決定したが、日本との交易の面では既に遅かった事になる。以上見たように、日本史上でも、カトリックかプロテスタントかを分けて考える意味はあると思う。

西洋の**ドイツ30年戦争**（1618年〜1648年）では、プロテスタントかカトリックかは大問題となり単なる宗教論争ではなく、プロテスタントとカトリックに分かれて、大規模な戦争となった。最初は、神聖ローマ帝国内のプロテスタント（主に北部ドイツ）とカトリックの戦争であったが、次第にヨーロッパ各国を巻き込む大戦争となった。

鎖国は、中国の明・清朝時代の倭寇を恐れての「**海禁**」の制度がヒントになったのであろう。

もし江戸時代に生まれていたら、個人で気安く海外旅行等出来なかった。旅が出来ない・禁じられた、農地に縛られた農民の非日常の娯楽・楽しみ・日頃の憂さ晴らし・士農工商の身分を忘れさす無礼講・ストレス解消の社会システム・日本的娯楽レジャーとして、多くは酒を伴った、盆・

正月、地域・地方の春祭り・夏祭り・秋祭り等の各種祭り、農閑期に近くの温泉地・湯治場での温泉・湯治、歌舞伎・芝居等があった（当然、生きるのが精いっぱいで、生活に余裕のない人は、それどころではなかった、と思われるが）。

日本人の海外渡航

　日本人は、国外に出る事を「**海外に行く・海外渡航**」と何の気なしにいうが、当然ながら、これは日本が島国で、外国に行くには、原則船で（現在は原則飛行機で）海を渡っていくしかなかった事による。世界には、他の国を通らなければ海に出られない国（内陸国）もある。これらの国々では、人々は船を利用し他国へ移動する必要がある時は、一度陸の他国を通過しなければならない。今は人の移動は、遠くでは飛行機が主流なので、あまり問題はないが。ただ、ヨーロッパの内陸国の小さな国では、鉄道も飛行場・空港もない所があり、車・バスで国外に出るしかない国もある（実際にバスで訪れた、ヨーロッパの小国ピレネー山脈の山間のスペイン・フランスに挟まれた**アンドラ**、イタリアに囲まれたアドリア海に近い山の上の**サンマリノ**等は、バスか車で国外に出るしかない）。これらの内陸国は、人の移動はともかく、物資の輸送では、他の国を通らねばならず、豊富な天然資源があっても、隣接国との関係がうまくいっていないと輸出に障害があるし輸入にも障害がある（行っ

た所では、ベラルーシ・（北）マケドニア・アルメニア・キルギス・ウズベキスタン・モンゴル等）。

　日本人の海外渡航（海外への旅といえるかは分からないが、海外渡航は、海外旅行よりひろい概念）といえば、古くは国として派遣の**遣隋使・遣唐使**（イギリスで、大陸から移動したケルト人が文字を持たず、ローマ人が文字を持ち込み、ローマの国家統治の技術をローマ人が持ち込んで初めて国家の体をなしたように、日本でも中国から文字・統治制度を持ち込み**律令制**（命令と刑罰、国家のコントロールシステム）が実施されて初めて国の体をなしたが、それ以前（国の体をなす前）でも、沿岸部の部族は、交易・略奪のために朝鮮半島・大陸に船で乗り出した事は容易に想像がつくが、文献上現れていない）、**倭寇**（海賊・商人？必ずしも日本人ではなかった。西洋ではもっと荒々しいイメージがある同様の**ヴァイキング**がある。倭寇といえば、**鄭成功**の父親は、明代後期の中国人倭寇の首領だったと思われる。その子鄭成功は日本人母とのハーフで、幼少時平戸島ですごし、日本では浄瑠璃の**国性爺合戦**で有名だが、台湾ではオランダ人を台湾から追放した英雄として、孫文・蒋介石と並んで、三大英雄とされている。台湾の人が日本に親近感を持つのは日本統治時代のインフラ整備以外にこの事が一因であるためかもしれない）、戦国時代の**天正遣**

欧少年使節団（九州のキリシタン大名の名代としてヨーロッパに派遣された4人の日本少年使節団）、仙台伊達藩の支倉常長らの**慶長遣欧使節団**（この時は既にマゼランによって太平洋が発見されていたので、太平洋・メキシコ（横断）・カリブ海・キューバ（ハバナで記念碑を見た事がある）・大西洋・スペイン・ローマのルートである）、御朱印船貿易・南蛮貿易に従事して海外に渡った人々らがいた。

　戦国時代後期から江戸時代初期、**石見銀山**から多くの銀が海外輸出されたが、それにかかわった日本人も海外に渡ったと思われる。また1543年または1542年、ポルトガル人が種子島にもたらした火縄銃も、刀鍛冶が鉄砲鍛冶となり、銃自体は作れても、火薬・銃弾には、硝石・鉛が必要で、当時国内で産出出来ず輸入に頼るしかなく、単に堺等の港で南蛮船を待ち受けていただけではなく、倭寇もいたのだから、積極的に中国大陸・朝鮮半島・東南アジア等に行って輸入貿易をしていた日本人も多くいたと思う。

　ヨーロッパ北西のプロテスタントと東のイスラム教徒に対抗・ローマカトリックの危機を打開するため、東方にカトリックの信仰を広めようとインドのゴアにきた**イエズス会**（スペイン・バスクの貴族ザビエルは、パリ大学でイグナティウス・ロヨラらと出会い、イエズス会を結成した）の**ザビエル**が、マレー半島南西部の交易都市マラッカでヤジロウという日本人の日本布教の要請で、1549年ヤジロウ

の案内で鹿児島に上陸したので、当時日本人はマレー半島のインド洋側南部の交易中継都市マラッカ辺りまで行っていた事になる（ザビエルは、最初から日本布教を目指していたわけではなかったようである）。余談だが、**マラッカ**は、インド洋と南シナ海東シナ海とを結ぶ重要交易都市であったというと、紙だけの資料で現地を見ていない人は誤解すると思うが、そんなに大きな街ではないのである。街へ行くには、海に停泊した船から、小舟にいったん乗り換えて川を遡らなければならない（前に島があり暴風雨・嵐は避けられるが）。少量の貴重な高価な交易品を扱っていた商業貿易交易時代にマレー半島の西側・インド洋側の先端部で見つけられた中継点である。その後の産業革命以降の大型船・大量物資の中継点としては機能せず、やがて中継点としての中心は**シンガポール**や**ジャカルタ**に移っていった事に注意すべきである（マラッカ・ザビエルといえば、マラッカには、丘の上のカトリックのイエズス会（シンボルマークは、「上に十字架で下にIHS」、HISではない）の教会（**セントポール教会**）がある。後にここがオランダ・イギリスのプロテスタント支配になったため、カトリック教会であるこの教会の上部が破壊されている。この教会に一時ザビエルの遺体が安置されていたため、右手首のないザビエル像がある。切り落とされた右手首は、イタリアのカトリック教会に送られた。現代日本におけるイエズス会の影響と

いえば、確か上智大学も、明治以降のプロテスタント系ミッション・スクールでなく、カトリック・イエズス会の流れをくむ大学だったと思う）。

マラッカは、主流から外れ衰退したがために開発から逃れられ、昔の建物・風情が残ったがために、最近世界遺産として、観光地化されてきただけである（ドイツの**ロマンティック街道**も昔のライン川沿いの交易路として栄え、アドリア海の**ドブロブニク**や**ベニス**も昔シルクロードのヨーロッパ側交易都市として栄え、その後交易路の変化で衰退し古きよき昔の面影を現在でも残していたがため、近年観光地化されたのだと思う）。

また、戦国時代後期から江戸期初期、**山田長政**らのような東南アジアに渡った人々（彼らは、日本の**鎖国政策**によって、宗教・思想的に汚染されているとして、日本入国も出来なくなり、結局国外に取り残された。有名な東南アジアの日本人町として、タイの**アユタヤ**やベトナムの**ホイアン**等があった）も多くいた。また日本の江戸時代初期の1623年、イギリス・オランダの香料交易地の争奪紛争地である、現インドネシア・モルッカ諸島のアンボン島での**アンボン事件**でイギリス商館の日本人傭兵が殺されたとあるから、これまた当時多くの日本人が東南アジアにいた事の証拠となろう。

鎖国下の江戸時代、意図せず漂流して外国に漂着した**大**

黒屋光太夫・ジョン万次郎、幕末の**長州ファイブ**（国禁を犯して、イギリスに幕府に隠れて密航留学した長州藩の**伊藤博文**らのグループ。伊藤博文の師**吉田松陰**は、国禁を犯し海外に渡り見聞を広めたいと来航してきたペリーに頼み、ペリー艦隊・黒船で密航しようとして、ペリーに断られ失敗したが）、ペリーに押し切られ幕末限定的開国後、幕府が派遣したオランダ留学生（榎本武揚・西周ら）、日米修好通商条約批准書交換のため幕府の使節として渡米した人々（勝海舟・福沢諭吉ら）がいる。

移民政策としての日本人の海外移住

　明治期には、日本の植民地化を防ぎ西洋化するため・**富国強兵政策**のため、多くの日本人が西欧へ西洋の文化技術を学ぶため留学生（軍人・文人多数いるが、有名な人として、軍医・作家としての森鷗外、夏目漱石ら）として海を渡ったが、それ以外にも、国の移民政策として、多くの日本人が、海外に船で渡った（**富国強兵策**といえば、明治期西洋のロマ（ジプシー）のような政府の支配・コントロールに属さない自由民の、サンカ（山窩）・山伏・虚無僧・無宿人のような人々は、定住させられ戸籍に組み入れられ、中央集権下の富国強兵（兵役・課税のため）を担う国民に組み入れられた。この事はあまり知られていない。せいぜい山伏が明治期神仏分離令で解体された、数が減った、く

らいしか注意・認識されていない）。

　明治期以降、日本の貧しい農漁山村の余剰人口・食扶持減らし対策として、北海道開拓と共に、海外移民・出稼ぎ政策が取られた（当時の富国強兵策で、人口確保・兵員確保の観点からは、矛盾するように思われるが、まだ産業革命・工業化が遅れていたため新産業への人口吸収が出来なかったため、とりあえず余剰人員を移民させたと思われる）。ハワイ（初回は既に幕末部分開国の時に計画されていたようである）・南太平洋・東南アジア・南アメリカ（ペルー・ブラジル等）・北アメリカ（後年、アメリカで太平洋戦争中日系人の不平等・差別的処遇が問題となった）への移民・出稼ぎが盛んに行われた。また昭和前期、日本は、清朝最後の皇帝だった溥儀を傀儡皇帝として擁立し、清朝の故郷に満州国を作り、国策として国内失業者・不況対策としての満蒙開拓団が組織され、多くの日本人が、開拓民として、大陸に渡った。このような明治以降の移民政策のため、移民した世界各地に日系移民の子孫がいるし、中国では引き揚げ時に日本に帰国出来ず取り残された**中国残留孤児**が問題となった。

新領土拡張による移住・旅行

　1894年、1904年、1914年、と10年ごとの戦争があり、更にまた1910年に日韓併合があり、日本の領土拡張があった。

1894年には、**日清戦争**があった。日本と清国（清朝中国）とで朝鮮（李氏朝鮮）支配を巡って争われた戦争である。日本は勝利し、**下関条約**（1895年）で、台湾・澎湖諸島・遼東半島（後に三国干渉で清国に返還、臥薪嘗胆の故事がいわれた）を得た（この時**台湾**は日本領になって、富士山より標高の高い、台湾の一番高い山の玉山は、**新高山**と呼ばれた。これは日本統治下での、森林資源開発のため・特に台湾ヒノキの切り出しのため作られた有名な、阿里山鉄道のある**阿里山**とは違う。真珠湾攻撃の際の暗号「ニイタカヤマノボレ・トラトラトラ」の「ニイタカヤマ」はこの玉山の事である。台湾の玉山（中国人の珍重する玉の取れる山の意味）は、台湾を南北に貫く中央の標高の高い山々の連なる山脈の中にあり、富士山のように孤立してすそ野を長く持つ山ではないので、なかなか見つけにくい。台湾南部の高雄の圓山ホテルの二階に上がる踊り場で、玉山の大きな絵を見た事がある。ちなみに、太平洋戦争の時、日本がマレー半島を下って行って、イギリス支配のマレー半島の先の島シンガポールを占領した事があったが、この島は当時「**昭南島**」と呼ばれた。新たに獲得した領土の名前は、似たような発想からつけられた。下関条約で、清は朝鮮での主権を放棄し朝鮮の独立を認め、日本もこれを承認したのに、5年後に日本は、日韓併合で植民地化した。これが朝鮮半島の人々に、日本は、独立を承認したのに5年後日

本に併合した、うそつきだ、と恨みをかっている)。

　1904年には、**日露戦争**があった。**クリミヤ戦争**（1853年～56年）で黒海・地中海ルートによる南下を阻まれたロシアのシベリアからの不凍港を求めての南下政策に対抗した日本とロシアとの戦争であった。その結果ポーツマス条約（1905年）により、日本は、**南樺太**をロシアから獲得した。また大連・旅順、東清鉄道の旅順長春間の租借権も獲得した。

　1914年には、**第一次世界大戦**がヨーロッパで始まった。バルカン半島を巡って、ドイツ・ゲルマンとロシア・スラブの対立・植民地獲得・領土拡大・支配権確立の対立、これに民族主義が絡んでの、**サラエボ事件**（オーストリア・ハンガリー帝国の皇太子夫妻が、サラエボのラテン橋でボスニア系セルビア人の民族主義者の青年に暗殺された事件。サラエボのラテン橋の近くに博物館があり、当時の状況を知る事が出来る）に端を発する、これがトリガー（引き金）となった戦争であった。西欧の主な大国は、2派に分かれ同盟を結んでおり、これにより紛争に直接関係のない国々もこの戦争に巻き込まれた。バルカン半島からは地球の裏側の日本も、日英同盟により、連合国側で参戦し、ドイツの中国租借地山東半島・青島の攻撃占領（日本各地にドイツ軍捕虜収容所がつくられ、日本文化に影響を与えた）、南洋諸島のドイツ植民地（マーシャル・カロリン・マリアナ（グアムを除く。グアムは米西戦争でフィリピンと共に

アメリカ支配となっていた)・パラオ・ビスマルク(ドイ
ツ領パプアニューギニアの諸島)等の島々の占領、インド洋・
地中海(マルタの戦争博物館には日本の駆逐艦の来航写真
がある)での駆逐艦隊によるドイツ・オーストリアのUボー
トからの艦船保護警護等をした。

　ベルサイユ条約(1919年)によりドイツが海外植民地を
放棄したため、日本が占領した上記南洋諸島(島嶼部・ト
ウショブ)は、国際連盟により、日本の委任統治領となっ
た。ただし、アメリカの支配地域と接するためアメリカ側
の要望・要請により、委任統治に際し軍事基地化は認めら
れなかったが、日本の国際連盟脱退後、これら南洋諸島を
その後も占領し続け、軍事基地を設けている。これが太平
洋戦争で、日本占領の太平洋島嶼(トウショ)部での、島々
の攻防戦(米軍・連合軍のアイランド・ホッピング作戦)
となった。

　ちなみに、10年ごとの戦争というと、明治期10年戦争と
いわれる別の戦争があった。これは日本の内戦であるが、
西南の役・西南戦争と呼ばれる西郷隆盛率いる薩摩青年士
族の反乱・内乱である。これが、明治10年に起こったため、
10年戦争と呼ばれる。

　そしてこれらとは別に、1910年に日韓併合があった。

　これ等によって、日本の海外領土は広がり(太平洋戦争

敗戦によりもとに戻ったが）、移住・「国内旅行」として、軍人・軍属・商人・労働者として、行こうと思えばかなりの広い範囲を船で行けたと思う（当然木造帆船の時代はすぎ、鉄船・鋼鉄製の蒸気船ではあるが、現在のジェット旅客機による移動と比べると、移動・旅行にはかなりの時間がかかったと思うが）。

　戦後、日本は工業製品の輸出で急成長して、商社員が世界中に製品を売り歩いたので、商社マン・営業マンとして海外に出て行った人も多かったと思う。

海外旅行を加速させた円高

　日本経済は敗戦復興から更に成長し、輸出産業が発展し、世界有数の経済大国となった。そして、アメリカとの間で、だんだん日本の**貿易黒字**（アメリカで財政・貿易の二重の赤字が問題になった）が問題となり（貿易摩擦・貿易不均衡）、個別物品関税調整から、包括的な円高・ドル安の為替調整（当時対ドル240円位から120円程度への円高・ドル安調整）がなされた（1985年の**プラザ（ホテル）合意**）。プラザホテルは、ニューヨークのマンハッタン島五番街とセントラルパーク南端が交差する付近にあったが、ここで合意されたがためにこの名がついた。その急激な円高対策として、日本の各輸出企業は、日本からの輸出では利益が

出なくなったため、日本の大企業から中小企業まで海外へ生産拠点を移した（これによって、日本の技術者・技術指導者・工場労働者もかなり海外に行ったと思われる）。円高というのは、輸出には不利だが、円の価値が高くなる（対ドル固定相場の時の360円と対ドル変動相場下100円では、対ドル100円のほうが相対的に円の価値が高く、3.6倍も余計にドルを交換・換金出来る、余計にドルをもらえる事になる。円の数字が小さくなると円の価値が上がり円高となるが、数字に惑わされて円高の意味がよく分からない人がいるが、こういう事である）という事で、円を持っての・使っての海外旅行には、非常に有利となった。カナダ・バンクーバーにいた時、円高は瞬間最高75円位になった事を覚えている。

　このため、多くの一般の日本人が生活のためではなく、旅行として、海外旅行に出かけるようになった。

　円高は、日本の輸入・海外旅行には有利だが、輸出や海外へのドル建て資産（外債）保有では不利に働き、そのための日本国内不況、その対策として金利安（公定歩合の引き下げ）・円通貨量の増大（中央銀行・日銀の買いオペ、債券を買い取り通貨を市場に放出する方法）、銀行も利ザヤ稼ぎのために（金利低下で利ザヤが減少したため、貸出額を増やし、量・ロットで利益を確保しようとした）積極的に不動産・株取引に融資し、結果としての金余り・日本

国内のバブル発生、すなわち株・不動産へ過剰な資金が流れ、株・不動産からのそれ自体の収益よりも、上がるから買うまたそれを担保に銀行に金を借り更に買うというスパイラル状態が続き、株・不動産価格の異常な暴騰、そしてついに銀行の融資規制・貸出禁止・貸し渋り・貸しはがしが起こり、結果として誰も買わなくなる・買えなくなるという逆のスパイラル状態となり急落を招き、バブルが崩壊した（日本のバブル崩壊の直接のきっかけは、当時の不動産融資総量規制の一片の通達だったと思う。これで全国の銀行が一斉に、「オカミ」からの通達として不動産融資をしなくなった。徐々にやればいいものを、急に血液を止めるような事をしたので、その後不動産関連会社からの倒産が始まった）。その後、バブル後処理のため失われた20年が続いた。

　それ以前の、戦後の急激な円高前の、日本人の主な海外渡航は、生活のため（略奪・交易のためも含む）・仕事のため・留学・研修のためであった。決して旅行としての海外旅行ではなかった（仕事にせよ、海の時代の外航航路を行き来する・海外に行ける、異国情緒漂う**マドロス**（昭和の時代のはじめの歌謡曲によく出てきた、船乗り・船員の意味のオランダ語由来）は、現在の空の時代のパイロット・スチュアーデス（キャビン・アテンダント）同様、あこが

れの職業だった)。

　唯一例外が考えられるのは、第一次世界大戦の戦場にならず、ヨーロッパへの日本の輸出の好景気で、**成金**（将棋で歩から金になる所からきている）になって、汽船で海外旅行（一時的に日常生活の場から離れて、物見遊山で外国に行く。ただし、船による旅で相当な時間がかかったと思われる）が出来た人たちぐらいであったであろう。

　太平洋戦争敗戦後は、焼け野原からの経済の奇跡的復興、世界有数の経済大国化、所得の向上、前述の急激な円高、航空旅客機（ジェット旅客機）の進歩、LCC、旅行インフラの整備（世界各国での旅行会社・ホテル・バス・車・鉄道網・道路の舗装・道路網・高速道路網・観光地整備等）、英語の国際言語化、更に最近のインターネットの普及・ネット決済（情報・金銭決済のグローバル化簡易化）、等の諸条件の奇跡的重なりによって、**昭和の後半から一大海外旅行ブーム**となっている。これを**奇跡**と呼ばず何と呼ぼうか（新型コロナウイルスの影響で、急ブレーキがかかったが）。

　生活のため、生きるためでなく、生活に余裕が出来て、生活の場をいったん離れて、楽しみのために、日本人がだんだん海外旅行するようになった。

　更に最近は、社会が成熟して、ものに執着しない、ものの所有に執着しない生き方・ライフスタイルを持つ若者も

増えている、という（熟年層でいえば、**断捨離**の生き方であろうか）。この人たちも、ものには金を使わないが、旅・旅行には金を使うという。物より体験（抽象的に「事」という人もいるが、個人的には体験のほうがしっくりくる）という事であろうか。この面からも、近年の旅行ブームは当分衰えそうにもない。

　日本人の多くの人の初期の海外旅行は、海外旅行に慣れない人の、**団体旅行**であった。日本の一村一品運動の源流大分県大山町（現在の日田市）で、「梅栗植えてハワイに行こう」というのがあった（町長の発案で）。大山町は阿蘇カルデラの北側筑後川の南から北へ流れる上流部で、V字谷で耕作地が限られた所での産業振興策であったが、その夢は、収入をあげて皆でハワイに行く事であった（今となっては、ハワイは太平洋（川?）の川中島で別に何という事もないが、当時の日本人にとっては、気候的にも空間的にも、遠い・あこがれの・まるで別世界のハワイであったのであろう。ハワイといえば、真珠湾奇襲攻撃の時の真珠湾とはどんな所だったのだろうかと、オアフ島の空港から観光客でにぎわうホノルル・ダイヤモンドヘッドと反対側の、パールハーバーまで一人で歩いて行った事がある（アメリカは車社会で、ハワイでもそこまで歩いていく人等見かけなかったが）。真珠湾奇襲攻撃の映画を見た後、撃沈

され水没した戦艦アリゾナの上の記念館まで、ボートで行ってみた事がある）。農協が主催する団体パック旅行は、「農協さん」と揶揄された事もあった。1980年頃急に日本人観光客がニューヨークにどっと押し寄せ、アメリカ人に驚かれた、という話も聞いた。毛沢東時代の人民服を着ていた中国の人々が、鄧小平の資本主義へのかじ切りにより、だんだん中国の沿岸地域が豊かになり、大挙して団体旅行で日本に押し寄せてきた異様な光景に我々日本人が驚いたが、当時のアメリカ人の日本人に対する反応も同じようなものであったのであろう（当然であるが、言葉が分からない、旅慣れない、そして風俗・習慣・行動様式の全く違う異空間では、個人旅行はなかなか難しい）。

　次第に海外旅行に慣れてくると、我々のようなその他大勢の名もなき一般庶民でも、**個人旅行出来**、個人で・一人で何回もいや何十回も外国に行く事が、特段珍しい事ではなく、自分のような*浮遊層*（決して富裕層ではないが）でも、頻繁に海外個人旅行する事が、普通になってきた。個人旅行も今日当たり前のように、普通に思われているが、これは前述のように、数々の偶然・奇跡の上に成り立っている、日本史上稀な事である。

地球規模での人類・人の移動

　前述の、日本人の海外移動という観点から、ちょっと範

囲・視野を広げて、人間・人類の移動という観点から、少し眺めてみたい（全てではなく、個人的に知っている有名なものに限られるが）。

　取り立てて目新しいものはないが、地球人としての常識世界の常識の範囲を、再確認の意味で観ていきたい。

歴史的集団大移動

　グレイトジャーニー　東アフリカの一人の女性を祖とする現生人類が、アフリカから出発し、食料・生存生活空間を求めて、北上しヨーロッパへ、あるいはインドを経て東南アジア・オーストラリアまで、更には中国・モンゴル・シベリアを経て、ベーリング海峡（渡った時は氷河期で地球上で氷が多く出来海水面が低くなり陸続きで地峡だった可能性が高い）を経て北アメリカ・中米の地峡を経て南米最南端まで移動した（コロンブスのアメリカ発見のとっくの昔、アジア人・モンゴロイドは、南北のアメリカ大陸を発見し、渡り住んでいた）。これによって、現生人類は地球全体に広がった（白人の事を、**コーカソイド**というが、**コーカサス地方**（ノアの箱舟伝説のある現トルコ領の大・小アララト山もここにある。ノアの箱舟の一部といわれる木片をアルメニアの教会で見た事がある。キリスト検死に使われたといわれる槍の穂先も一緒に）から、山脈の西側に広がって行った人々という発想があるのではないかと思

う。ちなみに、この考え方から、前述のコーカソイドの他、アフリカにとどまった人々を**ニグロイド**、オーストラリアまで行った人々を**オーストラロイド**、モンゴルから広まった人々を**モンゴロイド**、とする考え方がある)。

アレキサンダーの東方遠征

　ギリシャの衰退後、**マケドニア**の**アレキサンダー大王**（B.C.356〜B.C.323）の東方遠征があった。彼は、インドまで遠征したが、戦い疲れた部下の帰還要求によって、それ以上は進まず、撤退したといわれている（彼は帰途の途中、バビロンで病死した）。彼の部隊が強かったのは、**ファランクス**（現在軍艦の接近する攻撃ミサイルへの自動防衛システムにこの名が使われている。フォークランド紛争でアルゼンチン軍のフランス製の対艦エグゾセミサイルが、英国艦隊に大打撃を与えたが、これらに対抗するためのミサイルからの軍艦防衛システムであり、密集防御の発想からの命名であったのであろう。アレキサンダーのファランクスを知らなければ、逆立ちしても出てくる名前ではない。軍隊用語だから、戦史研究者の命名であろうか）と呼ばれる、密集方陣長槍部隊での戦闘であったといわれる。これによって、他を圧倒し蹴散らした。このアレキサンダーの東方遠征により、古代ギリシャ文明と古代オリエント文明が一体融合し**オリエント文明**（ヘレニズム）となり、この

地域が文化文明的に一体化した。この文化の影響は東方へも伝わり、インド・中国そして日本にも影響し、初期の仏像にギリシャ的影響を見る事が出来る。アレキサンダー大王の死後、彼の部下が征服地を分けて、それぞれの王国（エジプト・シリア・マケドニア）を造った。

　東欧バルカン半島のパルチザンの指導者だったチトー大統領が束ねていたユーゴスラビア（南スラブ人の土地の意味）が崩壊して、「マケドニア」という国が出来た。この国名にギリシャが反発した。**アレキサンダーのマケドニアの本質はギリシャにあり、スラブ系の「マケドニア」はその一部でしかない**。長い間論争が続いたが、EU加盟を希望する「マケドニア」が妥協して、「**北マケドニア**」とする事で決着した。この「北マケドニア」で有名な人は、アルバニア人のカトリック教徒**マザー・テレサ**（この辺は当時オスマン帝国支配だったためイスラム教徒も多いが、マザー・テレサ一家はカトリックである。お父さんは、テレサが幼い時、独立運動時に毒殺されたようである。スコピエの北西側・コソボ国境の山の上に大きな十字架が見えるが、テレサも行った教会であろうか。スコピエの旧駅近くにテレサの小さな博物館がある）である。インド・カルカッタ（現在ベンガル語のコルカタ）で、生涯貧民救済を行った人である。

　話は飛ぶが、このマザー・テレサが、別れ別れになって

いた**アルバニア**（コーカサスのアルメニアと異なる）に住む姉・お母さんに会いに行こうとした事があった。しかしいったんアルバニアに入国すると出国出来ないという事で、実現しなかった。当時アルバニアは鎖国政策を採っていたからである。ソ連のフルシチョフのスターリン批判、それを修正主義だとして同調せず、中国と共同歩調を取り、ソ連から距離を置いた。その後中国が資本主義的傾向を強めニクソン大統領時のアメリカと接近したため、中国とも袂を分かち、独自の共産主義を貫き、世界から孤立した。テレサがアルバニアに入国しようとしたのは、アルバニアが鎖国中の、その当時の話である。好奇心を持ってアルバニアを見てみたい、という立場からすると、鎖国から開国（1991年）、ねずみ講（日本でも、間欠泉のように、噴き上がっては消え噴き上がっては消えで、創設の最初のものだけが利益を得るだけでシステム的に破綻するのは明白なのに、懲りずにたびたび社会問題化するが）による混乱、という事で、混乱が落ち着いて治安が問題でなくなれば、行ってみたい国であった。何年か前、ローマ経由で行った事がある。

　アレキサンダー・ヘレニズム領域の話と何の関係もないと思われるかもしれないが、知識は個別・独立して・孤立して・暗記して・関係性関連性を無視して獲得するものではなく、好奇心・興味・関心に沿った、関連連想・関係性を持った芋づる式・連鎖されるものなので、ここに書いて

みた。また地理・歴史的知識は客観的であるべきで、主観的事情は関係ないと思う人がいるかもしれないが（社会科学も客観性が大事と考える人もいると思うが）、私の場合、これらの知識は、自身の判断・決定・行動・実行に、密接に関連しているので、あえて個人的考え・体験を織り交ぜている。

ローマの拡大

　ロムルスとレムスの双子の兄弟の建設神話を持つ、イタリア半島中部西側テヴィレ川東岸の七つの丘に端を発する**ローマ**。最大の領域は、北限はライン川・ドナウ川（ローマの北限はウイーン）で、ゲルマンとの境界に**リーメス**（防壁・防砦）があった。当時のそれより北方の森林地帯はゲルマン占拠で踏み込めない国境であった（**トイトブルク森の戦い**で、森の中に踏み込んで、平原での集団戦法のローマ軍は、ゲルマンのゲリラ戦にあい大敗北を喫した。今のドイツは、一部の例外を除いて、旅してみると分かるが、昔の森があり木こりがいる絵画に見るような森林地帯は見る影もなく、一面の耕作地・畑である。話はそれるが、現代のドイツ人気質として、ゲルマンの伝統なのであろうか非常に活動的でたくましく筋肉質的で概念・言葉によって世界を規定認識し演繹的で生まじめ・律儀である事で有名である。何かを人にやらせようとする時、日本人には「皆

がそうしているから」といい、ドイツ人には「規則だから」といい、そしてイタリア人には「向こうにはいい女がいる」といえばいい、というような話を聞いたような気がする。中国人には、どうであろうか。あまり面白くもないが、「金になる」であろうか。また別の話で、ドイツ人が日本人に、「今度は板公抜きでやろうぜ」といったなんて話もあった）。

　ドイツ・ゲルマン人気質は、厳格・律儀・真面目（力強く・肉食系で筋肉的でもある。日本のなよなよとした草食系的な宝塚公演はドイツでは好まれなかった、との話を聞いたことがある）のイメージがあるが、日本人気質は、隣百姓とも揶揄される。隣近所が田植えをするから自分もする、隣近所が稲刈りをするから自分もする、という意味である。例外もあるが大多数の日本人は、主体性に欠け横並び意識が強く自分自身で独自に考え判断行動できず、人がどう思いどう行動するかまた人から自分がどう見られるかが、判断行動基準である、という事である。

　カエサル（シーザー）のガリア（ケルト人の住む土地、現在の主にフランス）戦記では、アルプスを越えてフランスからブリタニア（イギリス）まで遠征している。ローマの西限イギリスには、北方民族の侵入を防ぐため、**ハドリアヌス防壁・アントニウス防壁**があった。ここがイギリスでの西のローマの境界であった。ドイツのリーメス同様、中国の北方騎馬遊牧民の侵入を防ぐ中国の**万里の長城**のよ

うなものは、イギリスにもあったのである（北方遊牧民・騎馬民族の侵入に農耕民は手を焼き・悩まされ、防塁等の対策を取っていた）。

　イギリスには、大陸から**ケルト人**が移動してきた（ストーンヘンジの時代の人たちはあまりよく知られていないが、ケルト人侵入以前の人たちである。ストーンヘンジに似た巨石建造物は、スコットランドにもあるし、ヨーロッパ各地にある。地中海のマルタでも見たような気がする。この時代の人は、最近の遺伝子解析によれば、現在のトルコ・エーゲ海の地域から渡ってきた人々らしい）。ケルト人は文字を持っていなくて、グレートブリテン島の丘に部族ごとに住んでいたようである。そこへ、**ローマ人**が文字と国家統治のシステムを持ち込み、ようやく国の体をなしたといわれる。

　ローマは、後に**国教化したキリスト教**（ローマでは、キリスト教は、迫害→公認→国教化、の歴史を持つ）を、イギリスにもたらした。もちろん**ローマ・カトリック**である。その後**アングロ・サクソン人の侵入**により、ケルト人は、ローマ・カトリックの信仰を持ったまま、ウェールズ・スコットランド・アイルランドのイングランドの周辺部に追いやられた（そのため彼らは、ケルト系の**ゲール語**を持っている）。

　イングランドでは、**ヘンリー八世の離婚問題**を契機として、離婚を認めないローマ・カトリックから離れ**イギリス**

国教会が設立された（設立時はまだカトリック教会不要の
プロテスタントの考えはなかったようで、単に離婚を認め
ないローマ・カトリックの支配から逃れたいだけだったよ
うである）。これが無血革命・名誉革命の時**プロテスタン
ト**に確定したが、ケルト人の地域は、そのままローマ・カ
トリックが主流であった。これがアイルランド紛争の原因
になったし、アイルランドの**ジャガイモ飢饉・ポテイトウ・
ファミン**（ジャガイモ自体は大航海時代アメリカからもた
らされたものである。アイルランドは、**クロムウェル**（今
でもアイルランドでは憎まれているらしい、朝鮮半島での
豊臣秀吉のようなもの）のアイルランド遠征により植民地
化され（イギリスの最初の植民地）、穀物はイギリスに運
ばれ、イギリス人地主の小作人となった貧しいアイルラン
ド人は、当時ジャガイモを食べていた。単一種の栽培で、
病気耐性がなく、ジャガイモの病気が災いとなり、ジャガ
イモが採れず飢饉となった）の時にも、多くのアイルラン
ド人がそのままカトリック教徒としてアメリカに渡った。
JFK（ケネディ大統領　ジョーン（自身の名）・フィッツジェ
ラルド（母方の姓）・ケネディ（父方の姓））の祖先（4代
前）も、この時代のボストンへの移民（レーガン大統領の
祖先も中西部へのアイルランド移民である）で、ケネディ
は、**WASP**（ホワイト・アングロサクソン・プロテスタン
ト）でない、カトリックの初めての大統領だった。大統領

就任宣誓式にカトリック教会から聖書を取り寄せたという話である。そして、ボストンでは、JFKは、**ボストン・ブラーミン**（1620年の初期の移住者ピルグリム・ファーザーズの子孫とされ、正統派エリート層。ヒンズー教のバラモンに由来）に小さい頃、アイルランド移民の子・プロテスタントでないカトリックの子として、差別され学校でいじめられたという。またカトリックの大統領という事で、アメリカではバチカンにアメリカが支配されるのでは、という懸念を持った人もいたといわれる。

東のコーカサス三国

ジョージア（グルジア）・アゼルバイジャン・アルメニアという国が、現在ある（**コーカサス三国**）。大コーカサス山脈の向こう側・北側は、ロシアである（チェチェン紛争のあったチェチェン共和国は、このコーカサス山脈の北側・ロシア側にある）。古代ローマが共和制から帝政になり、五賢帝の一人トラヤヌス帝（A.D.53〜A.D.117）の時、ローマは領土最大となった。

歴史上の**アルメニア**（現在のアルメニアより広大だった）はこの時、ローマの属州となり、東のはずれのローマ領だった（ここがローマの東限）。ローマのキリスト教の影響を受け、キリスト教がこの地にも広まった。アルメニアは、世界最古のキリスト教を国教化した国として有名である。

ジョージア（グルジア）の首都トビリシからバスで、国境を越え**アルメニア**の首都エレバンまで行った事がある。帰り道は狭く舗装が悪くでこぼこで（おかげで座席の横に置いていた望遠交換レンズの取り付け部分が折れてしまったが）、長いトンネルがあったがトンネル内の道も狭くトンネル内で離合出来ず対向車が通り抜けるまでトンネルの外で待っていなければならなかった。車道の周囲も岩山ばかりで、銅鉱山・精錬所（もちろん昔日本で別子銅山・足尾銅山で銅精錬のための煙害で問題になったはげ山も）はあったが、なかなか人にも出会わなかった。どんな所だと怪訝そうな顔をしていると、ガイドさんが、笑いながら、「昔神様が、国分けをした時、アルメニア人が神様の所に遅れて行った。残りは、石と岩山ばかりの土地しかなかった。それで、アルメニアは石と岩山の土地なのです」といった。それ程衝撃的な所だった（首都のエレバンは大きな都市であるが）。

　アルメニアに行くと、古い素朴な教会と独特なアルメニア教会の十字架を見る事が出来る。また、アルメニアといえば、銅鉱山があり、現地ガイドさんが、鉱山の開発はフランスによって行われ、銅はフランスに持ち込まれて、ニューヨークのリバティ島にある、アメリカ建国百年を祝ってフランスから贈られた**スタチュウ・オブ・リバティ**（自由の女神）は、アルメニアの銅が使われた、といっていた。本

当かどう（銅）かは定かではないが、現在では、銅の成分分析をすれば、簡単に分かると思うので、やってもらいたい。どう（銅）だろうか。

　アルメニアは、トルコと問題を抱えている。第一次大戦時オスマン帝国からアルメニア人が大虐殺を受けた（トルコは組織的・計画的関与を認めていない、移動・移住途中で不幸にも亡くなった、としている）、アララト山（小と大があり、ノアの箱舟の話で有名で、アルメニアのシンボル）付近は現在トルコ領になっているが本来アルメニア領としてアルメニアはトルコ主張の国境を認めていない、の二点で論争が続いている。

　大コーカサス山脈の南側は、ブドウの原産地であり、古代からワインが作られていた。ワインはここでは、土器のツボに保管されていた。ワインは、キリスト教カトリックの聖餐（ミサ）には、パンと共に、欠かせないものであった（パンはキリストの肉体、ワインは血液の象徴として）。

　カトリックにとって、ワインは神聖なものであって、飲む事は禁じられていない。この辺りは、キリスト教（正教、オーディナリー・チャーチ）とイスラム教が入り乱れているが、ワインが飲める・産業になっている所はキリスト教、ワイン・酒が禁じられている所がイスラム教である（ただし、イスラム教も酒の扱いには地域によって差があり、サウジアラビアのように厳しく制限されている所もあるが、中央

アジアのイスラム教徒は、酒は昔から飲んでいて今も飲んでいるようである。中央アジアのティムール帝国の創始者**ティムール**は、イスラム教徒であるが、酒をこよなく愛し、寒さしのぎのため大量の酒を飲みその結果死亡した、といわれる。禁酒は、イスラム教の国以外でも行われた事がある。アメリカでもピューリタン的発想から一時禁酒法の時代があったし、ソビエトでも酒・ウオッカは共産党・労働者の敵との事で取り締まろうとしたが寒いソ連ではそれも難しく、いずれも成功しなかった）。

　アゼルバイジャン（カスピ海に西側から突き出た小さな国。首都バクー（風の街の意味））は、現在イスラム教（イスラム世界の主流のスンニー派でなくイランに多いシーア派）の国（それまではゾロアスター教（拝火教）。湧き出した天然ガスに自然発火した火を崇めた所からだろうか。今でも、天然ガスに火がついて燃えている所を残している）である。ペルシャ湾油田が見つかるまでは、アゼルバイジャンのバクー油田は世界最大の油田で、ソ連の石油はここに依存していて、それ故ヒットラードイツにも狙われた。第二次世界大戦時ヒットラードイツのコーカサス山脈を越えてのバクー油田を目指した南進（ソ連への石油輸送ルートの遮断と石油獲得が目的）は、スターリングラード（現ヴォルゴグラード）攻防戦で敗北し、阻まれた。アゼルバイジャンの石油は、東にカスピ海があるが、西側に輸出するには、

他国を経由しなければならず、その意味で内陸国である。

　アゼルバイジャンは、現在アルメニアとアルメニア人（民族）が多く住む国内の高地・山岳地帯の**ナゴルノ・カラバフ地区**を巡る紛争を抱えている。コーカサス三国は、共にソ連邦を形成していたが、アルメニアはロシア寄りで、ジョージア（今ロシアとの国境紛争を抱える）は今EUに加入したがっている。ロシアとグルジア（ジョージア）を結んでいたグルジア軍道は、ジョージアの真ん中を通っていて、今は内陸国のアルメニアとロシアの主要な物資輸送路となっている。キリスト教のアルメニアはロシア寄りだが、イスラム教のアゼルバイジャンは同じイスラムのトルコと関係が深く、トルコ・アルメニア・アゼルバイジャンの三つ巴の紛争、更にロシアが絡んで複雑な紛争地となっている。またアゼルバイジャンは、アルメニアを越えた所・他国アルメニアを越えたアルメニアの南西部に領土を持っている（**飛び地**。世界的には他に、それぞれの固有の歴史的事情から、ロシアの**カリーニングラード**、オマーンのUAEの中にあるホルムズ海峡に面した**ムサンダム**等がある。ロシアの**カリーニングラード**は、あまりなじみがないが、バルト海に面した、ロシアの飛び地である。現在の名前は、当時のソ連最高幹部会議長ミハイル・カリーニンの名を取ってつけられている。十字軍の時代、ドイツ騎士団が占拠し、その後プロイセンの一部であった。第一次大戦後、敗戦国

ドイツの力を削ぐ形で、ポーランドがそこを取り巻くような形で独立し、ドイツの飛び地となっていた。第二次大戦後、ソ連が人的保障の戦時賠償の形で、領土を獲得し、ロシア人を優遇措置により移住させ、ドイツ人を東ドイツに移住させた。現在は、旧ソ連の周囲の国々がEUに加盟し、カリーニングラードは、ロシアの不凍港ではあるが、EU諸国に囲まれたロシアの小さな飛び地となっている）。

　ジョージアは、日本でも旧ソ連時代のグルジア表記から、国連加盟国の多くが使っているジョージアの表記に改められた。ジョージアは小さな国だが、ソ連時代強大な独裁権力を持った**スターリン**（中央部のゴリ出身　靴屋の息子）・悪名高き秘密警察の長官ベリアの出た所である（日本では、大相撲力士の出身地としても知られるが、「**百万本のバラ**」（ロシアの歌だと思っている人も多いが）の歌の、女優と絵描きの物語が生まれた所でもある。旧ソ連の外相だったシュワルナゼも、グルジア出身で、外相辞任後グルジアに帰り、グルジアの大統領を務めた）。

　今のジョージアは、小さい国ながら、ロシアとの国境紛争（南オセチア独立問題）、半ば独立した支配の及ばない自治州を抱え、ロシア・アルメニア間の輸送軍用道路が走り、自身はEU加盟を希望し、バクー油田・カスピ海の石油・天然ガスのトルコへの中継点で西洋でも重要な地点であり、なかなか複雑な国である。

以上、ローマの東の進出の地点・東のはずれ・東限コーカサスと、その現状である。

パレスチナ

　ローマは、パレスチナのエルサレム・最後の砦マサダ要塞を陥落させ、たびたび反乱を繰り返した、ユダヤの国を滅ぼした。今のクルド人同様、**ユダヤ人**は、国を持たない民となった。しかし、ユダヤ教に基づく独自のアイデンティティ（選民思想）を持ち、地域になじまず、各地で他民族に吸収されず、ユダヤ人ゲットーの中で、ヨーロッパ各地に生き残った（ポーランドのアウシュビッツ（オシフェンチム）を見に行った時、南部古都クラクフの「シンドラーのリスト」に出てくるクラクフ・ゲットーを見に行った事がある）。独自の選民思想を持つユダヤ教のもと、戒律を守り、経典のタルムード・トーラーを小さい時からラビについて学び暗記しているため、識字率高く、過去の教訓をよく守り、勉強を大事にしたため、民族として優秀であった（そうでなければ、他民族に吸収されず独自性を保ったまま生き残れなかったであろう）。キリスト教徒は、清貧を心がけ金儲けを忌避（キリスト教では、人に金を貸し利息を取る事は、よくない事とされた）したため、土地を持つ事を禁じられたユダヤ人は、キリスト教徒のしない商業・金融・金銀宝石業を主に生業とした。中世のヨーロッパで

嫌われ迫害されたユダヤ人であったが、しかし、貴族領主君主の財産資産管理にその能力は不可欠であったといわれる。ユダヤ人は、エジプトでの奴隷生活・バビロン捕囚・ローマによる国家の滅亡・その後の差別迫害（キリスト教は、ユダヤ教から派生したが、キリスト教徒にとっては異教徒であり、キリストを十字架にかけた民、との意識も原因であったであろう）、そしてヒットラードイツのホロコースト（第二次大戦直前、ユダヤ人の家が襲われガラスが散乱した、クリスタル・ナハトの迫害も有名）があり、世界の同情を集め、第二次大戦後国連のパレスチナ分割決議案が採択され、シオニズムに押されて**イスラエル**が建国された。これに反発したアラブ諸国とイスラエルとの間に戦争が起こり、パレスチナ難民が発生した。４度の戦争でイスラエルは、国の地位を固め支配地域・入植地を広げて行った。イスラエルをアメリカがサポートしている（迫害から逃れ、アメリカに移住したユダヤ人も多く、政治的に大きな影響力を持っていた）として、アラブ諸国の反発、アメリカに対するテロも発生している。アメリカは、内部ユダヤ人の圧力からか、最近エルサレムを、アラブ・イスラム教徒の反発が予想されるのに、首都と認め、大使館をテルアビブからエルサレムに遷した。更に最近アラブ国家の中に、イスラエルを国家と認め、国交を結ぶ国も出てきた。

　国がなく土地を持てなかったユダヤ人は、金融・運用の

ノウハウを持ち（全てのユダヤ人がそうであったという事ではもちろんないが）、金・宝石等（土地以外で持ち運べる価値あるもの）がある所・集まる所に存在した。イタリア（「ベニスの商人」でユダヤ人の金貸しの話が出てくる）からスペイン・ポルトガル、そしてオランダ・ベルギー、更にイギリス・ロンドンの「シティー」（日露戦争の時、日本の戦費調達・起債に応じてくれたのは、ユダヤ人だった。金儲けの意図だけではなく、帝政ロシア・ロマノフ王朝の圧政から少数民族の同胞ユダヤ人を解放するため、帝政ロシアの力を弱める意図があったかもしれない）、アメリカのニューヨークの「ウォール街」に大きな力を持って存在した。特にアメリカでは、巨大ユダヤ金融資本が、ドル発行権を持ち、これを国家に取り戻そうとする大統領・勢力と対立したといわれる（巨大ユダヤ金融資本（ディープ・ステイト：DS、トランプ大統領もその存在をツイッターで言及した）が、既得権を守ろうと、発行権を国に取り戻そうとしたリンカーン（戦費調達のため、ドル紙幣を発行した。ちなみに、この時の紙幣の裏面がグリーンだったので、ドル紙幣の事を、それ以降グリーン・バックと呼ぶ。ちなみにこのBACKは、BUCKとは異なる。BUCKは、１ドルの事で、由来はインデアンとの交易で、雄鹿の皮１枚が１ドルだった事に由来する）・ケネディを暗殺したという、話もある）軍産複合体というのがある。アイゼンハワー大

統領（1944年6月6日、ノルマンディー上陸作戦を指揮した、ケネディ大統領の前のもと軍人大統領）が、退任演説で、軍産複合体は、民主主義に脅威となっていると指摘した。日本を含め世界各地に紛争地を残し・作り出し、情報機関・マスコミをコントロールし、マッチポンプで対立構造・紛争・衝突による武器・軍需品の需要を作り出し、強大な力を持ちビジネスにしている、と当時から指摘されていた。表には出てこないが、ここにも個々の国家を越えたグローバルな金融資本による支配・コントロールが、現在でもあるといわれている。

　旅行者の立場からすると、イスラエルの入国スタンプがパスポートにあると、敵対しているアラブの国々に入国出来ないとされているので注意が必要であるといわれていた。ただこの件で、最近イスラエル大使館（領事部）に問い合わせした所、日本人であれば、入国にビザは必要でなく、入国スタンプはパスポートに押さず、代わりにビジネスカードのようなものを発行してくれるので、それを常時携帯していればいい、という事であった。事情・情勢はどんどん変化しており、大使館に問い合わせしてよかった。そういう事であれば、イスラエルにも行ける、と思った。

　近くのサウジアラビアも、最近まで観光ビザ発給がなされず、なかなか入国が困難であった。あの辺りは、イラク・イエメンは別にして、クウェート、バーレーン、カタール、

UAEのドバイ・アブダビ、オマーンと旅行してきたが、サウジアラビアだけは観光で入国出来なかった。トム・ハンクス主演のコミカルなサウジアラビアでのビジネスの映画を何回も見て、いつか行けたらと思っていた。中東産油国に関していえば、1920年代石油がペルシャ湾（まるで地引網で石油・天然ガスを囲い込みすくい取っているようなアラビア半島の東側）で発見され、当初は国際石油資本・石油メジャーに石油価格をコントロールされていた。しかし産油輸出諸国がオペック（石油輸出国機構）を作り、原油量と価格を産油国主導でコントロール出来るようになり、湾岸諸国も石油価格が上がり、だんだん豊かになってきた。サウジアラビアでも、豊かに育った若い世代が力を持ってきて、イランとの対立はあるが、厳格な宗教的戒律規制からの改革・開放・自由化政策が進み、女性の自動車運転・アバヤからの解放、観光ビザ入国も出来るようになった。アルバニア同様観光ビザ入国が出来る早い時期に、旅行者慣れしていない時期に行ってみたい。コロナが収束し、再び海外旅行が出来るようになったら、早めに行ってみたいと思う。

エジプト

　ローマ支配の南側・南限は、地中海の南岸・サハラ砂漠の北部・北アフリカである。北アフリカの東側にエジプト

がある。**エジプト**は、アレキサンダーの東方遠征・死去後、部下の一人**プトレマイオス**（B.C.367～B.C.282）が、プトレマイオス朝を作った（その前にも古代王朝があったが）。その最後の王（女王）がクレオパトラで、ローマのオクタビヤヌスに敗れ、エジプトはローマ帝国に組み込まれた。エジプトは、ローマの重要な属州となり、ローマの穀物供給地となった。

現在エジプトに行ってみると、砂漠地帯の真ん中に川（ナイル川）があり、乾燥した砂漠と大きな川の対比に驚く。ナイル川は、遠く南のエチオピアやヴィクトリア湖辺りの雨の多い地域から流れてくると頭で分かっていても、現実を理解するのに苦労する。アフリカは赤道上で暖められ水蒸気を含んだ空気の対流によって、**熱帯雨林**（大量に水蒸気を含んだ暖かい空気が上昇し冷やされ水分を吐き出し雨となる）・**サバンナ・砂漠地帯**（暖かい乾燥した空気が下りてくる安定した高気圧帯）となっている。砂漠地帯のエジプトの砂嵐の季節には、耳・目・首・口の中まで砂が入り込んできて、気持ち悪い。テーベ（現ルクソール）付近には、古代エジプトの遺跡があり、日が昇る東岸は生の世界で神殿があり、日の沈む西岸は死の世界で王家の谷（墓）がある。カイロ近郊の**ギザ**には三大ピラミッド（内部の墓の石室へ続く通路は、巨大な石の壁で勾配があり狭く息苦しく、通路の石が地震で崩れたら絶対に出られない、餓死

するか窒息死するか、と思うと緊張した）・スフィンクスがある。古代エジプトの遺産（ミイラ等）は、大英博物館のほうが多いといわれる程、イギリスの植民地時代にイギリスに持ち去られた（フランスのナポレオンのエジプト遠征の時、ロゼッタで発見された**ロゼッタストーン**（エジプトの神聖文字・民衆文字、ギリシャ文字で同じ内容が書かれており、エジプト文字・エジプト学の契機となった石碑）の本物も、イギリスの重要文書マグナカルタ（人権思想の契機となった歴史的文書）と一緒に大英博物館で見た気がする）。現代の構築物は、何といってもナセル大統領の時国有化宣言された**スエズ運河**（利権を失ったイギリス・フランスがイスラエルにけしかけスエズ戦争が勃発した事がある）とナイル川をせき止めた**アスワンハイダム**であろう。アスワンハイダム見学では、写真撮影が禁止された。爆撃・ミサイル攻撃で壊滅的な破壊を避けるためであろう。現在では衛星写真で精密に構造が分かるのであまり意味がないと思うが、一応念のため、という事であろうか。ダムが出来たため、昔は毎年洪水で上流から肥沃な土が運ばれ豊かな農地が形成されていたが、灌漑耕作地が広がったが土が運ばれてこず、土地が痩せてきた、という話である。上流の肥沃な土を、列車で運ぶ計画もある、と聞いた事がある。

　ルクソールで、反政府ゲリラが、政府の観光事業に打撃を与えるため、外国人観光客を標的にした銃乱射事件があっ

た。そのため**コンボイ**（護衛）という制度がエジプトにあった。観光客の車5〜6台の前後に武装したガード（護衛・警官）がつき、移動するというものであった。

　チュニジアから始まった、**アラブの春**（アラブの民主化運動）は、リビアを経て、エジプトにも飛び火し、ムバラク大統領が追放された後、政治的混乱が続き、事実上のクーデターで軍が政権を担っているのが現状である。

北アフリカ西部

　地図を見ずにアフリカの地図が、頭に浮かぶであろうか。私は、アフリカは豹の頭と水牛の頭の合成として覚えている。そして、北アフリカ・サハラ砂漠・サヘル（サハラ砂漠南縁部）・サブサハラが頭に浮かぶ。その豹の耳の部分が、北アフリカの**チュニジア**である。ここにローマの時代、**カルタゴ**（英語では**カルサージ**、CARTHAGE）があった。カルタゴは、フェニキア（現在のレバノン周辺、昔は腐りにくく船材料に使われたレバノン杉（松）で有名で、この船でフェニキア人は交易した。レバノン杉はレバノン国旗にも表されている）の植民都市で、地中海で交易網を確立していた。そして、地中海の覇をローマと争い、**ポエニ戦争**（ピューニック・ワー、B.C.264〜B.C.146）があった。3回あって、第1回は地中海での島々での争いで、カルタゴはローマに負け、地中海の交易拠点を失った。第2回目

は、カルタゴのハンニバル将軍が、スペインから、象を連れ、ピレネーを越えガリア（フランス）に入り、ローヌ川を越えアルプスを越え、ロンバルディア平原でローマ軍を打ち破った戦いである。第3回は北アフリカ・ザマの戦いで、カルタゴ軍はローマに敗れ、カルタゴは徹底的に破壊され、住民は殺されるか奴隷にされ、カルタゴには塩がまかれ（？）、再起出来ないようにされた、といわれる。実際にチュニジアのカルタゴ遺跡に行ってみたが、海岸沿いに細長く存在した都市カルタゴは、ローマに徹底的に破壊され、その上にローマの建物が建てられたためかあまり残っていない。離れた場所に点在しているのみであった。

　また、北アフリカ・チュニジアのチュニスを歩いてみたが、多くの人が集まるスーク（市場）を見ても、肌の色が黒いいわゆるアフリカのイメージの人は、殆どいなかった。北アフリカはホワイト・アフリカといわれるが、まさにその通りだと思った。アフリカを情報が少なくワンパターン・ステレオタイプに認識していると、間違える、と思った。アフリカの南端南アフリカのケープタウンに行った時も、ここは地中海性気候で、安定した過ごしやすい気候で、オランダ人が入植し、その後金・ダイヤモンド獲得を目指して、イギリスが進出（そのためボーア戦争となったが）したが、湿度が高くむしむしするような所ではないので、ヨーロッパ人が住むのに気候的問題はないのが理解出来た。い

わゆるアフリカと違い、別世界であった。

　ローマ帝国は、イタリア・ローマそして地中海沿岸から広がり、前述のイギリスに見たように、道路網を整備し地域一体化をもたらし、国の制度に不可欠な政治・統治システムを確立し、後に国教化された**キリスト教**（最初はローマは多神教で、キリスト教は迫害弾圧の対象、そして認容、国教化の過程を取った。キリスト教は、ユダヤ教より派生した一神教で、一神教は、エジプトのアトン神信仰にあったし、天国・最後の審判の考え方は、ペルシャの拝火教にあったので、当時あった中近東世界の宗教の融合ではなかったか、と思われる）、ローマの言語の**ラテン語**をこのローマ支配地域に広めた。また神聖ローマ帝国（ドイツも含むので古代ローマ帝国より広いが）、後のEUを生む共通文化基盤を形成した。

　現在の政治制度である共和制（民主制）・帝制（君主制・独裁制）共に、ローマで経験している。共和制か独裁制かは、政治権力（実行力・強制力を伴う最終の意思決定権）が、理念として民衆にあるのか、それとも一人の者にあるのか、である。意思決定・実行プロセスからいうと、ボトムアップかトップダウンか、である。

　そもそも、政治とは何であろうか。「話しあい」・「権力闘争」という人もいるが、それは民主制の中での話であっ

て、独裁制をとらえていない。独裁制では、話しあいはないし、権力闘争は水面下ではあるが、あからさまの表立っての権力闘争はなく表面化しない（その前にその芽は摘まれてしまう。政変があるとすると、革命・クーデターである）。政治とは、「国民・集団の生活の安定・向上をはかるため（目的。それ故公的）に、利害調整し、社会秩序を維持するためで権力（実行力・強制力を伴う最終意思決定権。形式的なものでなく実質的なもので、院政という権力構造もある）を伴うもの」と考えたい。そして、民主制か独裁制かは、上記目的達成の手段である。

ローマの政治体制は、民主制から帝政に移行した。ローマで経験した民主制・独裁制どちらの政治制度も今の世界で現存する。どちらの制度・手段が、民衆の生活の安定・向上に資するのであろうか。**開発独裁**といって、発展途上国で、国民が貧困から脱し経済発展するために、そのため国内を安定させるために、国家が発展・成熟するまでは一時的に独裁は必要と、独裁を正当化する政府・国もある。独裁制でも必ずしも独裁者自身の利益のみを目指しているわけではない。民主主義が唯一絶対のようにいう人がいるが、民主主義が機能しない時どうするのか。チュニジアで起こったジャスミン革命に端を発する**アラブの春**で、民主化を目指したリビア・エジプト・イラク、そしてイエメン・

シリアはどうなったのか。その後の姿を見ると、一概にどちらが唯一絶対的に正しい・人々の利益になるとはいえない。例えばイラク。イギリスの植民地化を目指した従来の統治手法は、少数派を支配層に育てあげ、多数派を支配させようとする・抑え込ませようとするものであった（シリアも同じ）。少数派は、自らの地位・既得権を侵されまいと、必死になって多数派を抑え込んだ。イラクの多数派は、イランと同じく**シーア派**（シーア派は、イスラムの主導者（イマーム）として、ムハンマドの死後の後継者として、実力（スンニー派）・統治能力ではなく、**血統**（アリーとその子孫）を重視して考える。シーア派は、シーア・アリーで「アリーの派閥」で、「アリーに従え」をスローガンにしていた。後継者がいまだ現れていない現在は、現在の宗教主導者が仮に主導する。政治権力よりイスラム主導者の地位・宗教的指導者の地位が上位とする。イスラム教全体では、少数派であるが、スンニー派（慣行派・多数派）にとっては、少数派のシーア派が広がると、宗教的指導者が政治権力より上位となり現体制が否定されるおそれがある。湾岸の小国島国のバーレーンで、スンニー派の中にある、シーア派の**黒旗**（殉教死したフサインを悼む半旗）と**宗教指導者の写真**（偶像崇拝を禁じるスンニー派では見られない）を掲げている、すぐそれと分かるシーア派居住区を歩いた事がある。）で、それを少数派の**スンニー派**（イスラム教世界

全体では多数派だが、イラクでは少数派）が抑える構造に
なっていた。サダム・フセインのイラクがクウェート侵攻
したのをきっかけに起こった湾岸戦争で、アメリカはイラ
クのフセイン独裁体制を崩壊させた。その後単純なアメリ
カ主導の自由選挙が行われ、多数派のシーア派が主導権を
にぎり・様々な派閥に分かれ妥協による合意形成が出来ず、
国内が大混乱に陥り、秩序・安定が損なわれ、今も混乱が
続いている（**イランのシーア派**は、同じイスラムの中でも、
中央のウマイアの抑圧・弾圧支配に対する辺境・地方となっ
たが、アラブ人でない本来偉大な古代ペルシャの伝統を持
つ誇り高きアーリア人である、との独自性主張・自己優越
性主張・その理論的正当性、という側面があったのではな
いかと思う）。スンニー派とシーア派との現在の違いは、
世俗で力あるものが世俗的政治権力を持つ（スンニー派）
のか、それとも宗教指導者が世俗の政治権力をも持つ（シー
ア派）のかの違いとなっている。

　民主制で、果たして大衆は、教育が十分なされていない
状況で多くの情報を持ち、広い視野・長期視点で判断・決
断出来るのか、自分の生活圏から離れた全体の事柄につい
て有効適切に判断出来るのか、迎合・衆愚政治に陥らない
か、考えが二分・多分され妥協の余地がなく融合・統合・
インテグレート・弁証法的統合妥協（アウフヘーベン）・
合意が出来ない時（国会が機能しなくなる時）どうするの

か、国内の経済危機・恐慌・外国の侵略危機等に対して迂遠であまりにも時間のかかるまどろっこしい民主的意思決定で対応出来るのか、民主制でも選任期間中全く独裁的に民意に背いて、意思決定・行動する事があり、そもそもそんな事を承認して選んだわけではないといえる場合がある、これをどうするか、民主制はよいとしてそれから合法的に独裁制に権力者が移行させようとする場合があるが有効な手立てがあるのか。

また**独裁制**は効率的で国論がまとまらない時国家危機で緊急決定必要な時機能する場合もあるが、権力の乱用・腐敗・汚職・私物化・少数者弾圧・国民の自由侵害プライバシー侵害が行われやすいがどう対処するのか、秩序維持のため徹底した監視国家の中で人々は幸せなのか自由を求めないのか、自由活気のある社会になるのか、自由が保障されなくて考え・行動の多様性を認めなくて新たな概念・発想・独創性・創造性あるものは生まれるのか・発展はあるのか、模倣・コピーはまだしも新たな創造的企業が生まれるのか、社会・経済の発展、国民生活の全体的向上はあるのか等、様々な問題がある。

ローマのシーザーは、独裁者から共和制・民主制を守るという事で、独裁者とみなされブルータスらに暗殺された。アメリカの**リンカーン**も南北戦争終戦直後、南部の意見をくみ取らない独裁者として、南部びいきの役者ブースに劇

場で暗殺された。民主制を守ると主張する暴力以外にも、民主制から独裁制への合法的（国民・民衆の同意による）・非合法的（クーデター）移行もある。こちらのほうが多い。

　ローマの共和制から帝政移行以外にも、イギリスでもクロムウェルの共和制から王政復古があったし、フランスでもフランス革命後の混乱した共和制からナポレオン帝政、第一次大戦後のドイツでもワイマール共和制から生まれたヒットラー独裁体制（**大統領緊急令**（非常事態宣言）の利用、そして**授権法**によって、ワイマール憲法の枠内で合法的にナチ・ヒットラー独裁が生まれた）、等がある。

　民主制で生まれた権力者が、権力を保持・維持しようと独裁制に走る事はよくあるが、例外もある。アメリカの初代大統領ジョージ・ワシントンは、２期目をやろうとする意思はなかったが、政権内の政見対立が激しく調和・統一を図るため、やむを得ず２期目を務めた、３期目は固辞、という話である。それ以来アメリカの大統領は、慣例として２期だったが、唯一FDR（フランクリン・デラノ・ルーズベルト）だけが、人気が高く４選された（**FDR**は、**経済**的には、世界大恐慌・大不況を乗り切るためには、経済に国家が積極的に関与せず自由にさせ「見えざる手」に任せたほうがうまくいく、ではなく、国家・連邦政府が経済に積極的に関与し、需要を作る・仕事を作る・雇用を増大させる事が必要だとして、CCC（シビリアン・コンサーヴェ

62

イション・コープス）、TVAを始めとする**ニューディール政策**を実行した。**国際政治**的には、真珠湾攻撃を機に第二次世界大戦に参戦し（対枢軸国、連合国側）、戦争終結を図ろうとした事である。当時マスコミはタブーで報じなかったようであるが、小児麻痺で足の不自由だったFDRは、在任中第二次世界大戦終結直前、チャーチル、スターリンとの**ヤルタ会談**後、日本の降伏直前、脳溢血で死亡した。後任は、副大統領だった日本への原爆投下を決断したトルーマンであった）。その後、アメリカ憲法の改正・修正で、2期までとされた。

　日本でも、大正デモクラシーの後昭和恐慌時、5・15、2・26の軍事クーデター未遂事件に端を発する軍部暴走（統帥権の独立、天皇への輔弼を利用しての軍部独裁）があった。昭和初期日本の陸軍は、昭和恐慌対策として、皇道派（急激・革命的改革派）と統制派（既存秩序内での改革派）の対立はあったにせよ、いわゆる天保銭組・軍刀組等のエリート層は、農家の次男・三男層が多く、無産者層であったがため、軍部独裁による国家社会主義を目指したのではなかろうか（経済不況対策としては、植民地を持つ国々はブロック経済化したのに対し、多くの有力な植民地を持たない日本は積極的に海外武力進出を図ろうとした）。戦後ソ連の収容所で洗脳・教育された復員軍人指導者層もかなりいたが、ソ連共産党が自由主義的でなくあまりにも抑圧的な体

質を持ち、経済政策でも失敗し、反面朝鮮戦争以降日本の資本主義が奇跡的に成功したため、戦後政治・経済の指導者層になっても、戦前の彼らの政治思想については、沈黙を保ったままであった（共産主義者ないしそのシンパであった者の中に、高度成長で資本主義体制側に転向したのか、資本主義的な主導的財界・マスコミ・政界・教育界の知識人がたくさんいた）。ちなみに、戦後知識階級の間に流感のように流行った共産主義が日本で衰えたのは、池田隼人の所得倍増計画の成功・一般庶民の所得の向上で、資本家・労働者の乖離が大きくならなかった事が大きな要因ではなかったかと思う。

　国・社会が危機に陥った時、民主主義は機能するのか・耐えられるのか（民主制は、理想だが非常に弱い制度である）、永遠に解決出来ない、ローマ以来の永遠のテーマ・難問である（ローマ共和制でも非常時・緊急時の期限を区切った独裁制もあったようである）。

　現在でも、独裁制か民主制かの対立は、経済的打算、経済的利益・金銭的利益損得で測れない、計量的に測れない、それを越えた**価値対立**として、民主制か、独裁制か、すなわち自由主義・民主主義（国民主権・選挙・多数決）・基本的人権尊重・立憲主義・権力分立・法治主義・法の支配・法のもとの平等・罪刑法定主義等を認めるか、それとも秩序維持・社会の安定を重んじるか、で単なる論争でな

く、実行力・強制力・武力を伴う闘争として、世界的規模で起こっている。

　ともあれ、自分としては、世界の色んな考え方を知り・自分でも考えられ・世界中どこへでも行ける（自由主義）、国民主権の自由選挙が行われる（民主主義）の国に（一票の重みというが、一票で何も動きそうにない、軽さのほうを感じるが）、たまたま生まれ、世界旅行を自由に出来る恩恵を受けている（国家による一方的洗脳・刷り込みではなく、実際に他の多くの国の現状・実態事実を見、歴史を知る事で、比較のうえで、日本の現状を理解出来ている）。日本の現在の経済的地位の向上と共に、上からの一方的な圧力でなく、自由で民主的な国家体制のもとで、意識を持ち・考え・行動（生活圏を越えて、国内・海外を自由に）出来ていると思っている（ネット時代で、統制・コントロール色の強い、マスコミ一辺倒からも逃れられている）。自由・民主主義政治体制は、弱い政治体制で、国力が落ち始めると、ほうっておくと権力者が独裁制へ移行しようとするが、それも今の所なく、本当によい場所に・いい時代に・いい環境に生まれた事は、奇跡でしかない。自由の意味を噛みしめ、感謝の念を持って、意思・体が衰えるまで、自由な世界旅行をしていきたい。

　ただ日本でも、多少危険な兆候が表れ始めた。権力は腐敗・乱用されるといわれるが、長い間権力を保持する権力者

（特に小選挙区への選挙区制度の改正によりますます官邸への権力集中が高まった）が、権力を乱用し、自分の選挙民の多くにシステム的に利益を供与し、また反対勢力を落選させ見せしめにさせるために多額の選挙資金を特定候補に供与し選挙買収に関与した疑いがあり、その事件をもみ消し・封じ込めをしようと、検察トップを抱き込もうとして失敗した疑惑が問題になりそうであったが、世間の同情を得る形で何とか収めた・切り抜けた・逃げ切った、と評価される事があった。

　また民主主義の前提として、多様な意見を認め・比較検討し・主張・批判する事を認める、言論の自由・結社の自由・学問の自由が大切なのに、これを侵害するような事が、世界中至る所で現実に起こっている（行動・暴力等の違法行為は別だが、言論には言論で対抗が原則なのに、権力は最初から反対者を意見表明する前に封殺・弾圧しようとする。直接の法規制・裁量権の範囲でなくとも、自主規制・意向をくみ取る忖度するという形でも起こりうる。世界各国の自由・民主主義度については、主に言論・集会結社の自由がどれ位守られているかを、計量政治学では数値化して測っている。これによると日本の報道の自由度はあまり高くない）。このように法治主義といっても、権力者を縛るのは、容易な事ではない。我々のようなネズミが猫の首に鈴をつける事は、実際問題として容易な事ではない。ロー

マの時代から、政治に関しては人間はあまり進歩していない。

フン族の移動

　東ヨーロッパ・中央アジアのステップに住んでいた遊牧騎馬民族のフン族（北匈奴?）が、4世紀頃天候要因（地球寒冷化）による居住生存環境悪化・牧草地の縮小が原因であろうか、西南あるいは南に移動しヨーロッパに現れた。これに押され玉突きのように、ゲルマン民族の大移動が起こり、これが西ローマ帝国滅亡の原因となった。

フェニキア人の地中海交易

　現在のレバノンにフェニキア人がいた。腐りにくいといわれたレバノン杉（松科の針葉樹。現在のレバノン国旗に表されている）を使った船で、巧みな航海人・商人として、フェニキア人がB.C.（ビフォー・クライスト紀元前）12世紀頃から盛んに地中海交易を行った。

　特産品として、レバノン杉・紫色の染料（貝紫）があり、フェニキア文字を各地の交易地に伝えた。

　フェニキア文字は、音素文字（1つの子音を表す文字）で、全ての音素文字の起源といわれている。世界の文字には、**表音文字**と**表意文字**があり、**音素文字**は表音文字の一種である。表音文字は何個か音を表す文字を連ねて単語とし、意味を表す事になる。**表意文字**はもともともの形を表し

た所から始まり（象形文字）だんだん抽象化・一般化して意味を表したもので、読み方・発音自体は表していない。日本語では、表意文字と表音文字が併用して使われており、漢字は当て字で読みだけ借用したものもあるが、基本表意文字で、ひらがな・カタカナ（一般に外来語を表す）は、表音文字である。日本語の表意文字の中国から借用した漢字は、ではどう読むか・どう発音するかというと、音読み（借用時の中国語の読み方・日本人が原音を聞いた・聞こえた発音で、呉の時代・唐の時代でも違うが発音を聞いても日本語としての意味を理解出来ない読み方である。私は、単に「音だけ読みの音読み・意味不明読み」・「中国語読み」と覚えている）と訓読み（既に日本語に翻訳され、音・発音を聞いて日本語の意味が分かる読み方）がある。例えば、例として首（シュ・くび）、顔（ガン・かお）である。ひらがな・カタカナの表音文字だけで書かれた文は、日本語は単語ごとの区切りをしないので、外国人（日本人でも）は、読みにくい。漢字の単語ブロックが入っているからこそ読みやすい。江戸時代とかの、ひらがなだけの、単語ごとの区切りのない文章は、読みにくい。漢字も楷書でなく、くずし字は、それなりの知識がないと読めない。ギリシャ文字は、フェニキア文字から生まれたもので、特定の文字は母音も表すように変更されアルファベットとなった。フェニキア人は、地中海中東世界に交易のネットワーク網を作っ

ていたので、文字は地中海中東世界に広く伝わり、変更され、各地に文字文化をもたらした。フェニキア文字、ギリシャ文字、アルファベットという流れの中、現代の我々は世界中で使われているアルファベットのおかげで（殆どの国で英語表記がある）、海外旅行で大変便利になっている。

　旧ソ連圏を歩いている（私は、ソ連崩壊後の旧ソ連はどうなったかの興味から、ロシアとバルト３国・中欧・東欧・旧ユーゴスラビアのバルカン半島・コーカサス３国・中央アジア・モンゴルと歩き回った）と、**キリル文字**をよく目にする（これとトロリーバス。トロリーバスは、日本では立山黒部アルペンルートの富山側のトンネル内でしか現在では見られない。長野・大町・扇沢側のトロリーバスはなくなっている。共に、黒四ダム建設のための、人員・資材運搬用の設備であった）。これは、スラブ圏にキリスト教を広めようと、宣教師のキリルら兄弟が、ギリシャ文字をもとに変更を加え、ブルガリアにもたらしたものである。これに変更を加え、キリル文字やロシア文字になった。米英欧のアルファベット、旧共産圏のキリル文字・ロシア文字、これらも皆、フェニキア人・フェニキア文字のおかげなのである。フェニキア文字からギリシャ文字・アルファベット文字、それからキリル文字・ロシア文字、変更修正はなされているが、大きな流れはそうである。歴史はつながっていて流れ・因果関係があって、現在に影響を与えて

いる。我々は現在の生活において、そのために多大な恩恵を受けている。その事を誰が意識しているであろうか。

ヴァイキングの進出

　スカンジナビア・バルト海沿岸に住んでいた、北方ゲルマン人の**ヴァイキング**（入り江に出入りする者の意味）は、舟を使って、イギリス・フランス沿岸・地中海、更には川伝いにロシアまで、略奪・交易を求めて行動した。ヴァイキングは北アメリカのニューファンドランドにまで行っていた証拠があるといわれる（東アジアでいうと、**倭寇**（必ずしも日本人とは限らない）のようなものである。中国明朝では、陸からの北方の騎馬民族、海からの倭寇の侵入略奪に悩まされた（**北虜南倭**））。ヴァイキングの活動は、中世温暖期に活発となり寒冷期・小氷河期で、収束した（中世温暖期は、年間でいうと冬から春・夏になったようで、動植物の活動が活発になった。北方アジアの草原ではノーマッド（遊牧民）のモンゴルの活動が活発になり、北ヨーロッパの沿岸ではヴァイキングの活動が活発になり、ヨーロッパ中南部では十字軍の遠征・レコンキスタ運動が起こり、農耕耕作地帯では収穫が増え・新たな耕作地の開墾・開拓が増え人口が増えたと思う。農耕耕作地帯が豊かになると、それを狙っての北から遊牧民の移動・侵入・侵略が増え、その結果人の活動・移動が激しくなった、と思われる）。

ヴァイキングの一部は、フランス北西部の沿岸地域に南下し、そこに定住しノルマン人（北方人の意味）のノルマン公領（公国）としてフランス（西フランク）王より認められた。現在のフランスのノルマンディー地方である。ここは第二次世界大戦時、ヒットラー・ドイツに対する米英反攻の端緒となったノルマンディー上陸作戦（Dデイ、1944年6月6日）の決行場所であった事でも有名である。ノルマンディー公（君主）の子孫が、**ノルマンディー公ウイリアム**（私生児ウイリアム、ウイリアム・ザ・バスタード）で、1066年（テン・シクスティー・シックス、イギリス人なら誰でも知っている）ドーバー海峡のイングランド側、**ヘイスティングスの戦い**で勝利し、イングランドを征服し、ノルマン王朝を作った（**ノルマン・コンクェスト**＝ノルマンの征服。ノルマン・コンクェストは、日本でいえば、大化の改新・鎌倉幕府の成立・関ヶ原の戦い・明治維新・太平洋戦争の終戦敗戦に匹敵するような、イギリス史上でその後の運命を変えた大事件であった。）そしてこの時、イギリス宮廷にフランス語が入り込んだ。あまり知られていないが、ノルマンディー公国がフランスに公領を持ちその後イギリス支配したためであろう、フランスの海岸近くのチャ（ン）ネル諸島は、イギリス領である（ただし、マン島と同様、王室領で独自の自治権を持ち、連合王国には参加していないらしい。イギリスのEU離脱は、どのよ

うな影響を与えるのか、興味がある）。

　ちなみに、ノルマン征服王ノルマンディー公ウイリアムは、イギリスの名誉革命の時オランダから招聘された、**オレンジ公ウイリアム**（ウイリアム3世）とは異なるので、注意を。オレンジ公ウイリアムが出てくる**名誉革命（無血革命）**は、クロムウェルの共和制後の、王政復古によるジェームズ2世の王権権力増大（政治に口出し）とイギリス国教会のカトリック化傾向に反対し（ジェームズ2世はひそかにカトリックを信仰し、その再婚相手もカトリック信者だった）、国王の権力の制限・形だけ・象徴としてだけの立憲君主制（象徴君主制）にし、イギリス国教会のプロテスタント化を明確にした、という意義を有するものである（日本との関係は、鎖国の所で述べた）。

唐の東西進出

唐の東進

　中国の**隋**の時代（581年〜618年）、**京杭大運河**が作られた。北京と杭州を結ぶ全長2,500キロの大運河である。その目的は、東の高句麗攻めのためであった。この結果、従来南船北馬で中国では縦移動が難しく分断されていたのが、運河で一体となり、人員物資輸送が容易となり統一が進み、南の豊かな物資が物資不足の北に送り込まれ、国全体が豊かになった。

ただし、民衆に過大な負担を課したがため、隋末期の反乱の原因となり、隋朝自体は短期間で滅亡した。隋の後の**唐**（618年〜907年）は、運河の利益を享受し、隋の初期の目的（高句麗攻め）に従い、東へ進出し朝鮮半島とその上部（満州部分も含む）支配に乗り出した。

　当時朝鮮は、朝鮮半島だけでなく北に広く**高句麗**、半島中央部東側に**新羅**、南西部に**百済**があった。唐は、高句麗攻略のため、新羅と連合して、百済（高句麗と同盟密約があった）をまず滅ぼした。百済の遺臣が、**倭国**（後の日本）に援軍を要請し、百済を復活させようとした。663年日本は出兵し、朝鮮半島西側の**白村江**で唐の水軍に日本は大敗を喫した。

　日本敗戦の日本への影響は、唐の侵攻を恐れての防備対策を講じた事である。すなわち、水城を作り、北九州・瀬戸内海に沿って山城を作り、防人を配し、より防御しやすいように都を飛鳥より近江大津宮に遷都し、中央集権化を図った・強化した事である。

　遣唐使は、唐の進んだ制度・文化を学んでくるというだけでなく、唐の日本侵略の意図・動向を探るという目的もあったかもしれない。

　朝鮮半島では、百済が滅んだ後、唐と新羅が高句麗を挟撃し、高句麗を滅ぼした。その後朝鮮半島は新羅の支配する所となり、その後**高麗**（高句麗の後継として）の支配に

変わった。

　高麗は、一時元の支配を受けるが、次の王朝**李氏朝鮮**が起こるまで続いた。

　朝鮮半島で興った国々は、いつの時代も大国中国の王朝の中華思想・冊封体制のもと、中国の王朝に朝貢外交をしてきた。

　今の韓国と日本の関係を見るに、朝鮮半島の人々は民族的潜在意識として、中国には頭が上がらない・何もいえない（中国・モンゴルには朝貢の対象として、制度として「**貢女**」が李氏朝鮮まであったが、恥として歴史から消されている）が、中華思想からすると、我々は「小中華」（中国に次いでの中心で、清は東夷で中華思想の正統な後継者でなく、我々こそが中華の正統な後継者だ）で、日本は我々よりももっと東の東夷（東の野蛮人）で、我々が文字も仏教（半島ではその後中国同様仏教を捨て儒教を採用した）も文化（大和朝廷時代の古墳も、朝鮮半島にあり、そのコピーではないか）も教えてやったではないか。それなのに我々と対等にものをいい、ましてや支配しよう（秀吉の朝鮮出兵、後の日韓併合）としたのはおこがましい、日本の戦後の発展は、我々の犠牲の上（朝鮮戦争で我々は多大な犠牲を強いられた。それなのにその朝鮮戦争で漁夫の利を得て日本は復興出来た）に成り立っている、というのがあるのではなかろうか。ユーラシア大陸に陸続きで大陸からの侵

入に避難のしようもない小さな朝鮮半島は、大国中国、上部のモンゴル・高句麗・清（満州）・ロシア、東夷の日本に常に翻弄され・脅かされ、何度も国をつぶされた。朝鮮半島には、潜在意識として恨（ハン・うらみ）の文化があり、従来は力が弱く表立ってはなかなか不満をいえなかったが、経済力がつき国際的にも地位が上昇し自信を持ってきて、中国には直接文句はいえないが、日本には潜在意識（被害者意識）が顕在化（冷戦・東西緊張がある間は抑えられていたが、冷戦が終わり新たな政治目的・目標・意義を見出し、国内結束のため・国内の不満をそらすため、過度にあおる勢力が台頭してきたのではないか）し、自己主張が顕在化し、長い間の恨みの感情が表面化し、日本が謝罪・補償をしても、国家合意と民事は別だ等と、主張しているのではなかろうか。

　半島の人は、倭寇・朝鮮出兵・日韓併合、その後の慰安婦問題・徴用工問題で日本を非難する。人物でいえば、代表的な非難の対象は豊臣秀吉・西郷隆盛・伊藤博文（反対に、秀吉の朝鮮出兵時に日本軍を悩ませた亀甲船の李舜臣将軍や伊藤博文を暗殺した安重根を英雄視している。）である。

　しかし、元寇・元の日本への侵攻（日本にとっては国難で鎌倉幕府滅亡の原因となった）を、元のフビライに進言したのは、確か高麗王だったと思うし、日本は日韓併合後

に、教育制度を整え、社会インフラを整備し（同じ植民地であった台湾の人たちは日本に感謝しているが）、工業化を推進し、近代化を進めたのではないか、儒教支配の李氏朝鮮の時代の中で自分自身の力でそれが出来たのか、あまり過去を持ち出しても仕方なく未来志向で行きたいが、どう思っているのであろうか知りたい気もする。

唐の西進

　ロシア・中央アジア・中国西部の大体の地形が思い浮かぶであろうか。ウラル山脈・アルタイ山脈、そしてジュンガル盆地を挟んでの南へ天山山脈、タリム盆地・タクラマカン砂漠を挟んで南の崑崙山脈がある。

　天山山脈の北側には、シルクロードの**天山北路**、天山山脈の南側（天山山脈から流れ出た水が、南側のふち・へりに沿ってオアシスを作っている所）沿いには**天山南路**があった（**西域南道**は、南の海からの湿った空気がヒマラヤ山脈で遮られ水分がなくなり乾燥した風が吹き込むタクラマカン砂漠と崑崙山脈の北側の間の水の湧き出るオアシス伝いの道である。これら３つのオアシスの道以外に、北方のステップを通る草原の道、チベットを通る道もあった）。そしてちょうどその西側の天山北路・南路の合流点付近、天山山脈の西側のはずれ付近・草原に出た付近で、唐軍とアッバース朝のイスラム勢力との戦いが、751年にあった。

タラス河畔の戦いである。現在のキルギスに当たる。私はインチョン・タシケント経由でキルギスに行った事があるが、この辺は空から見るとこれから西はステップ・草原地帯である。唐の支配は、この辺りにまで及んでいた。751年といえば、唐では玄宗皇帝の時代ではあるが、「開元の治」といわれた善政時代の後の、傾城・傾国の美女といわれた楊貴妃にいれあげていた時代で、国自体が衰え始めていた時代であった。**タラス河畔の戦い**で、唐軍は破れ、イスラム教徒の東進を許し、中央アジアでのイスラム支配は確立し、中国西域にまでイスラム勢力がその支配を広げる結果となった。今日の中国のイスラム教徒の問題は、この時の唐軍の敗北・イスラム勢力の東進に由来するのではないかと思う。

　もう一つタラス河畔の戦いが歴史上大きな意味を持つのは、**紙の製法**のイスラム世界・アラブ社会からヨーロッパ世界への伝播である。タラス河畔の戦いで、イスラム軍は唐軍の紙職人を捕虜にし、紙の製法を知った。これが中央アジアから中近東そしてヨーロッパへ伝わったのである。

　情報（文字記号・絵）の記録媒体として、従来紙以外に、壁・レンガ・石・金属・パピルス（古代エジプトで、葦の茎を薄くスライスして乾燥させ格子状に組みあわせ文字・図柄を描けるようにしたもの。エジプトの観光地で、実演して作り方を見せてくれる所がある）・羊皮紙、木簡・竹

簡（中国）、南アメリカでは縄の結び方、等があった（日本でも昔中国にならった木簡・竹簡の時代があり、時々腐らずに残っていれば発掘される事がある）。紙は、植物の繊維をドロドロにして水に溶かし、漉（す）いて薄い板状に延ばし乾燥させたものである。他に比べ薄く・軽く、比較的安く・大量に生産出来るため、大いに利用された（紙が生産出来・利用出来るようになって、この紙に情報を記載する事で、情報革命が起こった）。紙幣や権利関係を紙に記載し売買・譲渡の対象となった有価証券、歴史・文化・過去の英知の記録、文書・書類・行政命令書、小説等に利用された。

　特に歴史的・社会的に紙が重要なのは、後のヨーロッパのキリスト教との関係である。中世ヨーロッパでは、キリスト教の情報は、羊皮紙にラテン語で書かれていたため、一般の人は、読む事も利用する事も出来ず、教会が聖書・キリスト教に関する情報を独占していた。その後中国から伝わった紙がだんだん普及し、印刷術・制度が整い、聖書が各国語に翻訳され、一般の人が読める聖書が紙で大量に出版されるようになった。このような前提のもとで、カトリック教会の富の独占・豪奢さ・不正・免罪符の販売等があって、神と信者を仲介する教会組織等いらない、聖書があれば十分という、プロテスタント運動（宗教改革運動）が起こった。これは、単にキリスト教の宗教議論・論争だ

けではなく、ドイツそしてヨーロッパではカトリック・プロテスタントに二分して相争う**ドイツ30年戦争**となった。その結果の**ウエストファリア条約**（1648年）では、プロテスタントの国家も認められ、カトリックの国々も、教会の領地をかなり獲得し、教会から独立した国家が出来上がった。すなわち今日の国家の枠組みが出来上がったのである。中国からアラブを経てヨーロッパへの紙の伝播、紙による聖書の各国語翻訳出版、プロテスタント運動・宗教改革運動、宗教戦争、ウエストファリア条約、ヨーロッパの近代国家の出現、近代中央集権国家、産業革命が絡んでの植民地獲得競争、大戦争、民族主義・植民地独立運動、という流れは、風が吹けば桶屋が儲かる式で、因果関係が離れすぎ、意味・関連の読み込みすぎではないか、強引な結びつけ、と思うかもしれないが、そうではないと思う。

　現在は、紙万能の時代ではなくなり、デジタル媒体・記録装置万能の時代である（更なる情報革命が起こっている）。ただしこれは、非常な脆弱性を持っていると思う。電磁波攻撃・テロを受ければ、あるいは宇宙からの強烈な電磁波が来れば、全ての電子機器が一瞬にして破壊されてしまう（現代の軍も、ハッキング・電波妨害・サイバー攻撃の他、相手の電子機器を破壊する電磁波攻撃を攻撃手段として考えるようになってきている。これからの戦争は、全ての電気・電子機器を破壊する電磁波攻撃が主流となろう）。そ

ういう危険な世界に、一つの便利なデジタル・システムに全面的・一面的に依存しているのに、誰ももう止める事が出来ない（スマートシティ等と囃している勢力もある）。世界が皆一方方向に、危険を無視して、危険には目をつむって、突っ走っている状況である。津波による電源喪失による原発炉心溶解、水災による電源喪失でのタワーマンション・高層ビルの電力無機能化やサイバーテロ・攻撃の比ではない、社会的大災害の危険性がある。

十字軍の東方遠征

　十字軍とは、11世紀初頭から13世紀の終わり頃まで、ローマ教皇の提唱で、聖地エルサレムを異教徒から奪還せよ、あるいは聖地巡礼者を保護せよ、として何回か（7〜8回）にわたり、中東にキリスト教連合軍を派遣した、その軍隊の事をいう。

　背景としては、フン族（中国北方の匈奴の残党か）は、気候の寒冷化のため、ステップでの遊牧・放牧生活が出来なくなり西進し、玉突きのようにゲルマン民族の大移動を引き起こし、ローマ滅亡の原因となったが、中世ヨーロッパは逆に温暖化・農業技術の進歩で、穀物・食料が豊富になり、その活発なエネルギーが、中世ヨーロッパの人をして、東方へ十字軍としてあるいは南西方向・イベリア半島への**レコンキスタ**（711年ウマイア朝のイスラム教徒がイベリ

ア半島に侵入、ピレネーを越え、732年フランク王国に**ツール・ポアチエ間の戦い**で阻止されるまで侵攻。その後もイベリア半島に留まっていた異教徒・イスラム教徒の北アフリカのムーア人をイベリア半島から追い出せとの運動）として、外に向かわしていったのではないか、と思う（そもそも食料兵員の確保が出来、経済的余剰がなければ、単に教皇の示した理念・理想だけでは、遠くにさしあたって必要のない遠征軍等は派遣出来るはずがないと思う）。

　十字軍の時、騎士団というものがあった。テンプル（神殿）騎士団とか聖ヨハネ騎士団（もともとは、エルサレムで巡礼者保護を目的）が有名で、キリスト教の修道士が軍人となっていた集団である。**聖ヨハネ騎士団**は、そのままヨーロッパの故郷に帰らず、キプロス、ロードス島、と地中海を渡り歩き、結局地中海の真ん中の小さな島**マルタ**に落ち着き、**マルタ騎士団**となった。地中海の真ん中・中心・臍（へそ）のマルタは、その後ヨーロッパキリスト教世界からは、イスラム勢力の侵入を防ぐ防波堤の役割を担わされた。小さな島国マルタのヴァレッタ（湾内の出っ張り・半島の両側が天然の良港になっている）の旧市街（北の新市街地は、ホテルや近代的な建物が並ぶ）に行くと、ナポレオンに追われるまで留まったマルタ騎士団の痕跡を見る事が出来る。イスラム教徒の攻撃を避けるため・防衛のため設計された高い城壁、中世から続く狭い石の街、現在

町全体が世界遺産に指定されているため、世界中から多くの観光客が訪れる。

話は飛ぶが、この日本から見て地球の裏側のマルタ（マルタ騎士団の支配、ナポレオン・フランスの支配、そしてナポレオンの没落後、イギリス軍が占領し、ウイーン会議・議定書でイギリス領となっていた）まで、第一次大戦時日英同盟に基づき、イギリス艦船警護のため、日本海軍が駆逐艦隊を派遣している。ヴァレッタの中心部から少し離れた海岸べりに戦争博物館があり、派遣された日本海軍の資料がある（Uボートの犠牲となった、日本海軍駆逐艦の日本人戦没者の墓もマルタにはある）。

イングランドに**マグナカルタ**という歴史的文書がある（大英博物館で見る事が出来る）。1215年、リチャード獅子心王が十字軍遠征で不在の時、弟のジョン王（土地を持たない欠地王）の失政・圧政の故、王の権限に制限を課す、臣下・貴族の権利を認める、立憲政治のはしり・国王の権力に制限を加える事となった、歴史的重要文書である（ジョン王の失政が、結果的には、その後の人権思想の歴史・憲法史に貢献している）。従って、これはリチャード獅子王の十字軍遠征がなければ、なかったかもしれない文書である。

十字軍の、当時のヨーロッパ社会への影響としては、東方の文物が持ち込まれ、キリスト教的固定概念・閉塞感ただようローマ・カトリック文化に、ルネッサンスそれに続

くプロテスタント運動・宗教改革への新風をもたらした事である。更には、第1回遠征以外は、ことごとく失敗し、ローマカトリック・教皇・封建領主・騎士の権威が失墜し、ローマカトリック・封建体制が崩れ、近代主権国家体制へと移行し始めた事である（明確になったのは、ドイツ30年戦争、その終戦処理の**ウエストファリア条約**である。この**時国家主権**（Sovereignty、国家君主権力の最高・独立）という概念が生まれた。国家主権は、対外的には、ローマ教会からの独立・他国家からの不干渉、対内的には、封建時代の封建諸侯に分断されていた権力の国家君主への統合・中央集権化・諸侯を越えた最高性を意味する。以降よく**内政干渉・主権侵害**という言葉が使われる事になった）。

中世後期のハンザ同盟

　中世後期イギリスのロンドンからロシアのノブゴロドまで、北海・バルト海にかけ、ドイツ・ドイツ商人の**ハンザ同盟**と呼ばれた海上交易ネットワークがあった（もともと**ハンザ**とは、商人同盟・ギルドの意味で、重複する言葉であるが、ハンザ同盟という言葉が定着しているので、これに従う）。中世の温暖化に伴い、人間の活動も活発になり、西ヨーロッパ北部エルベ川以東の北方への進出も活発になった。これに伴って、陸上より容易な海上・大河交易ルートが確立されたという事であろう。ブレーメン・ハンブルグ・

リューベック・リガ・タリン等の諸都市が栄えた。

　ただし、ハンブルクからリューベックまでは陸路だった。後になって運河が出来たが、当初は陸路だった。デンマークの海軍・海賊を恐れてユトランド半島をまわる海上コースを取らなかったのである。交易品としては、フランドルの羊毛・北海のニシン・塩・木材・ロシアの毛皮等である。取引は物々交換が主体で、地中海イタリアで発達した銀行による金融制度取引は発達しなかったようである。ハンザ同盟都市の衰退消滅の原因は、ドイツ30年宗教戦争の中で、各々のハンザ同盟の都市は、地域に吸収され、主権国家に飲み込まれて行った事、貿易に関してのオランダ・イギリスの台頭、デンマーク・ポーランドの進出等があげられる。

　現在我々が見聞きする「ハンザ」の名残は、我々が海外の旅でよく見かける、フラッグキャリアの航空会社としてのドイツの「ルフトハンザ」である。ルフトハンザを聞いたり見たりした時、どのように思うであろうか。ドイツ語でルフトは、空気・空の事であり、英語のエアーに相当する。だから、英語では、エアー・ハンザ、という事になる。ハンザは、前述ハンザ同盟の事である。

モンゴル帝国のユーラシア大陸の支配・帝国の急拡大

　ユーラシア大陸の中央部の少し東側ステップのモンゴル

高原に、チンギスカンが、1206年に遊牧国家モンゴル帝国を作った。13世紀の初めといえば、西洋では、十字軍の時代である（日本でいえば、鎌倉時代初期）。1215年のイングランドのマグナカルタの文書が出来た時、リチャード・ライオンハート（獅子心王）は十字軍遠征をしていた。この時代ヨーロッパは、中世の温暖化の影響で、食料・人口増大していた。温暖化は世界一律ではなかったともいわれるが、ユーラシア大陸の中央部分もまた草原の緑が増し、家畜・馬・人がふえ、生活にゆとりが出来てきたのではないかと思う（いくら現地調達・略奪による遠征といっても、現実に物資・兵馬・武器が調達出来なければ、いくら弱った馬を食料・武器・衣類等に有効活用したとしても、長期の長い距離の遠征は出来なかったと思う。中世の温暖化は、日本でもあったのではないかと思う。温暖化で、唐の制度を取り入れた班田収授が形骸化した後の、別府・新庄・新田等として名の残る新たな新田開発・荘園の増加、自警団・守りの武士の台頭からの武士の鎌倉幕府政権、ではなかったかと思う。作物が育たない寒冷化した気候環境では、稲作用の新田開発・荘園開発をしても意味がないので）。北極に近い島に、グリーンランドという島がある。３次元の地球を２次元で表した、両極が赤道の長さに拡張されるメルカトル図法の地図で見ると、その大きさを見誤るが、人間生存の限界の島のようであった。中世温暖期には、北

ヨーロッパからの移住があり定住していたが、中世後期の寒冷期には撤退し、人は住んでいなかったようである。これも、温暖期寒冷期の人の活動の変化の現れ、と観る事が出来る。

　13世紀初頭の地球を横断的に見て、世界の重要事件、**モンゴル帝国の成立**（1206年）、イギリスのジョン王の時の**マグナカルタ**（1215年）文書の成立（この時リチャード・ライオンハートは**十字軍遠征**をしていた）、日本の**鎌倉幕府**の武士の時代（班田収授制度が崩壊し、新しい荘園・新田開発が活発になり、それを保護し・守る武士の台頭、武士の勢力の増大、武士の政権）、**グリーンランド**移住の話等から、共通項として何が思い浮かぶであろうか。

　モンゴル軍の強さとして、ステップ草原で兵は小さい頃から移動の足として騎馬に慣れている事、騎射戦術（馬を走らせながら馬上で弓を射る）、騎手が疲れないモンゴル馬の歩行、騎馬兵が複数の馬を持ち交代で使う、合成の強力な弓を使った、部族ごとでない軍団（千人隊の構成）、戦略にたけていた、兵員は皆騎馬兵等があり、モンゴル騎馬軍団は、当時の世界の諸民族を圧倒した。モンゴル軍は、東ヨーロッパまで進軍し、ポーランド南部クラクフ、ヴロツワフを越え、**ワールシュタットの戦い**で、ポーランド・ドイツ連合軍を撃破している（オゴタイ（オゴディイ）の急死により、ヨーロッパからは撤退はしたが）。モンゴル

騎馬軍団は、世界史上中世までは、アレキサンダー大王の軍に次ぐ強力な多くの他民族を圧倒撃破した軍である。

　騎兵は長く陸上軍では機動性破壊力を持つ圧倒的武力として、機関銃が出来るまで存在した。

　征服した国内は、駅伝（ジャムチ）等交通網（ローマのように道路を草原の中に整備したわけではないが）の整備を図り、また通行証（パイザ）を発行し、国内を自由に通行出来るようにした（パイザのレプリカを、世界旅行のお守りとして、私はウランバートルで買った）。また国内の通行を自由にして、交易・商業重視の政策を採った。交通網が整備されていたため、イタリア・ヴェネツィアから**マルコ・ポーロ**、モロッコ・タンジェから**イブン・バツータ**のような人もやってきている。

　貨幣としては、**銀貨**と代用として**塩の引換証**が使われていたという事である。

　官吏の登用としては、民族・宗教・言語で差別せず、平等に取り扱ったらしく、耶律阿保機の子孫である耶律楚材も登用されている。

　モンゴル帝国は、チンギスカンの死後、アレキサンダーの死後と同様、分裂した。元（モンゴル・中国）、**キプチャク**（南ロシア、ジョチ・ウルス）、**オゴタイもしくはオゴディ**（中央アジア北部）、**チャガタイ**（中央アジア南部）、**イル**（ジンギスカンの孫のフレグ・ウルス、現在のイラン・イラク・

アルメニア・アナトリア）に分かれた。

元の日本侵攻

　元とは、ジンギスカンの孫のフビライが中国侵攻後中国式に「元」と改めた王朝である。フビライによる元の日本侵攻（高麗王が、フビライに日本侵攻を進言したといわれる）は、鎌倉北条執権時代に2回あった（1274年と1281年の2回）。日本では、蒙古襲来・元寇・文永弘安の役と呼ばれる。元自体は、遊牧国家で、造船技術・水軍を持たず、帰順した高麗・南宋軍をも使っての作戦であった。2回とも大風の影響で、失敗した。元寇の時は、モンゴルは日本征服出来なかったが、現在ごく狭い範囲であるが、モンゴルに征服されている。土地の買い占めではないが大相撲の土俵である。元寇の痕跡は、九州博多湾の西側糸島半島の東側で、元寇防塁として、今も見る事が出来る。また、何回かの日本へ降伏を求める使者の内、文永の役後の使者は、鎌倉龍ノ口の刑場で処刑され、現在も相撲のモンゴル力士がお参りする、モンゴル語で書かれたお墓も鎌倉にある。元寇の日本への影響としては、九州で元軍と戦った鎌倉御家人は、鎌倉幕府から十分な恩賞・領地が与えられず、自己の経済負担も増したため、朝廷の復権（建武の中興）運動に加担し、鎌倉北条執権体制に反旗を翻すようになり、鎌倉幕府は崩壊していった。その後は、一時的な朝廷復権

（建武の中興）の後、足利尊氏の室町幕府、戦国時代、織田信長・豊臣秀吉の全国統一機運、徳川家康による全国統一の完成、1603年から1867年（大政奉還の年）まで戦乱のない日本型封建制度（江戸時代）、1868年の明治維新・近代国家の成立と流れていく。

　元寇の時の戦いの様子を描いた絵を見た事があるであろうか。鎌倉武士・鎌倉御家人たちが今までに見た事のない武器を蒙古軍が使った事を描いている。丸いボウル状の中に火薬を入れた手りゅう弾・炸裂弾のようなもの「てつはう」である。実物は元の沈没船から近年発見され、陶器の中に火薬を入れ（鉄菱のようなものを入れていたのかもしれない）爆裂させたようである。音以外の威力は定かではないが、ともかく中国では元の時代、兵器として火薬を使っていたのである。火薬とは結局の所・要するに、急激な酸化によって体積を急膨張させるものである。これが西洋に渡って、筒の一方を塞ぎ、火薬を入れ弾を込め、爆発させる事による武器、銃・大砲が出来た。これによって、戦争のやり方が根本的に変わった。従来は弓矢・長槍・刀であったが、銃・大砲（火器）が主役となっていった。大砲は城の意味をなくした（城・城壁を容易に破壊出来たので）。銃・大砲は、効率の悪い前込め式から、後ろ込め・薬莢付き・銃身砲身にらせん状の溝を掘り、弾を回転させ正確に飛ばせる、素材も青銅製から鋼鉄製になって、ライフル・アー

ムストロング砲が開発された。銃は機関銃となり、騎兵の
意味をなくした。

　銃・大砲のその後の進化であるが、ロケット砲（砲身か
らの薬莢取り出し・密閉作業を必要としない）、ミサイル（自
ら目標に向かって飛んでいく）、そして、近い将来光速で
コストの安いレーザー銃・レーザー砲（強力電源が必要で
あるが、米軍はレーザー砲の実験に既に成功している。レー
ザー砲の開発が更に進めば、核ミサイルの無力化が出来、
核兵器保有の無意味化が期待出来るかもしれない。迎撃ミ
サイル・光速で破壊出来るレーザー砲・レールガンが十分
に装備出来ると、核兵器自体は昔の古い技術で、潜水艦発
射核ミサイルを含め、保有による核攻撃抑止・国土防衛の
スキーム・パラダイムは意味がなくなり、保有各国は保有
にコストがかかり意味のない核兵器を放棄するのではない
かと思う。核兵器廃絶は、保有国・保有しようとする国に
対する、説得・制裁ではなく、核を無効にする新兵器で、
という事になると思う）、という事になっていくと思う。

　中国の火薬は、蒙古襲来時の「てつはう」から、西洋を
経て、再び日本に小銃の火縄銃・種子島、大砲の「国崩」
として伝わった。

　火縄銃は、長篠の戦で織田信長が甲斐武田勝頼騎馬軍を
打ち破り、日本の合戦の在り方を変えた。これ以降財力が
なく鉄砲を持てない買えない弱小大名は、大大名に吸収さ

れて行って、日本の統一を速めて行った。

「国崩」は、豊後のキリシタン大名大友宗麟が、バテレン宣教師から2門譲り受けた大砲である。初期の後ろ込め砲で、フランキ砲とも呼ばれた。国崩とは、威力が大きかったためこのように呼ばれ、実際に豊薩戦争での豊後臼杵城で大友宗麟によって使用された。現在豊後・臼杵城史跡公園にレプリカがあるが、本物が靖国神社の遊就館（戦争博物館・記念館）にある。

大砲は改良され、イギリスのアームストロングが開発したアームストロング砲が出来た（1855年だから、クリミヤ戦争（1853年～56年）の末期）。この砲は、弾丸の後ろ込め（火薬と弾丸を前から詰めるより効率的）、弾丸と弾丸を飛ばす火薬が一体となった薬莢付き砲弾（椎の実弾。射撃が効率的）、砲身にらせん状の溝（ライフリング）があり弾を回転させ真直ぐに飛ばせる、砲身と弾丸が密着し威力を高めた、その後更に進化し砲弾・弾丸の中に火薬を詰め信管をつけ着弾した時に破裂・爆発し威力を高めた砲である。

アームストロング砲は、生麦事件（1862年神奈川生麦で、薩摩藩の行列をイギリス人が馬で横切り、行列警護の薩摩藩士に殺傷された事件）で薩摩藩がイギリスに謝罪・賠償を拒否したがために起こった薩英戦争（1863年）において、世界で初めてイギリス海軍軍艦が実戦で薩摩錦江湾で使っ

た。初めての実戦で、暴発・不発等のトラブルがあったに
せよ、威力は凄まじかった。薩摩藩は現実を見ないでただ
理念的・観念的・感情的な攘夷論（中華思想による周囲の
野蛮人、東夷・南蛮・西戎・北狄に由来し、野蛮な外国人・
外国人排除思想）は、結局は国を滅ぼし植民地化されると
危惧し、攘夷論を捨て、積極的に西欧の進んだ技術を学び・
取り入れようとした（アヘン戦争を聞き、薩英戦争を経験
した薩摩、そして馬関（下関）戦争を経験した長州、共に
観念的・非現実的な攘夷論を捨て、西洋的な近代化に取り
組み始めた。西南雄藩は、海外事情に敏感であったが、東
日本の諸藩は疎かった）。イギリスも、当時世界最強だっ
たイギリス海軍にひるむ事なく戦い、一定の戦果をあげた
薩摩藩を評価し、その後薩摩藩に接近していった（幕府支
援のフランス、薩長支援のイギリス、という構図になって
いった）。

　アームストロング砲でもう一つ日本で有名なのが、**上野
戦争**で使われた事である。戊辰戦争で、加賀前田支藩・富
山藩邸（本郷の現東大病院）と池之端の水戸藩邸から、不
忍池を挟んで上野の山の寛永寺に立てこもる旧幕府派彰義
隊を２門のアームストロング砲で、瞬時に壊滅させた事で
ある。官軍指揮の**大村益次郎**が、肥前・佐賀・鍋島藩が自
前の反射炉（大砲の鋼の砲身を均質に作り発射時のトラブ
ルを起こさないため・砲身を破裂させないため、熱を上壁

に反射させる方式の溶鉱炉。江川太郎左衛門の伊豆韮山の反射炉も有名）で作った、佐賀藩の自前のアームストロング砲を、実際に実戦で使ったのである。

株の言葉で、「アーム」というものがある。日本精工（6471コメコウ）とかと紛らわしいので、日本製鋼所（5631）の事を、「アーム」と呼ぶ。なぜこのように呼ぶかというと、日本製鋼所（5631）は、「北炭」が日英同盟に基づき、海軍のバックアップのもと、北海道室蘭に、英アームストロング社等の資本提携・共同出資で、製鋼能力の向上を図るためつくられた製鋼所であった。ここで戦前の海軍の軍艦の砲であるアームストロング砲が製造された。象徴としての、アームストロング砲の「アーム」で、日本製鋼所の事をこのように呼ぶのである。呉にも工場があり、最近閉鎖された、という話を聞いたが、背景事情が分かれば、頷ける（今は軍艦・自衛艦・護衛艦も大砲の時代ではなくミサイルの時代である）。日本製鋼所は、アームストロング砲で培った高圧に耐える技術で、その後有力な原子炉用圧力容器部品メーカーとなっていたが、原発事故後世界の原子炉需要が低迷し、業態転換を迫られているようである（ちなみに、同じく株の呼び方で「ベッシ」というのもある。住友と名のつく会社が色々あり紛らわしいので、住友は四国の別子銅山から関西の財閥に発展したので、住友金属鉱山（5713）の事を、「ベッシ」と呼ぶ）。

話は飛ぶが、大村益次郎（村田蔵六）像がなぜ靖国神社
にあるか考えた事があるだろうか（東京には、三大銅像と
して、靖国神社の**大村益次郎像**、明治維新の功臣で西南戦
争での逆賊の汚名が晴らされた後に建てられた上野公園の
西郷隆盛像、皇居前広場の南西・日比谷側の、別子銅山か
ら財を成した住友寄進の、皇国史観に基づくシンボルで、
紀元2600年を記念して建武の中興時、天皇側・朝廷側に忠
誠を尽くした**楠木正成像**、とがある）。

　大村益次郎は、もともとは、山口の百姓身分の町医者で、
大分日田の広瀬淡窓の私塾咸宜園（かんぎえん。皆よろし
で百姓身分でも学べた。江戸時代天領日田は、九州の中心・
中央・臍で、代官が置かれ、幕府九州支配の要、政治・経
済の中心地で、金融センターでもあった。広瀬家は政商・
豪商・掛屋の町人身分で、淡窓は病弱で学問・教育の道に
進み、家督は弟久兵衛に譲った。淡窓に子孫はなく、久兵
衛の子孫に政界人がいる。淡窓は、町人身分なため、皆よ
ろしで、武士でない町人・百姓身分も塾に受け入れ、百姓
身分の村田蔵六（大村益次郎）もこのため入塾出来たと思
う）で学び、その後大阪の緒方洪庵（備中足守藩士で豊後
佐伯氏の流れをくむ）の適塾で塾頭になった人である。郷
里の山口に帰って父の跡を継ぎ町医者・村医者であった時、
伊予宇和島伊達藩（藩祖は伊達政宗の長男）で才能が認め
られ、宇和島藩士（百姓身分から武士へ）となり後に長州

藩士となった。第二次長州征伐の時長州藩士として、幕府軍と近代軍・装備・戦略で対峙し、多大な戦果をあげ、戊辰戦争では官軍指揮者・戦略家となった人である。

　靖国神社に像があるのは、大村益次郎が、戊辰戦争で新政府軍戦没者慰霊のため、招魂社の創設を建議した事、四民皆兵の日本陸軍の創設者と評価されたためであろう。像は、二本差しで袴姿・双眼鏡を左手に持ち上野のほうを見ている。二本差しは、武士の象徴（武家諸法度で武士以外二本差しは許されず、江戸時代の武士の身分でない「やくざ・侠客」は長ドス一本だった）で、百姓身分から武士になった事を表しているし、双眼鏡を手に眺めているのは、砲撃した上野の山の寛永寺に立てこもる彰義隊であろう（上野の西郷隆盛像を見ているとの話もあるが、歴史的意味を無視した話ではないかと思う）。

　随分もとの話から離れてしまったが、歴史は単に孤立して・他と分断して人物・出来事をただまる暗記するものではなく、流れ・関連・現代に連なる意味を見出すものなので、私としては、致し方ない事である。

モンゴルの衰退・後退

　中国にも侵入していた元（モンゴル）は、明朝の成立で滅亡したわけではなく、もとのモンゴル草原に勢力を弱め

ながら撤退をしていっただけである。中国の万里の長城は歴史上北方民族の侵入を防ぐため過去何度も作られたが、現在の残っている万里の長城の多くは、明の時代に作られている事を考えると、明の時代にも北方草原から南の農耕地帯への侵入を繰り返して明朝を悩ましていた事が窺える（明の時代の**北虜南倭**という言葉もあり、明の時代にも元はたびたび侵入しようとした事が窺える）。

　モンゴル帝国の崩壊原因として、まず後継者争い・内部権力闘争があげられる。指導者を決定するのに、クリルタイ（部族長会議）による決定が取られていた。合議に至らないか、合議を無視・分裂する事もあった。そうであれば、農地定着王朝のように、最初から嫡男長子相続（モンゴルは末子相続だったという話もあるが）とかに決めておけば、争いは防げるのでは、とも思える。しかし遊牧移動民の国家では、常に変化する環境の中、柔軟に臨機応変に対応出来る判断力・決断力・指導力に優れたリーダーでないと、移動集団を危機に陥れるため、務まらない。数々の失敗・成功・痛い目・修羅場にもあっておらず、ただこびへつらう茶坊主・幇間・太鼓持ち的な取り巻きに囲まれ貴族的な王宮生活で、実際的・実戦的に判断力・決断力・行動力の訓練・トレーニングを積んで修羅場をくぐっていないと、なかなか難しいと思う。なかなかまとまらず、相続争い・権力闘争を繰り返し、内部分裂を起こしていた事が、帝国

を弱める事になったといえる。また支配が確立し、定住し農耕民をも含んだ兵力となり、定住民の文化になじみ初期の騎馬・騎兵としての圧倒的な強力兵力を失った事も考えられる。

更にモンゴル貴族は、チベット仏教ラマ教に傾倒し、異教徒に対する宗教的寛容性を失って、分裂傾向を速めた事も考えられる（同じ仏教徒ではあるが、白蓮教徒の紅巾の乱が起こった）。

次に**大災害**である。中国で地震・大水害・大洪水・イナゴの災害が起こり、塩の供給地を失い、災害復旧のため農民をかり出し、重税を課し、中国で農民反乱をもたらし、結局朱元璋の明朝の成立を許してしまった。

更に、伝染病（ペスト・黒死病）の流行である。もともとネズミからノミの間で循環していたウイルスが、突然変異し人間に猛毒をもたらすようになった（当時は当然病気の原因は分からなかったが）。ネズミ・ノミ（ヒトの皮膚を噛んで感染させる）・人、そして人から人への感染が起こった。変異が起こった場所は、雲南とかコーカサスとかいわれているがはっきりしない。ともかくそこから、東へ西へと交易ルートを伝わって、世界へ広まった。

1348年から1350年西ヨーロッパに、ペストが急速に広まり、西ヨーロッパの人口が急減した事が、比較的よく知られている。世界では、1億人死亡したという話もある。黒

海クリミヤ半島のジェノバの植民都市カッファが、キプチャク・ハン国（ジョチ・ウルス）軍に包囲され、感染遺体がそこに投げ込まれ、そこを出港した、ジェノバの船が感染を広げたといわれる。船が立ち寄ったシチリアから北イタリア、フランス・スペイン・イギリス・ドイツそしてロシアの港町から、抵抗力・免疫力を持たない当時のヨーロッパの人々の間に瞬く間に広まった。多い所では、人口の5割、平均でも2割から3割の人口減少があったといわれる。ペスト流行後、地球の二酸化炭素濃度が一時的に薄くなった、という報告を聞いた事がある。原因は、人口が急減し、一時的に森林面積が広がり、酸素放出が多くなり、一時的に二酸化炭素濃度が薄くなった事らしい。

　このペストは、中央アジアの交易路を通じて、モンゴル・中国にも広がり、疫病の大流行を阻止するため交易路が遮断された。これによって陸上の広範囲な交易ネットワークシステム・中国からの塩の流通システムに依存したモンゴルの国家基盤を破壊した。疫病から身を守るため、狭い範囲の地域社会が外部からの門を閉ざし、広い範囲の交易システムが壊れ、急速に各地域間での自給自足型に移行し、経済活動の萎縮・収縮が起こったと思われる。そして、元（モンゴル）は、中国中原農耕地に興った朱元璋の明朝に攻められ、大都（今の北京）を放棄し、遊牧・牧畜の地故郷のモンゴル草原へと撤退し帰っていった。

人類に大災害をもたらし、多くの死者を出した疫病として記憶されているものには、この14世紀半ばのペスト（黒死病）の他に、大航海時代旧大陸から新大陸（アメリカ）にもたらされた疫病（あまり世界史には取りあげられてないが、16世紀前半から、西洋人のアメリカ大陸・新世界への侵入・進出が始まり、現地人・インデアン・ネイティブは未知の疫病・伝染病（天然痘等）に対する免疫力・抵抗力を持たず、90％以上かそれ以上が死滅するという人的な壊滅的被害を受けた）、第一次大戦末期アメリカからもたらされたスペイン風邪、そして最近の新型コロナウイルス、がある。アメリカのマクナマラ国防長官の回顧録に、1918年11月の第一次大戦のアメリカでの戦勝パレードで、スペイン風邪（中立国スペインが公表したのでこの名がついた）が流行っていて皆がマスクしていたのを覚えている、と述べている。イギリスでは、第一次大戦休戦・終戦日（1918年11月11日）を記念し、ヨーロッパ戦線で多数の死者（もちろん戦闘でなく前述のスペイン風邪の犠牲も多かっただろうがイギリスでは第二次大戦より多い）が出てその戦死者を悼んで追悼する為（それから普遍し全ての国際紛争での不戦の願いを込めて世界平和記念日として）、**リメンバランスデイ・ポピーデイ**がある。（実際には11月の第二日曜日で、第二次大戦・WWⅡの5月8日のVEデイとは別。5月8日についてソ連・ロシアでは、ヒトラードイツの敗

戦に主要な役割を果たしたのはソ連だとして、ドイツのソ連軍司令部でドイツが降伏サインした5月9日が対ドイツ戦勝記念日としている。）日本の赤い羽根募金同様に募金した人は赤いポピーの花（造花）を胸に飾る。毎年11月になるとイギリスでよく見かける。なぜポピーが象徴とされたかと言うと、大戦終戦当時ヨーロッパの焼け野原となっていた戦場でポピーの花が赤く咲きほこっていて、それがそこでの多くの兵士の流された血を想起させるという事かららしい。（但し、中国ではポピー（ケシの花）は、アヘン戦争を想起させるとして、訪中英国政府関係者のその胸の着用にクレームがついたということがあった。）

　原因が分からず、抵抗力・免疫力がない人々は、なすすべがなく、パンデミックをもたらし、大量の死者を出した。

　交易路についても、陸の時代から海の時代になり、前述の陸のシルクロードが廃れていって海のシルクロードの時代になっていった事も、モンゴルの衰退の原因であると思う。

　また地球の寒冷化の影響も、モンゴル衰退の原因ではなかったかと思う。中世前期は、地球温暖化の影響で人間の活動も活発になり、生存環境も豊かになり、モンゴル草原の強力騎馬軍団が、世界制覇を図り得たが、中世後期はだんだん地球が寒冷化し始め（小氷期）、ユーラシア大陸の中央部分の草原で暮らす遊牧民の暮らしは厳しくなり、疫病・飢饉・飢餓に苦しみ自己の生存を図るのが精いっぱい、

という状況になっていったのではないか、と思う。

　その証拠かどうか分からないが、後の**ティムール帝国**（モンゴルとイスラムの要素を持つ）の支配領域は、中央アジア南部とイランで中央アジア北部には及んでいない（創始者ティムールは、寒さをしのぐため、イスラム教徒であったが大量の酒を飲みその事が原因で死亡したといわれる）。その後の**ムガール**（モンゴルを意味するペルシャ語・アラビア語）**帝国**も南のインドに侵入しており、北の草原地帯を目指していない。征服に軍隊を派遣し、現地調達・現地略奪といっても、寒さの厳しい何もない貧しい所からは何も取れず、軍隊派遣は出来なかったのではないか、と思う。

鄭和の航海

　中国明の時代、西洋の大航海時代の少し前、イスラム教徒・色目人・宦官（王朝の血を守る、臣下の血族による勢力増大を防ぐ目的らしく、中国だけでなくオスマントルコの宮廷にもあった。日本にも、去勢はなかったが江戸城大奥という、将軍以外の男が入れない所があった。**去勢男子**といえば、ヨーロッパにも、高音を保つために、男性ホルモンを出させず声を子供のままに保つためか、**カストラート**と呼ばれるオペラ歌手がいた。英語の単語にも、雄牛を去勢し力を削いで農耕用に使ったOXというのがあり、去勢は普通に使われていた事が分かる）の**鄭和**（1371年〜

1434年）の大艦隊（3万人弱、約27,000人位毎回）が、当時交易をしていた中国商人やアラブ・イスラム商人の案内があったのであろう、「宝船（ほうせん）」の7回の航海で、アフリカまで行っている（本隊はホルムズまで、分遣隊はインド洋を横切って東アフリカまで）。西ヨーロッパの大航海時代は、大体1500年頃からなので、1405年から1433年までの7回の鄭和の航海は、約100年前からの話という事になる。目的は、訪問国へ明朝への朝貢を迫るもの・明朝の威光を認めさせるもので、永続的に交易を図ろうとするものではなかった（その後の、コロンブス・ガマ・マゼランの航海のように、以降の世界に永続的に大変革をもたらしたわけではない。その後、明の莫大な予算を必要とする南方遠征政策は打ち切られ、北のモンゴル・南の倭寇の北虜南倭で明朝が弱体化し、国内への内向き志向になり、海禁政策が強くなり、その後全く行われなくなり、鄭和の航海は世界史上あまり重要視されていない）。ただし、明朝は、当時大艦隊を派遣出来る大型船の建造技術を既に持っていた事は、注目すべき事である。明史によると、宝船は長さ137メートル幅56メートルもあって、これが62隻、27,000人乗り込んだ大艦隊だった、とされる。これは、元（フビライが、モンゴルを中国風に元と改名した）に征服されて、元軍となった南宋の水軍の技術を明が引き継いだからであろう。この元軍（南宋軍）は、元寇の時日本・九州に来襲

した。元軍自体は、陸上騎馬軍で、海上軍の技術も知識も　なかったと思われる。この時は、台風の影響で元軍は壊滅　的な損害を受けた。鄭和の艦隊は、台風・サイクロンのた　め艦隊が大損害を受けたという話はないので、技術的改良　があったか、発生時期を避けて航海したというのであろう　か（産業革命で鉄鋼・鉄船が出来るまでの、木造帆船の時　代に、構造上このような船が出来るか疑問はあり、明史の　誇張ではないかと思うが。ただし、元の時代、イブン・バ　ッタは、泉州で巨大船舶の製造工程を見たと記述してい　る。それが元寇の当時の船なのか、その後の明朝の鄭和の　航海につながる巨大船なのかは、分からないが）。

　巨大な船の甲板では、野菜も船で育てていたようで、西　洋の大航海時代のように小船（鄭和の船から見ると小船）　で食料が限られたための、壊血病・脚気（後に分かった原　因は、ビタミンC、ビタミンB₁不足）はなかったと思われ　る。この「宝船」の模型がシンガポールにあるという事だ　が、まだ見ていない。

　中国に鄭和の分遣隊がアフリカから連れ帰ったキリンの　絵を、台湾・台北の故宮博物館（院）で見た事がある。中　国の想像上の動物麒麟との関係で、珍重されたらしい。

　ちなみに、なぜ台湾の故宮博物館に中国（主に清朝）の　財宝が多いかというと、日中戦争（宣戦布告がないので戦　争とはいわないという人もいるが）の時、日本軍が北京に

迫り、日本軍が破壊・略奪するのを恐れた蔣介石が、北京にあった財宝を、重慶に運びその後南京に下した。日本の敗戦で、大陸から日本軍が去り、国共合作（中国国民党と中国共産党の対日合同作戦）がなくなり、再び中国共産党と国民党の内戦が起こり、大陸を追われた国民党蔣介石が日本のいなくなった台湾に渡った時、財宝を台湾に持ち込んだ（大陸・南京から台湾・基隆（キールン）へ運んだ。紫禁城の北側にある北京の故宮博物館を見に行った事があるが、殆ど何もなかった。蔣介石が運び去ったためであろうか。蔣介石は、財宝泥棒なのかそれともよき保管者なのか、評価は分かれる）ためである。その数2,000箱といわれている。箱に詰めて移動させたため、小さいものが多い。このような事情があって、中国本土の人・対岸の人（台湾の人はこのようにいう）が、日本で台湾故宮博物館の財宝展示があると、わざわざ白菜や豚肉を食べるためではなく、ただ見るためにだけ、日本の博物館に来る、という事が起こる。

　台北の故宮博物館は、台北の北東側の山の南側の洞穴の中にある。多分中国共産党軍の侵攻・爆撃に備えての防空壕であったのであろう。この辺りは松山空港（軍民共用）を含めて、軍事施設が多い。中国共産党軍の台湾侵攻は、ちょうど朝鮮戦争が起こり中国の北朝鮮への義勇軍（実際は共産党軍に降伏した国民党軍だったらしい。いつの時代

も降伏した軍は最前線に立たされる。この時毛沢東の息子が彼の不注意から米軍に爆殺されたらしい）派遣で台湾侵攻の余裕がなくなり、行われなかった。ただ台湾本島から遠く離れた、中国本土厦門の対岸の金門島では、砲撃戦が行われていた。

　最近中国の一帯一路政策で、中国の東シナ海・西南太平洋島嶼（しょ）部・インド洋への進出が著しい。鄭和・鄭和の艦隊の情報を正確に調べ、大航海時代に先立って行われた鄭和の大航海を中国が見直し、鄭和航海に関する多くの情報を出してもらいたいものである。

大航海以前

　軍隊・大集団での大移動は別にして、小集団・個人での異国への移動は、国家統制がしっかりした安全な地域は別にして、食料・水・病気（免疫が対応出来ない風土病も）・宿泊（野宿もあっただろうが）、交換する財物・金・言葉、盗賊・山賊・海賊・追いはぎ等ありとあらゆる困難があり、旅・移動の途中で命を落とした人も多くいたと思われる。その中で、世界的大旅行をしたとして、記録に残っている人（記録に残っていない人で世界旅行をした人もいたと思われるが、記録がないので、歴史の中に埋もれてしまって、確認のしようがない）・記録に残る有名な人に、マルコ・ポーロとイブン・バツータがいる。

マルコ・ポーロ

　マルコ・ポーロ（1254年〜1324年）は、北イタリア・ア
ドリア海側のヴェネツィアの商人で、ジェノバとの戦いで、
戦争捕虜となり、投獄された時に、仲間に旅の話をし、そ
の口述を記録したものが、**東方見聞録**とされる。

　1271年マルコ・ポーロ17歳の時、父・叔父と共に商用目
的でイランのホルムズ辺りから、中央アジアのシルクロー
ド・陸のシルクロードを通り、元朝のクビライ（フビライ）
に謁見し、仕官し、17年間元朝に滞在した。モンゴル帝国
の時代、中央アジア・モンゴル平原の交易路が整備され、
交易が盛んに行われていた時代だったので、比較的容易に
旅が出来た、という事もあったであろう。モンゴルのカラ
コルム・中国の大都（北京）から、南は今のミャンマーの
パガン（当時パガン朝があったが、モンゴルの侵攻を受け
弱体化していて、マルコ・ポーロ帰国後の1314年に滅亡し
ている）まで旅行をしている。長い間元朝の官吏をしてい
たが、元朝の汚職・腐敗が進み、政変が起き殺される危険
を感じて、元朝を去りヴェネツィアへ帰る事にした。マル
コ・ポーロは、フビライに職を辞し帰郷したいと願い出た
が、許されなかった。しかし、イルハン国の使者が、イル
ハン国に嫁入りする王女を伴って帰国する際、海上ルート
を取る事になり、案内人としてマルコ・ポーロの同行を求

め、これがフビライに許されて海路帰国の途に就いた。

　帰りの海路のルートは、泉州からジャンク船団で、南シナ海マラッカ海峡・セイロン・インドの海岸線・ホルムズ・黒海を経て、イタリア・ヴェネツィアに1295年に帰ってきた。その約50年後、黒海のクリミヤ半島のジェノバの植民都市カッファから出た船からヨーロッパに黒死病が広まり壊滅的な打撃を与え、東ではモンゴル帝国の滅亡の原因となった。偶然にも、モンゴル帝国の繁栄時に中央アジア・モンゴル・中国を長期にわたってよく見る事が出来、幸運にもモンゴル衰退・中国からの撤退（マルコ・ポーロの予測通り）前にモンゴル帝国を逃れ、帰り着いたといえるのではないか。

　これでアジアの情報が、多少誇張・想像もあっただろうが、ヨーロッパに伝えられた。黄金の国ジパングも記述されていて、コロンブスが日本の金を目指して大西洋を西に向かったのかは別にして（コロンブスが、東インド香料諸島の当時高価だった香料獲得を目指し、その事でスペインの王・王女を説得して、3艘の船（サンタマリア・ピンタ・ニーナ）を提供してもらった事は確かであろうが）、コロンブスの西回りのアジアへの航海に影響を与えた事は、確かであろう。またマルコ・ポーロは羅針盤の原型を中国から持ち帰ったが、この道具が、次の時代・大航海時代の航海に非常に役に立った。マルコ・ポーロの旅・旅行記、コ

ロンブスの航海、アメリカの発見、アメリカの開拓、アメリカ合衆国の成立は一連の流れであろう。

マルコ・ポーロは、1294年に元（中国）を離れた。という事は、元の日本侵攻・侵略（日本側からは元寇・蒙古襲来、文永・弘安の役、1274年と1281年）の時、フビライの近く・元の政権の中枢部にいたかもしれない、という事である。そうであれば、日本侵攻計画・元朝中国側の情報等を詳しく知っていたに違いない。元にとっては、数ある戦いの一つであったかもしれないが、日本にとっては大問題で、何とか日本侵攻にまつわる話を口述筆記させておいてもらいたかった。

ヴェネツィアは、もともと陸を追われた人々が、安全なアドリア海の島々に移り住んで作った海上都市である。東洋・アジア・アラブからの交易品がアドリア海を通ってヴェネツィアに着いた（シルクロードのヨーロッパ側の終着点）。この交易都市は、14世紀中期まで（黒死病が広まるまで）、発展した。マルコ・ポーロも帰還後商人として莫大な富を築いたといわれる。その後大航海時代にアフリカ周りの航路が発見され、ヨーロッパのアジアへの交易の中心は、東地中海から西ヨーロッパに移り、ヴェネツィアは衰退した。

衰退したがために、ヴェネツィアは昔の姿がそのまま現在まで残り、水上都市・つくられた「劇場都市」として、現在世界的観光地となっている（特に2月末からの豪華な

衣装・仮面のカーニバルは有名）。現在は本島まで鉄道が乗り入れ、そこからサンマルコ広場まで、あちこち止まりながらの水上バスで行ける。確かに見るには楽しく他にどこにもない水上別世界の劇場都市・舞台都市ではあるが、車の乗り入れも出来ず、住むにはなかなか大変そうである。ゴンドラ漕ぎのお兄さんは、近くの町から電車で通勤している、という話も聞いた事がある。また最近地球温暖化の影響か水位が異常に上がり、町が水没する危険があるという。その前に、下水があふれ、衛生上の問題はどうなのであろうか、下水が混ざりコレラとかの発生はないのか等の疑問がわいてくる。そういえば、疫学・統計学の起こりは、ロンドンの下水とコレラの関係ではなかったかな、とチラッと頭をよぎった。

イブン・バツータ

　北アフリカ・モロッコにタンジェ（タンジール）という所がある。北アフリカの最もイベリア半島（ピレネー山脈で区切られた南ヨーロッパ、（フランス側から）ピレネーを越えれば、もはやヨーロッパではない、という人もいたが）に近い所で、ジブラルタル海峡を渡れば、すぐにスペインに渡れる（最も狭い所は、14キロ）。この当時の交通の要衝地に、イブン・バツータ（1304年〜1368/69年）は、イスラム教徒のベルベル人のウラマー（イスラム教の知識

人・イスラム法学者）の家庭に生まれた。当時の交通の要衝にあったタンジェで生まれたからこそ、世界を見てみたい・世界の聖地を見てみたい、という衝動が出てきたのではないか、と思う。

　イブン・バツータの口述筆記記録が残っているが、全てが正確かどうか体験した事のない知識も混ざっているとは思うが、14世紀中期の、スペイン・北アフリカ・マリ・ソマリア・東アフリカ海岸・中近東・黒海沿岸・イルハン国・中央アジア・南アジア・東南アジア・元朝中国等の事情が垣間見られる事である。イブン・バツータは、イスラム教徒の単なる個人旅行者ではなく、メッカ大巡礼（ハッジ）を済ませた（複数回巡礼している）ハージーとして尊敬され、イスラム法の知識もあるイスラム知識人・イスラム法学者（ウラマー）である。イスラム王朝のインド・モルディブでは、博学の法官・裁判官・高官として勤務もしており、各王朝の厚待遇があったと思われ、高級官僚の旅のようで庶民一般人の旅とは異なると思われる。

　イブン・バツータの約30年間におよぶ旅は、大きく分けて３回におよぶ。最初は各地の聖地を巡りメッカ巡礼を遠回りしながら、中近東まで。その後これまた遠回りをしながらモンゴルを目指し、イルハン国・中央アジアから南下しインド経由で海路元朝中国泉州・北京まで。最後は、サハラ砂漠をラクダキャラバンで南下しニジェール川・マリ

まで、またイベリア半島グラナダまで、である。これによって、14世紀前半のイスラム世界・モンゴル帝国崩壊・衰退直前の姿、元朝中国泉州での当時のヨーロッパでは建造出来なかった巨大船舶建造（明朝の鄭和の「宝船」での大航海につながる）の現場、ペスト・黒死病の影響で壊滅的な影響を受けた北アフリカ・中近東の惨状を垣間見ることが出来る（黒死病の影響は、単にヨーロッパ社会だけではなく交易ルートを通じ世界中に広がっていた事が分かる）。

　話は例によって飛ぶが、アラビア半島のUAE（ユナイテッド・アラブ・エミレーツ、7カ国の連合体）のドバイのドバイメトロ（無人運転電車、カナダのヴァンクーバーのスカイトレイン、東京のゆりかもめのようなもの。日本企業もジョイントベンチャーで主導的に設立に参加した）の西の終点近く（アブダビ寄り）に、イブン・バツータ駅とイブン・バツータ・モールがある（ドバイには、ショッピング・モールがいくつもあるが、駅名と同じで駅からすぐで分かりやすい）。ここのモールは、イブン・バツータの旅の方向から、アンダルシア（スペインの地方名、アンダルシアのフライパンという言葉があるくらい、アフリカからの乾燥した熱風が対流で吹き込み・降りてくる熱い所）、そして東のほうへの、チュニジア、エジプト、ペルシャ（現在のイラン。イルハン国があった）、インド、中国（元王朝）の6つのブロックに分かれている。それ程イブン・バツー

タは、アラブ・イスラム社会では有名である（モロッコの
タンジェには、イブン・バツータを記念して、イブン・バツー
タ国際空港もある）。

マルコ・ポーロが1254年から1324年、イブン・バツータ
が1304年〜1368/69年（少し重なっている）なので、大体
13世紀後半から14世紀前半までの約100年間の、ヨーロッ
パ人があまり情報を持っていなかった東の世界（中央アジ
ア・東アジア）をこの二人の残した情報で、ヨーロッパ人は、
多少盛ったり・空想が入っている・経験していない事が入っ
ているにせよ、覗き見る・垣間見る事が出来たのである。

大航海時代

大航海時代は、**コロンブス・ガマ・マゼラン**らによって、
もたらされた。大体1500年が起点になる。これによって、
世界は、陸の時代（徒歩・馬・ラクダ等による移動の時代）
から海の時代（船・帆船による移動の時代）へと変化して
いった。海の時代は、更に産業革命・動力革命によって、
木造帆船の時代から鋼鉄蒸気船の時代となり更に加速され
ていった。ユーラシア大陸の真ん中のモンゴルの巨大帝国
の時代から、海に面した海洋国家ポルトガル・スペインそ
れに続いたオランダ・イギリスの時代へと移っていった。
軍事パワーとしては、陸上騎兵（キャバルリィ）パワー（陸
上では最強であった）から海上戦艦（木造帆船戦艦そして

鋼鉄蒸気船戦艦へ）パワーへ移っていった（その後、海の時代から、航空機が発明・開発されて、空の時代に入っていくが。日本は、過去の海の時代の成功体験に引きずられ、空の時代への認識・転換が遅れ、なかなか対応が出来ず、敗戦の結果を招いた）。

　海の時代・大航海時代の幕開け・発端・道筋・先鞭をつけたのは、何といってもポルトガルの**エンリケ航海王子**（1394～1460年）の政策である。王子自体は、航海はしなかったが、王子は、当時の航海に必要な知識（造船・気象・航海術・海図作成等）を総動員・結集させ、航海者たちを援助し、当時あった航海者たちの世界の果てへの恐怖心を乗り越えさせて、アフリカ西海岸を、だんだんと踏破させていった。

　エンリケ航海王子のアフリカ周りの航海計画・目的は、一つは当時信じられていた、東のキリスト教国の君主プレスタージョンと呼応して、イスラム教徒を挟撃しようとした事、もう一つはイスラム教徒・イスラム商人の手を介する事なく、国の財政的理由でアフリカ南部の金・南アラビアの乳香そして香料諸島の香辛料等を手に入れ利益を得ようとした事、である。このような状況で、ヨーロッパの南西部のポルトガル・スペインから直接船でアジア・東洋へ乗り出す機運が高まった。

　大航海時代・海の時代に、最初は粗末な船で、まだ見ぬ

世界への恐怖心・当時考えられていた世界の果てから滑り落ち帰ってこられない恐怖心（当時の多くの人々はまだ世界を平たい板のように考えていた。現在宇宙からの丸い地球の衛星からの写真を見る事が出来るが、当時はキリスト教の影響もあって、単純に「この世は平たい。丸かったら真下の人間はなぜ落下しないのか」と多くの人は思っていた）に打ち勝ち、嵐・難破・遭難・海賊・未知の病等に打ち勝って、まだ見ぬ世界へ漕ぎ出していった西洋の海の開拓者・パイオニアの具体的人々を見ていく。

コロンブス（1451 年～ 1506 年）

　コロンブスは、イタリアの北西部の港町ジェノバの船乗り（スペイン人と誤解している人がいる。イタリア・ジェノバの駅前に白いコロンブスの像がある）で、スペインの王・王女（フェルディナンド・イザベラ）を、西回りでアジア・インドに直接行けば、アラブを通さず金・香料（当時はアジアの香料諸島でしか取れず高価なものだった）を直接手に入れる事が出来、莫大な利益が得られる・儲かると説得し、スポンサーになってもらい三艘の船（サンタマリア・ピンタ・ニーニャ（ナ））を提供してもらった（別に新たな大陸を発見したいから、とかいったわけではなく、金になります儲かりますといって説得したのである）。そして、イベリア半島のグラナダからアフリカのイスラム教徒ムー

ア人を撤退させた1492年、レコンキスタが完了したその同じ年に、西側からインドに向かって航海していて偶然アメリカを発見した。アメリカ発見といっても、最初に着いたのは、バハマ諸島のサンサルバドル島である。コロンブスは、計4回の航海をしているが、中米ニカラグア・コスタリカまで行ったが、太平洋に到達出来ず（そこが地峡とは知らず）、死ぬまで新大陸と知らなかった（今でもインデアン・西インド諸島と呼ばれたのは、その名残）。という事は、コロンブスの時代では、地球は丸いとしても経度を測るという事が出来なかった事が窺われる。インドが、経度上どの位置にあり、そして自分が経度上どの位置にあるか、発見した所の経度が分かっていなかった。

コロンブスが、本人はその認識なく偶然にアメリカ大陸を発見したが、それでもアメリカを事実として発見したのは、コロンブスである。コロンブスなのに、なぜアメリカと呼ばれるかというと、イタリア・フィレンツェ生まれの探検家アメリゴ・ヴェスプッチが、「新大陸」を探検し、論文「新世界」を発表し、それが引用されヨーロッパに広まり、彼の名のラテン語・女性形からアメリカと呼ばれるようになったためである。

コロンブスのほうは、その女性形「コロンビア」として、アメリカ各地にその名が残る。国名としては、南米のコロンビアがある。カナダ西海岸にブリティッシュ・コロンビ

ア州（B.C.州。カナダの州は、ステイツでなくプロビンスという）というのがある。どうもあの辺りは、イギリス側はコロンビアといっており、アメリカ側はオレゴンといって二重支配になっていたらしい。それをオレゴン条約（1846年）で、北緯49度（ヴァンクーバー島を除く）で国境を決めた。その北部・カナダ側が、イギリス支配のコロンビアである。イギリス側からは、当然アメリカン・コロンビアと対比された、ブリティッシュ・コロンビアであったと思われる。この辺りは、コロンビア山・コロンビア大氷原・コロンビア川とか、コロンビアの名のつく所が多い。

　アメリカの首都ワシントンD.C.（ワシントン州というのが、西海岸北部のカナダ国境に別にある）。ワシントンとは、いわずと知れた独立戦争の現地軍（アメリカ軍）総司令官・初代アメリカ大統領のジョージ・ワシントンの事であり、Cはコロンビアで、コロンブス由来である。コロンビア大学というのもあり、またアメリカ各地に、コロンビアの地名がある。そう昔ではないが、ちょっと昔、宇宙ステーションに人・資材を運ぶ、スペースシャトルというのがあった。今はないがこれもコロンブスの航海をイメージして、5機命名されたと思われる。まず舞台・場所として、アトランティック・オーシャンから**アトランティス**、誰がとして、コロンブスから**コロンビア**、挑戦者としての**チャレンジャー**、何が必要だったのかからは、努力の**エンデバー**、その成果

は何だったのかかからは、発見のディスカバリー、となっていた。

ヴァスコダ・ガマ

　ヴァスコダ・ガマ（1460年〜1524年）は、ポルトガルの航海者である。ポルトガルの国策に則り、喜望峰を回ってのインド航路を発見・開拓した人である。1497年にリスボンを出発し1499年にリスボンに帰還している（イタリア・ジェノバの船乗りコロンブスは、スペインの援助で、その前の1492年に既に新大陸アメリカ（本人にはその認識はなかったが）を発見していた）。ちなみに、ポルトガルは、インド航路を得るために、別に南西の航路をも取って南アメリカのブラジルも発見した（1500年カブラルのブラジル発見）。そのため、南米では唯一ブラジルがポルトガルの植民地となり、現在も公用語はポルトガル語である。トルデシリャス条約（スペインとポルトガルの間の新領土に関する取り決め。条約が結ばれたスペインの地名から）によって、新たに発見した領土は、大西洋の東側アフリカ方面はポルトガル、西側・アメリカ大陸側は、スペインと取り決められたが、ブラジルだけは、1500年にカブラルが発見した事により、ポルトガルの領土と認められた。

　ポルトガルは、アフリカ・喜望峰回りの航路の開拓によって、アラブ商人の手を経ずに、金・香料を直接手に入れる

事となり、莫大な利益を得る事となった。そして、ヨーロッパとアジアを結ぶ交易ルートは、アラビア・中近東・東地中海のルートから、西ヨーロッパのポルトガル・スペインに移っていった。陸のシルクロードとアラビア・中近東・東地中海のルートは、衰退していった（シルクロードのヨーロッパ側のドブロブニク・ベネチア等）。

　喜望峰はどんな所だろうかと、カタール・ドーハ、南アフリカ・ヨ（ジョ）ハネスブルク、ケープタウンを経て、ケープタウンから車で喜望峰まで行った事がある。そこは、「ケープ・オブ・グッド・ホープ」の横長の碑があるだけで他に何にもなかった。「ここを越えて、ポルトガル人たちは、大西洋からインド洋に入り、アジアを目指したのだな、当時あったであろう地球平面・円形テーブルのような考え、その淵を越えると帰ってこられない奈落の底という恐怖の迷信に打ち勝ち、まだ見ぬ世界へ航海していったのだな」と思うと、人間の努力・勇気というものを感じ涙した。

　喜望峰を越えたアフリカの東海岸に、モザンビークという国がある。ジャイカ（国際協力機構）の研修生の各国中堅官僚の中にモザンビークからきた人がいた。頼まれて、東京案内した時に、モザンビークではポルトガル語が標準語だといっていた（当然の事ながら研修にきている各国エリート層は英語が使える）。ポルトガルの、喜望峰を越えての、昔のアジアへの東進政策の影響は、ここにも表れて

いる、と実感した。

マゼラン

　マゼランは、ポルトガルの航海者である。ポルトガル宮廷と不和となり、ポルトガル宮廷を去って、西回りで香料諸島に行き香料を直接手に入れる事を、スペイン王カルロス1世に提案し、スペイン王の信任を得て、スペインの艦隊を率いて1519年スペインのセビーリャを出港した（香料を求めて西側からインド・アジアを目指したコロンブスは、アメリカ大陸を発見したが、アジア・インドに到達出来ず、香料はスペインにまだ持って帰っていなかった）。マゼランはポルトガル人なのになぜスペイン艦隊を率いた旅だったのか、スペイン人ではないのか、と疑問に思う人もいると思うが、このような経緯があったのである。コロンブス以降まだアメリカは、東アジアの大半島だと思われていて、西回りでアジアを目指した航海者たちの誰もまだアジアへ到達出来ていなかった。マゼランは、南アメリカ（当時まだ新大陸との認識がなかった）の東海岸を香料諸島へ抜ける海峡を探して南下し、1520年10月21日今でいうマゼラン海峡を発見した。マゼラン海峡を南極大陸と南アメリカ大陸の海峡だと思っている人がいるが、そうではない。南アメリカ大陸の南端の先に、フエゴ島と小さな島々が点在している。その間を大西洋から太平洋に通り抜ける海峡がマ

ゼラン海峡なのである。彼らは太平洋・パシフィックオーシャン（マゼランが、航海中たまたまであろうがフィリピン諸島まで暴風雨にあう事もなく、そのため**平和の海**と名付けた）に出てから、チリの海岸を北上し、どうもアジアと違う、別の大陸らしい、という事で、西に進路を取り進み、マリアナ諸島のグアム島を発見し上陸した。グアム島の上陸地点は、今のダウンタウン（空港から北東へ下っていった海岸近く）と反対側の島の小さな入り江で、現在記念碑が立っている（グアム島は、そのため最初スペインの植民地となり、米西戦争でアメリカ領となり、太平洋戦争で日本の進出占領、再度アメリカの支配、現在アメリカの西太平洋・東アジア一帯をにらむ戦略上重要な軍事基地となっている（グアム島と同様なアメリカ軍の重要基地は、インド洋では、モルディブの南に、アフリカ・中近東・アラビア半島・イラン・アフガニスタンににらみを利かす、小さな島英領**ディエゴ・ガルシア島**がある）。もちろん日本から最も近いアメリカで観光地でもある。グアム島には、日本占領時からの残留兵横井庄一さんの隠れ住んでいた、横井ケイブもある）。そこから更に西に向かい、フィリピン諸島に到達した。マゼラン自体は、セブ島の対岸の小島マクタン島での現地人との戦闘で戦死したが、残りの部下が香料諸島まで到達し、そしてついにスペインに1522年に帰還した（当然香料も持ち帰った）。マゼラン艦隊の航海

の成果は、太平洋を発見した事、大西洋からマゼラン海峡を通って太平洋へのルートを開拓した事（パナマ運河が出来るまでは、船で大西洋から太平洋へはこのルートしかなかった）、地球が丸い事を実証した事である。

ジェームズ・クック（キャプテン・クック）

　1500年代からは、200年程後になるが、産業革命の少し前、世界的航海をした人として、ジェームズ・クック（キャプテン・クック）がいる。クック（1728年〜1779年）は、イギリス海軍の船で、世界周航を果たした人である。産業革命以前まだ木造帆船の時代であった。最初は、タヒチに行き1769年の金星の太陽面通過（日面通過）を天文学者と観測するためであった。これは、太陽と地球の間に金星が入った時、太陽面の通過時間を測り、太陽と金星・地球の距離を算出しようというものであった。これは稀な現象で、1769年の時は、欧州では国際的プロジェクトで、世界各地に天文学者が、より正確を期すためあるいは悪天候で観測出来ない恐れがあったため、各地に派遣された。クックをイギリスが、大西洋から南アメリカを越え太平洋の真ん中の南太平洋のタヒチへ派遣したのはその一環であった。観測終了後密命を開封（第一の任務が終わるまで封書による命令は、開封してはならないとされていた）し、南方大陸探索の命令を知り、タヒチから南下し西に進み、ニュージー

ランドに至り、海岸線の地図を作り、その後オーストラリアに至りニューギニアとの間を抜けインド洋・喜望峰を回って帰国した。

第2回目の航海は、南極大陸の探索で、クロノメーターが使われ正確な経度測定が行われ、南極圏までの正確な海図がつくられた。南極大陸発見までには至らなかったが、南方の未確定地域は狭められた。

第3回目の航海では、北極海を抜けて大西洋と太平洋をつなぐ航路を探索する事であった。北アメリカを北上しアラスカまでの海岸の大部分の海図を作成した。補給・出港後の船の破損修理のために、ハワイ島に立ち寄ったが、そこで現地人との衝突で、命を落とした。

クックの業績は、南太平洋の小さな島々を発見し、ニュージーランドの正確な海図を作り、オーストラリアの東海岸を探索した事、クロノグラフを使い南極（南極大陸は発見出来なかったが）・北極の両極付近までの正確な海図を作った事、航海中1人も壊血病の死者を出さなかった事である（それまでは、航海中、大量の壊血病による死者が出たが、原因が何か分からなかった）。壊血病は後に分かった事であるが、ビタミンC欠乏によって、引き起こされる（不足すると、タンパク質合成に障害を生じる。人類は進化の過程で地上に降り草原で植物・野菜・果物を摂取するようになり体内でビタミンCを作れなく変異しても外部から摂取

出来る限り生きられるようになったが、外部から採れなく不足すると壊血病になる。）。クックは、乗組員にかんきつ類・ザワークラウト（ドイツのキャベツの漬物・発酵食品）を食べさせ、壊血病の発病を防ぎ壊血病による死者を出さなかった。昔の航海の難題が、一つ克服されたのである。船による長期間の航海で、冷凍・冷蔵庫のなかった時代、長期保存食といえば乾物・塩漬けの制限された食物の中、食事に何が必要か、人間の食事と栄養について、考え解決していくきっかけとなった、と思われる。

ダーウィン

　チャールズ・ダーウィン（1809年〜1882年）は進化論で有名である。ダーウィンが大航海時代新世界の発見・開拓に何の関係があるのか、と思う人があるかもしれないが、進化論は、ダーウィンが世界各地を巡った成果だともいえる。ダーウィンの場合は、新たに新しい大陸・島々を発見したわけではないが、おぼろげに分かっていた新世界（特に南アメリカ）の実際・実情を、新世界に住む動植物を観察し、動植物の標本を出会ったイギリスに向かう船に頼んでイギリスに送ったり、動植物の多様性を具体的にスケッチ・手紙等で西洋に知らせ・紹介した、という点でパイオニア・先駆者なのである（ちょうど、大航海時代以前、マルコ・ポーロとイブン・バツータが、当時まだ西洋人があ

まり知らなかったユーラシア大陸の東方世界の実情を西洋に知らしめたように、大航海時代の後半、新世界の実情をヨーロッパ・旧世界に知らしめた、といえると思う）。

　進化論は、今日的に考えると、生物は様々な遺伝子の突然変異を起こし（コピーエラーなのか意思により意図的に少しずつ変えていっているのか分からないが）、多くのパターンの内、自然環境もしくは限られた資源の中での仲間内の生存競争で、打ち勝ったもの・勝ち残ったもの・適応能力を備えたもののみが生き残る、というものであろう（自然はカフェテリア方式で色々なパターンを用意して、適応したものだけが生き残った、という事であろうか）。ダーウィンの時代にはまだ細胞の核の中に染色体の二重らせん構造（X線解析で、遺伝子・染色体の二重らせん構造が明らかにされたのは、ワトソン、クリックらの1953年の論文）で生物の細胞情報がしまわれている事までは分からなかったが、しかし、生物の細胞の中には、細胞の複製プリントの原板・コピー原本のようなものがあるらしい、とは感じていたと思われる（実際ブリーダー等から、かけあわせ等の情報を得て、数多くの情報を持っていたと思われる）。

　進化論は、後に生物の遺伝子レベルだけの話ではなく、もう少し広げられて、ソーシャル・ダーウィニズム（社会的進化論）としても考えられた。ヒットラードイツの人種的進化論・アーリア人の優位、がこれである。

進化論は生物の進化・時間的変化を肯定するが、保守的キリスト教の中には、いまだに神（創造主）は最初から完璧な今に見る形で全てを作った（進化論は時間経過的に変化を予定するが、保守的なキリスト教は、変化を予定しないし、同一の始祖からだんだん分かれて行った、という考え方を取らない。最近は多少修正もあるようであるが）と考え、アメリカではいまだに、進化論を学校で教えるな、という所もある。

　ダーウィンの実際の航海の時は、新世界の動植物の地域による多様性を見るだけ・その事を西洋社会に知らせただけだが、その後多くの実証を検討し、生物多様性・適応性の本質（帰納的法則としての進化論）に思い至った（最初は、事実の報告で、それから帰納的に考察した本質の進化論は、実際の航海のずっと後の事であった）。

　ダーウィンは、ほんの偶然の事で、5年間にわたる世界周航の旅に出る事になった。イギリス海軍の調査船ビーグル号が、南米海岸を調査・測量（二次的ミッションとしては、当時開発された経度を測定するための各種のクロノメーターの正確性を確かめるため）に出る事になった。そこで孤独なビーグル号の船長の話し相手（インテリ・知識人の船長と乗組員では話は合わないと予想されたため）に、自費ではあるが、1831年暮れ（日本でいうと、江戸時代の終わり頃）、ビーグル号に乗り込める話・世界を巡れる話が

飛び込んできた。

　ダーウィンのお父さんは医者で、ダーウィンを医者にしようとエディンバラ大学に送った。当時の外科手術は、麻酔なしで体を切ったり骨を切ったりしていたので、ダーウィンはなじめず博物学・地質学・剥製づくり等のほうに興味を覚えた。父親も医者にするのをあきらめ、ケンブリッジ大学に入れ、イギリス国教会の牧師にしようとした。大学を終え牧師になる前に博物学・地質学の勉強になると、ダーウィンは乗船の申込みをした。

　ビーグル号はもともと奴隷船の拿捕船であった。イギリスはいち早く奴隷貿易（イギリス・グレートブリテン島南西部ブリストルは、昔奴隷貿易で栄えたが、近年奴隷貿易業者の銅像がひき倒され、川に落とされ、話題となった）を禁止し、イギリス海軍は小型で船足の速い木造帆船の奴隷運搬船の拿捕船を持っていた。ビーグル号はその中の一艘であった。ビーグルとは、野兎狩りのための猟犬のビーグル犬からきている。奴隷を積んだ貨物船を追いかけるビーグル犬、そんなイメージだったのであろうか（グレイハウンドも昔は猟犬に使われていたので、同じようなイメージである）。

　そのビーグル号が、測量船に改装され、南米海岸測量・調査に行く事になったのである。

　ダーウィンは、南米アルゼンチンでガウチョ（牧童）と

過ごしたりしながら、南米大陸沿岸を南下しマゼラン海峡を通過し、バルパライソに寄港。そこで、病気療養後、ガラパゴス島に到着。ゾウガメの島々で異なる特徴・フィンチのくちばしの異なる形態・海に潜り海藻を食べるイグアナ等を見たりして、生物の多様性を観察した（ガラケーという言葉がある。ガラパゴス化した携帯の意味で、世界標準から隔絶して独自に発達進化した携帯の意味である。ダーウィンが、南米大陸から離れて、主流と隔絶して独自・特殊に進化・発達した動植物を見た事からの発想である）。その後、ニュージーランド・オーストラリア、インド洋を経て、アフリカを回り、再び大西洋を渡り南米に行き（船長が南アメリカの海岸線測量を再チェックするためであったのであろうか）、イギリスに1836年に帰り着いた（イギリスの清朝中国とのアヘン戦争（1840年〜42年）の少し前、日本でいえば幕末）。5年間の世界周航であった。ダーウィンは航海中、化石・動植物の標本をイギリス本国に帰る船を見つけては、イギリスに送っていたので、博物学・地質学では、既に帰る前から有名になっていた。そのために、イギリスに帰ってからも牧師にならず、博物学・地質学の講演・多くの執筆をしていた。進化論の公表（1859年）が遅れたのは、多くの実例を集めようとし公表に慎重だった事、当時のキリスト教下で、もし異端の説の公表をすると、自己の名声・家族（ダーウィンは子だくさんで、いとこで

妻のエマは陶磁器で有名なウェッジウッド家の人）の平穏な生活が侵されると危惧したためである（彼は牧師になろうとしていたわけで、キリスト教からの反発は十分予想していた）。しかし、生存中に発表されたにもかかわらず、予想に反し大方には受け入れられた。キリスト教といってもイギリス国教会はプロテスタントだし、当時イギリスは、ヴィクトリア女王の時代でイギリスの発展期・絶頂期で、進歩的考えを受け入れる土壌があったという事であろう。

大航海時代のもたらしたもの（コロンブス交換）

　コロンブス交換という言葉を聞いた事があるだろうか。

　新旧両大陸が分断されていた時は、それぞれ固有であったものが、大航海時代の動植物の交換・交流があり、一体化し融合化した事をいう。そして、今までになかったものが、両世界に急に現れたため、急激な変化・生活様式の変化に見舞われた。海を通じての世界の一体化には、メリットとデメリットがあった。よくも悪くも両世界が激変した。

　新大陸（新世界）から旧大陸（旧世界）にもたらされた主なものに、ジャガイモ（ポテト）、サツマイモ（スウィートポテト）、トウモロコシ、トマト、ピーナッツ、カボチャ（スクァシュ。日本では、南蛮船がカンボジアからもたらしたとして、訛ってカボチャといわれる）、唐辛子（これがなければ、今のキムチ・明太子はなかったであろう）、タバコ、

銀、梅毒（異説はあるが）等がある。

　旧世界から新世界にもたらされた主なものは、馬、鉄器・銃、アルコール、そして重要な病原菌である。

　ジャガイモは、アイルランドや北部ヨーロッパに、地下の茎に栄養をためるため寒さに強く、急速に広まり主食となり、人間の生活圏を広げた。クロムウェルのアイルランド遠征で、被征服者・小作人となったアイルランド人の主食はジャガイモとなり、ジャガイモの病気でポテイトウ・ファミン（ジャガイモ飢饉。1845年～1849年）を招き、大量の海外移民を招いた（アメリカのケネディ大統領やレーガン大統領は、この時のアイルランド移民の子孫）。今でも北部ヨーロッパでは主食であり、ポテトチップとしてスナックで食べられる以外に、世界中でファーストフード・チェーンは、ポテトフライを提供している。サツマイモも、スペインに持ち込まれたが温かい所でしか育たず、ヨーロッパには適さず東南アジアに持ち込まれ、フィリピン経由で中国に持ち込まれた。水田耕作に適さない・灌漑出来ない荒れ地・山地でも育つため、トウモロコシと共に栽培され、清朝中国（大体日本の江戸時代とその成立は重なる）の人口増大の原因となったと思う。清朝時代の人口増加は南部の水田開発の影響だけではなかったと思う。現在でもサツマイモの生産は中国が圧倒的に多い（日本でも江戸時代飢饉対策（青木昆陽が有名、千葉幕張に昆陽神社がある）と

して、そして日本の戦後の食糧難の時代にも多大の貢献をした）。

中国の南北朝時代のテレビドラマを見ていたら、突然軍の食料として、ジャガイモ・トウモロコシが出てきた。大航海時代の前の話であるのに、びっくりした。ジャガイモ・トウモロコシがアメリカ大陸から出たのは、大航海時代後で、時代考証がいい加減だ、歴史認識が欠けていると思った。

トウモロコシは、そのものとしてだけでなく、メキシコ・中米のトルティーヤとして、またポップコーン・シリアル・コーンフレークとして、現在世界中で食べられている。

ジャガイモ（ファーストフードのポテトとして）・サツマイモ・トウモロコシ（コーンフレイク・シリアル）等を見て、大航海時代の恩恵だ、アメリカ大陸からコロンブスが西洋に持って帰ってくれた恩恵だ、その恩恵を今も我々は受けているとの実感を持っている人は、どれくらいいるだろうか。

アメリカ大陸からの**銀**の多量流入は、西洋の通貨量の増大を招き、急激な物価高を招いた。

旧世界西洋から新世界アメリカへもたらされた主なものに馬・鉄・病原菌・小麦等がある。

馬については、昔の西部劇でよく鐙（あぶみ）・鞍をつけていない裸馬にインデアンが乗っていたではないか、と思う人がいるかもしれない。しかし、アメリカ大陸には昔

馬がいたが一度絶滅し、再度現れたのは、西洋人がヨーロッパから持ち込んだためである。インデアンが、西洋人が馬に乗って・見た事のない兵器を持っていて、驚き戦う前にパニックに陥り敗走した、という話があった。後にインデアン・ネイティブが馬を使う生活様式に変わったのは、大航海時代以降西洋から馬が持ち込まれたためで、比較的新しい事である。

　西洋人が意図してではないにせよ持ち込んだ**病原菌**。これにより免疫・抵抗力を持たないインデアン・ネイティブ・現地人は、90％あるいはそれ以上が、病原菌に感染して死亡したといわれる（14世紀にヨーロッパを襲った黒死病の比ではない）。侵入してきた西洋人と戦う以前にいなくなっていたといわれる（黒死病・スペイン風邪もそうだが、生き残った人々は、どのように免疫力・抵抗力をつけたか、克服していったか、非常に興味がある。今回のコロナ克服に活かせないか、と思う）。特にカリブ海・西インド諸島では、殆ど現地人・インデアンはいなくなり、代わりに労働力としてアフリカから奴隷を入れたが、そのため今度は当地でアフリカ特有の病気であったマラリア・黄熱病が広がったといわれる（イギリスが、新世界アメリカに植民地を開設した初期の頃、ポウハタン族の娘で、西洋人と結婚し、イギリスに渡り、新世界アメリカの有名人となった**ポカホンタス**（ディズニー映画にもなった）という女性がいた。イギリス

からアメリカに船で帰る直前、イギリスで病気で死亡した、とされる。最初にイギリス人と接触した時に免疫をアメリカで獲得していたのか、それともイギリスに渡って旧世界の新しい病原菌に感染して病気になり死亡したのか、それとも病原菌と全く関係ない病気で死亡したのか、非常に興味がある）。

緯度と経度

　地球上の全ての場所を座標で表せれば、緯度と経度で表す事が出来れば、海図が出来、そして船の現在位置を確認出来れば船の進行航路を決定するのにも役立つ。わざわざ陸地に沿った沿岸航路を取って座礁の危険を免れる事が出来、陸地を見ないで直接目的地に行く事も出来る。緯度は昔から簡単に測定出来た。ただ経度の測定は難しかった。最終的に用いられたのは、時計の利用であった。2艘の船又は基準点の正午の時計を合わせておいて、同緯度の南中時刻を比較し、2地点間の経度差を求める。そしてその距離を測る。これで、同緯度の地球の円周の長さが推定出来る。経度の基準点は、統一されるまでは色々あったようであるが最終的にイギリスのグリニッジに決められ、そこから東経・西経180度で、地球一周を表す事にした。問題は正確な時計であった。海上で波温度に影響されず正確に時を刻む時計を作るのは、困難を極めた。特に振り子時計で

は難しかった。イギリスは、このクロノメーター開発に2万ポンドの懸賞金をかけたといわれる。実際にクロノメーターが開発され実用化されたのは、18世紀になってからで、それまでは、手探り状態であった。そして、少しずつ緯度経度で区切られて出来上がったポイントから三角測量をし三角測量で得られた島海岸線陸地を書き込み、それを持ち寄って地球の海図を徐々に作っていった。

コロンブス・マゼランの頃は、緯度は測定出来たにせよ、海図もなく、あてずっぽうの航海であった。そのためアメリカをインドと誤解していた。トルデシリャス条約・サラゴサ条約（ポルトガルとスペインで新たに発見された場所の領土に関する取り決め・条約で、共にスペインの地名で、そこで締結されたためこのように呼ばれる）では、まだ正確ではなかったように思われる。特に日本付近の経度は正確ではなく取り決めはあいまいで、スペイン・ポルトガルが入り乱れて戦国時代の日本にきていた。

ダーウィンの乗ったビーグル号の航海の目的も南米海岸の調査測量と共に、クロノメーターの正確性のテスト、という側面もあったといわれる。

大航海時代は大型船の建造も重要だった。地中海と比べものにならない大洋の荒波・強風・嵐に耐え、大砲を積める（敵対国・海賊・現地民との紛争で有効だった。頑丈でないと大砲を打つと船が壊れてしまう）竜骨を持つ頑丈な

大型船が開発された。

　大航海時代、検疫制度はまだなく、見知らぬ土地で風土病に感染したり、小さな船で長い航海で限られた食料しかなく、多くの船乗りが原因不明の病気で船上で命を落としていった。壊血病・脚気の原因が分かり、栄養の事が分かるようになったのはずっと後からである。この経験から、我々は健康に過ごすためには、何を栄養として取らなければならないかの知識を現在持っている。キャプテン・クックは、壊血病には野菜という事で、前述のようにドイツのザワークラウトを乗組員に食べさせ、長い航海中壊血病の死者を出さなかった事で有名である。

西洋の点の支配・面の支配・空の支配

　大航海時代の初めは、帆船（セイリング・シップ、トール・シップ）によるものだった。帆船は風任せ・風依存の所があり、季節風を待って航海するため、いつでもどこへでも、というわけにはいかなかった。そして帆船は、軍艦として、あるいはある場所でしか取れない・作れないものを交易品として運ぶための貨物船として利用された。このためこの時代は、新発見地は、交易所と中継点・港の確保という、海洋国家といえども点の支配にとどまった。

　しかし、この状況は、産業革命が興って、変化した。

　産業革命の本質は、**動力革命**である（産業としては、

初めは蒸気機関を利用した工場による繊維産業からである
が）。それまで、動力を人力・牛馬力・自然の風等に頼っ
ていたのが、蒸気の力を利用出来る事になったのである。
蒸気による動力は、自然現象説明の物理（学）的に言うと、
エネルギーを加え水の温度を上げていく加熱していくと一
定の温度（通常は一気圧100℃）で、水の分子の結合（水
素結合）が解け分離し個々に独立した分子の活動が活発に
なり、体積が急膨張する（液体から気体へ。沸点以前の蒸
発より激しく蒸気が発生する）。これを狭い容器に閉じ込
めておくと拡がろうと強い圧力が生じる。そしてこれをシ
リンダーの両端から時間差で注入すると、往復運動・ピス
トン運動が起き、これを回転運動に変えると動力として利
用出来る。これを利用したのが蒸気機関による動力・蒸気
エンジンで最初の動力革命である（陸上では蒸気機関車に
よる鉄道、船では蒸気外輪船。最初は、外部に蒸気を発生
させる釜を持つ外燃機関であった）。

　船では、帆船から、実用的な**蒸気船**（汽船）が出来たのは、
1783年。フルトンがハドソン川で外輪船を航行させたのが、
1809年である（３代大統領ジェファーソンの時の1803年、
アメリカはハイチの反乱で戦費を必要としたフランス・ナ
ポレオンからルイジアナを購入した。そしてミシシッピ川
両サイドが領土（東側は独立戦争終結の1783年のパリ条約
でイギリスから獲得）となり、その後のアメリカ開拓時代

ミシシッピ川で、波の影響がなく水深が浅いためか、外輪蒸気船がよく使われた。アメリカ中西部（ミッド・ウエスト）の開拓は、大西洋・東海岸側のハドソン川とシカゴをつなぐ運河の開通・ミシシッピ川の利用が大きかった。アメリカの中西部・西部の開拓は、アパラチア山脈を幌馬車で越えて行った、という事ではなかったと思う）。外輪蒸気船は、だんだん効率的で推力の大きいスクリュー・プロペラ推進方式に変わっていった。蒸気利用も、外燃レシプロ（ピストン）型から、羽根に直接蒸気を吹きかけて、エネルギーロスがなく回転軸をまわす外燃タービン型になっていった。

ペリーの来航（黒船来航、1853年）の時は、2隻の外輪蒸気船の軍艦と、2隻の帆走軍艦であった（川柳の「たった4杯の蒸気船（上喜撰）」は誤りではないかと思う。蒸気船は2隻だったにすぎなかった）。帆船と蒸気船の混在する過渡期だったという事であろうか。

このようにして、産業革命以降、船は帆船から外輪蒸気船へ、そしてスクリュウ・レシプロ、更にスクリュウ・タービン型へと進化していった（現在は、燃費・公害・地球温暖化対策等の要請があり、ディーゼルエンジン・ガスタービンエンジン・ジェットエンジン等様々なエンジンが使われている）。

更に、木造船から産業革命以降鋼鉄が量産出来るようになり、頑丈な鋼鉄船になった。

鋼鉄・蒸気船は、風・季節風を心配する事なく、海のある所なら、意思に従いいつでもどこへでも行けるようになった（もちろん、地球の全ての海洋の場所が、緯度・経度で特定出来る海図が出来、自己の場所も測定出来るようになった事も大きいが）。

　産業革命によって、社会の構造が変わってきた。帆船の時代は、交易・商行ための時代で、既に自然にあるものの場所的移転を図る事（場所的移転で利益をあげる。ものがある所からない所に運んで、利益をあげる。ものの生産をしない、流通としての**商**の概念はこれである。）がメーンであり、それも比較的小規模であった。しかし産業革命が興り、工場を持ち同じものを大量に作れるようになったために船で大量の原料・製品を運ぶ、大型の鋼鉄・蒸気船の必要性が生まれた（産業革命の初期の頃、産業革命の興ったイギリスでは、狭い運河が国内に張り巡らされ、**ナロウ・ボート**と呼ばれる船（横幅の狭い底の平たい動力のない船）が、岸から馬で引かれて、資材を運搬していた（工場では蒸気動力、運河運搬では馬力の過渡期の時代）。これらは蒸気機関の鉄道の出現により、その役割を終え、今は観光船に姿を変えている）。先進国は、自身で繊維製品の紡績・織物工場、あるいは鉄製品の工場を持ち、蒸気船で原料・製品を国内だけでなく海外へ運んだ。また原料や製品市場を確保

するため、植民地獲得競争が始まり、支配権を確保・拡大するため、原料・製品運搬船の他、大量の鋼鉄蒸気軍艦を作るようになった。

　植民地獲得競争は、ポルトガル・スペイン、オランダ・フランス・イギリス・ロシア（不凍港を求めての南下政策もこの一環）、そして遅れてアメリカとの間で行われた。更に地方の力が強く中央集権国家の形成が遅れたイタリア・ドイツ、近代化の遅れた日本が、既得植民地獲得国家への挑戦と、産業革命の影響を受けた植民地獲得競争は、第二次大戦まで続いた（先進国が、軍事力を使って他国を支配・植民地獲得する過程は、帝国主義と呼ばれた）。

　このように、産業革命は、西洋の産業先進国の海外拠点は、産業革命以前の単なる既にある自然物の交易点確保（点の支配）ではなく、植民地として工場生産のための原料を求め、製品の販売市場を求めるための地域の支配（面の支配）への転換となった。そのため、鋼鉄蒸気船は、貨物船・軍艦として、ますますその需要が高まった。

　現代までには、船の海上航行安全のため、陸地の位置を示す灯台の設置、レーダーが開発されると障害物位置を探知するレーダーを各船が使用し、またGPSによる位置測定が最近出来るようになって、航海が容易になっている。船の積み荷も昔は多くの人手（沖仲仕）を要し積み込み積み下ろしをしていたが、最近は殆どが、コンテナで省力化さ

れている。

　遠洋客船も現代は航空機に押され、現代では金と時間に余裕のある人向けの、クルーズ船になってしまった。

航空機時代

　1903年（アメリカでは、ミシシッピ川の西方・ルイジアナをフランス・ナポレオンから購入したちょうど百年後）、アメリカの自転車屋の**ライト兄弟**が、東海岸（アメリカ本土を縦に区切って、東から、東海岸、中西部、ロッキー山岳部、西海岸、とした時の、東海岸）ノースカ（キャ）ロライナの海岸で、初めて飛行機を飛ばす事に成功した（これより先に、飛行実験に成功した事もあったようであるが、社会・世界に与えた影響としては、ライト兄弟の試験飛行成功が、圧倒的に大きい）。

　1903年という辺りの時代を、日本史的に具体的にイメージすると、対露戦不可避として、戦争準備（軍艦の購入・兵の訓練等）をしていた時代である。1902年には、対露戦訓練のための八甲田山雪中行軍遭難事件や日英同盟締結があり、1904年はついに日露開戦となり、1905年は北ヨーロッパバルト海からはるばる極東アジアまでロシアのバルチック艦隊が、インド洋・南シナ海・東シナ海を経て対馬海峡まで到来し、日本海軍と歴史に残る日本海海戦をした年である（海の時代の到達点の時代ともいえる）。

航空機・飛行機はなぜ飛ぶか、考えた事があるだろうか。あるいは子供に、「あんな重いものがなぜ宙に浮くの?」、と尋ねられ明確に答えられるであろうか。その本質は、空気（流体の場合）の気圧差・圧力差を利用する事である。まず空気のない所・空気が動かない時、飛行機は飛べない・重力に反して浮き上がれない（翼は意味をなさない）。また空気の流れのない時や平坦な板を水平にして空気を流しても浮き上がれない。翼（固定翼。ヘリコプターは回転翼）は鳥の羽のように上部の前方が盛り上がっている。そのため上部は空気の流れる距離が下部に比べ長くなり空気の流れが速くなる。空気の流れが相対的に速くなると、空気の分子の密度は薄くなり圧力は低下し下から上へ押しあげられる。簡単な話、流れの速い水道の蛇口にスプーンを近づけるとスプーンが引き込まれる。速い水の流れで、気圧差が生まれるからである（こんな理屈を考える前に、人は単に空を飛ぶ鳥の羽を真似て飛ぼうとしたのは容易に想像がつくが）。

　翼（固定翼）は、空気の気圧差を利用するものであるが、プロペラ機のプロペラ同様に、回転翼のヘリコプターでも同じである。水中の船のスクリュウも同様で、水の流れの速い水圧の低い所と流れの遅い水圧の高い所を、スクリュウの回転で意図的に作り出し、推進力を得るものである。現在水中翼船というものもある。水中で速度を増す（ジェッ

トエンジンを使っている。スクリュウが使えるのは、船が水中にある時だけなので、使えない）と、水中の翼が揚力を持ち、船を持ちあげ、水・波の抵抗を受けずに、高速で走れる、というものである。これらの本質は、空気中・水中でも、流体（空気・水）の圧力差（気圧・水圧）を利用する、というものである（それ故、水・空気のない宇宙では使えない）。

　現在の長距離旅客機が、１万〜１万１千メートルを飛ぶのはなぜかというと、空気密度が高いと正面からの空気抵抗が大きく燃費が悪く・速度が出せない・飛行時間が長くかかる、しかし一方空気密度があまりにも薄くなり空気がなくなってくると、空気の圧力差を利用した、重力に反し機体を持ちあげる力・浮く力がなくなってくる。二つの調和点（空気抵抗と揚力・浮力の調和点）が、長距離旅客機の巡航高度である。高高度の上空では、気温・気圧が低く、地上で過ごしている人間には、適した環境ではないので、旅客機内では人工的に地上の温度・気圧に近づけて、コントロールしている。機体が破損して、気温・気圧が下がると、急降下して気温・気圧が人間に問題がない所まで下がる。上空で気圧が低い場合、機内に持ち込んだスナック菓子の袋がパンパンに膨らんだり、胸ポケットにさしてあったラインマーカーや万年筆からインクが漏れ出したり、余計にインクが出て書きづらかったりする。また上昇中・下

降中気圧の変化で、耳が痛くなる事がある。鼓膜が気圧変化に対応出来ていないためで、唾を飲み込む要領で、口から耳の内部に空気を送り込んで調整してやる必要がある。

　湿度は地上に比べ低めに設定してある。地上で水分を含んだ空気が上空で冷やされ、水分を吐き出す（温度で空気中の水蒸気飽和量は異なり、温度が低くなると、水蒸気飽和量は少なくなる）と、結露・結氷し、窓ガラスが曇ったり、機材を腐食させたりするからである（最近は、資材が腐食しにくい材質になっているようであるが）。

　エンジンは、産業革命以降、外燃機関から内燃機関になり、エンジンが液体燃料を積むだけでよくなり（液体燃料を直接シリンダー内で時間差を置いて、爆発・燃焼させるため）、軽量化され、航空機搭載が可能になった（このため飛行機が開発された。外燃機関では、装置が大きく重く、とても飛行機のエンジンとしては利用出来なかった）。エンジンも、レシプロエンジン（シリンダー内で両方から時間差をおいて、燃料を爆発燃焼させ、ピストン運動（往復運動）を起こしそれを回転運動にし、プロペラを回す方式。出力を増すため・安定・なめらかな回転のため、単気筒から、回転軸の周りに複数のシリンダーをつける、注射器のようなシリンダーを多く持つ多気筒エンジンへと変化していった）から、前方から圧縮空気を送り込み直接エンジン内で爆発・燃焼させ推力を得るジェットエンジン方式（ピ

ストン・プロペラ運動を介在させない）となり、エネルギー効率がよくなり、推力も増しスピードも増し航続距離も伸びた。しかし今も、フラップと垂直尾翼で、飛行機の上下・左右への移動・方向転換をコントロールする構造は、ライト兄弟の時代と変わっていない。

　第二次大戦後は、爆撃機を改良した高高度を飛べる、気圧・温度調整を施した民間旅客機が就航するようになり、船より格段に速く短時間で容易に安全に海外に行けるようになった。しかし、高高度を飛ぶ飛行機も、空気の流れの影響を受け、東から西に飛ぶのと、西から東に飛ぶのとでは、飛行時間に差がある。地球の自転の影響を受け、空気は西から東に流れているので、西から東に飛行するほうが、飛行時間は短い（空気の流れのため、天候も西から東に変化するので、西側の天候に注意していれば、東側は予測がつく）。

　最近では、ハブ空港まで大型機で輸送しスポーク状に伸びる各小都市まで小型機で輸送していたスタイルから、小型機の性能がよくなり飛行距離が延び、直接小都市間を結ぶ便も増えてきて、ますます便利になってきている。更に、現代はLCCが近中距離で飛んでおり、まるでバスに乗る感覚で、近中距離の海外旅行も出来るようになってきた。

　人・物資の輸送に関し、陸の時代から、海の時代（大航海時代の木造帆船の時代、産業革命以降の鋼鉄蒸気船の時代）、空の時代（航空機の時代、レシプロエンジンからジェッ

トエンジンの時代）と見てきた。もちろん、陸における産業革命以来の蒸気機関鉄道、それより進化した電化による高速度鉄道網（新幹線・リニア新幹線等）・道路整備舗装による高速道路網もあるが、大きな流れは、陸→海→空の流れである。

　産業革命後、プロイセン王国（ドイツ）のモルトケは、通信網・鉄道網を整備し、参謀本部制を取り、普仏戦争に圧勝した（それまでの軍隊は、各部隊はバラバラで独自判断・行動していた）。そのためヨーロッパ各国は、鉄道網を整備し軍の移動を速め、全軍を一体化し参謀本部制を取り入れた。明治初期の日本も、フランス軍制からドイツ軍制に変更し、鉄道網を整備しモルトケの部下でモルトケ推薦のメッケル少佐を陸軍大学校に招聘し軍制改革を進めた。

　しかし、陸軍は後に、海軍・空軍の支援なく独自には存在し得ず、やはり、大きな流れは、陸→海→空の流れである。

　大きな流れが変化しているのに、見誤り対応出来なかった、という事がよくある。過去の成功体験に固執して対応を誤るという事が、個人でも組織でもよくある。

　有名な例として、戦前の日本海軍の艦隊決戦思想（艦隊決戦至上主義）というのがあった。日本海海戦大勝利という成功体験に引きずられ、マレー沖海戦（航空機だけでイギリスの戦艦プリンス・オブ・ウェールズ（本来は、イギリスがウェールズ征服後ウェールズで生まれた王子につけ

た称号で、第一順位の皇太子の意味。次順位はエリザベス2世のお父さんスタマー・ジョージ6世に出てくる、デューク・オブ・ヨーク）・巡洋戦艦レパルスを沈めた）で変化を学び取れたのに、そのまま巨艦運用をし続け、日本海軍の巨大戦艦は太平洋戦争で米軍機の餌食になっていった。もっとも、日本海軍の中にも変化を読み取り・主張し、自ら飛行機会社を作った人もいた。故郷の群馬に飛行機の工場を作った中島知久平海軍大尉である（中島飛行機という今の富士重工の前身の会社を作った。群馬太田に自動車工場・会社があるのはそのため）。しかし、主流ではなかった。巨大組織では、一度あるシステムが稼働し多くの予算と人が投入されると、そこで働く人の生活・利権が絡み、時代にそぐわなくなってもなかなか組織をつぶす事が出来なくなってしまう。また大組織に入ってしまった人は、組織の歯車となり、組織人となり、単にその組織の組織維持・拡大しか考えなくなり、大局的な変化対応能力を身につける機会を失ってしまう。

　空間支配の争い、という観点から観ると、情報・通信の世界では、今はコンピューター・インターネットの発達によって、サイバー空間の争いの世界となっている。
　情報・通信手段としては、古代からの狼煙（のろし）・太鼓・旗信号・早馬・有線無線の電信（モールス信号）・

電話・テレックス・FAX時代から今や全世界が瞬時につながるインターネット時代となっている。文字・画像・映像の媒介手段としては、日干し煉瓦・石（有名なものにエジプトで発見されたロゼッタストーンがある）・動物の骨甲羅・鼎・パピルス・木簡竹簡・羊皮紙・紙等の歴史があったが、現在はデジタル媒体となってきている。情報内容・コンテンツも、単純な情報量の少ない文字・音情報から、より人間の五感に訴える情報量が増したビジュアル情報になってきている。

現在、地球規模での一体化、人・ものの国際規模での移動システムが確立された状態の中で、それに水を差すような事・ブレーキをかけるような事が起こっている。大規模な疫病拡大の恐れがあるとして、各国が外部から人を入れず、国境を閉ざす事態である。Quarantine（クアランティーン、検疫）という言葉がある。イタリア語で、40日を意味し、船で疫病（確か最初は14世紀のペストだと思われる。ヨーロッパのペストの流行は、シチリア島（シシリー島）北イタリアに寄港した船からだった）が疑われると、40日間その船が入港出来なく、待機しなければならなかった事からきている。地球が一体化する前は、地方で流行する・止まっていた病気・風土病が、船そして現在の航空機での移動で、世界中の免疫のない人々に瞬く間に広まって大流

行を引き起こすため、各国が国境を閉ざす事態である。大きな疫病としては、前述のように14世紀のヨーロッパ・中国に広まったペスト（黒死病）、16世紀にヨーロッパ人がアメリカ大陸に持ち込んだ疫病・病原菌、第一次大戦末期のアメリカからヨーロッパに持ち込まれたスペイン風邪（日本でも約40万人が死亡）、そして今回の新型コロナである（SARS, MERS もあったが、比較的規模は小さく、各国の国境閉鎖までには至らなかった）。

大航海時代の香料諸島（マルク諸島・モルッカ諸島）とその後

　大航海時代の初め、ヨーロッパ人は何も地理上の発見をするために、未知の大海原に漕ぎ出したわけではない。当時金に匹敵する程の高価な、しかもここ香料諸島でしか取れない香料（冷凍・冷蔵庫のなかった当時、肉の腐敗防止・匂い消しとして珍重された）を、中東・アラブの手を通さず、直接に手に入れるため・莫大な利益を直接手に入れるために、未知のルートを開拓しようと、未知の大海に漕ぎ出したのである。その結果偶然にもコロンブスによってアメリカ大陸が発見され、ガマによって喜望峰回りのインド航路が発見・開拓され、マゼラン隊によって地球が丸い事が実証されたのである（現在では、宇宙飛行士が宇宙から地球を見・写真で示せば、キリスト教徒といえども、誰も地球

が丸い事を疑う事はないと思うが）。

　彼らが目指した、東アジア・香料諸島自体を巡っての時系列を追っての考察があまりない（本来意図しなかったコロンブスのアメリカ発見に目を奪われて）ので、見てみたい。

　まず、アフリカ回りで東アジア・香料諸島にたどり着いたポルトガルが、香料をヨーロッパに持ち帰り、富を独占した（香料自体は、最初は香料諸島でしか取れなかったが、種子を持ち出し、他の場所でも栽培出来るようになって、だんだんと価値・価格は下がっていったが）。

　次に、これに目を付けたオランダが、国家の組織を代行するような、オランダ東インド会社（1600年にイギリスの東インド会社が設立されたが、これは1回の航海で解散されたので、ゴーイングコンサーン（継続・永続）を前提とするものでなく、永続的組織でなく組織として弱かった。独自の永続的存在としての株式会社の原型は、このオランダの東インド会社にあった）を1602年（江戸幕府が開かれる1年前）に作り、強力なエネルギーで、ポルトガル・スペイン（ポルトガルはスペインに吸収されたが）をこの地域から、駆逐していった（当時オランダは、新教徒・プロテスタント側でスペインと独立戦争（1568年〜1648年）を戦っており、オランダの独立は、1648年のウエストファリア条約で、正式に認められた）。東アジア・香料諸島からポルトガル・スペインを駆逐したオランダは、イギリスも、

148

香料諸島から駆逐した（アンボン事件（1623年）で、オランダが、モルッカ諸島の香料集積地アンボンのイギリス商館を襲い、イギリスを東アジアから撤退（日本の平戸島も）させて、イギリスをインド・西アジア方面へ向かわせた。イギリスは、結局マレー半島・ビルマ・インド、イラン・イラク方面に進出していった）。オランダは、この結果、香料の利益をヨーロッパで独占し巨額な利益をあげ、ヨーロッパ中から金が集まったのではないか、と思われる。アンボン事件（1623年）から約10年後、オランダで有名なチューリップバブル事件（1634年〜1637年）があったが、集まった金の、金余り・金利低下・投資先がなく、チューリップ投機に向かったのではないかと思う。その後オランダの香料諸島支配は続いたのであるが、香料自体は、種子が持ち出され、だんだん他の場所でもつくられるようになり、価値は下がっていった、と思われる（今は、**冷凍・冷蔵庫が発達**し、肉の腐敗はあまり問題にならなくなり、香料の価値も下がった。香料の価値を下げた冷凍・冷蔵の技術はイギリス経験論者、「知は力なり」で有名な哲学者の**フランシス・ベーコン**（1561年〜1626年）の発見による所が大きい。ベーコンは、鶏肉に雪を詰め込み実証的に**冷凍すると肉は腐らない事**を発見した。彼は寒い中実験中、それがもとで肺炎を起こし死亡したが、我々の現代生活に不可欠の冷蔵・冷凍食品による食生活はベーコンに負っている事を忘れて

はならない。これに加えて液体は気体に蒸発気化する時気化熱を奪い温度が下がる事を利用して冷蔵・冷凍庫が出来た。この２つの事で、食品の冷凍冷蔵保存で食品を腐らせる事がなくなった。我々の現在の食生活の便利さはこの事で成り立っている。常温で細菌が繁殖し、肉が腐敗する事が分かったのはずっと後の事である。香料自体も種子が香料諸島から持ち出され、育つ所ではどこでも栽培されたため、今や日本では100均でも買えるが、この事で大航海時代の原動力・幕開けとなった香料の当時の価値・重要性を見誤ってはいけない）。

1789年７月14日、フランスでフランス革命が起こり、続くナポレオン戦争で、オランダは、ナポレオンによって占領されフランスに吸収された。オランダの海外植民地が、オランダという国自体がなくなったため、フランスに渡る事を恐れたイギリスは、オランダの海外領土を、接収した。これによって、東インド・香料諸島は、イギリスの支配となった。

イギリスのウェリントン侯爵軍が、ワーテルローの戦いでフランス・ナポレオン軍を打ち破り、ナポレオンを失脚させ、ウイーン会議のウイーン議定書（1815年）で、オランダは王国復活が認められ、海外植民地もイギリスから返還された。これに伴って、再度東インド・香料諸島は、オランダ支配となった。

第二次世界大戦・太平洋戦争時、天然資源の錫・天然ゴム・石油を求めて日本の侵攻があり、日本支配となった（当時、日本の包囲網としてABCD包囲網がいわれていて、Dはダッチで現在のインドネシアの植民地を持っていたオランダの事であった。日本侵攻の時の、パレンバンへの落下傘降下（空の神兵）は有名である）。

　日本の敗戦撤退後、再びオランダの植民地となった（1945年8月17日に独立宣言するも、旧宗主国オランダの介入を招き、この時は、独立は出来なかった）。その後独立運動が起こり、インドネシア（インドの島々の意味）として独立を果たした（単一のインドネシア共和国が成立したのは、1950年8月15日）。

　現在の国家インドネシアは、スマトラ・ジャワ・ボルネオ（ブルネイの訛であろう、インドネシア語ではカリマンタンでその南部地域）・スラウェシ・西パプア（西ニューギニア）等の大きな島々の他、総数で1万3千位の島々がある。世界史上、重要だった**マルク諸島・香料諸島**（有名な**アンボン**もここにある）は、スラウェシ島と西パプア（西ニューギニア）の中間にある。

　香料諸島の南、小スンダ列島に**東ティモール**がある。近年までポルトガルの植民地（ポルトガルは、ここまではオランダに奪われなかったようである）であったが、その後の帰属を巡って、完全独立か、インドネシアとの関係維持

か、ポルトガルとの関係維持か、で紛争となり、住民投票で完全独立となったが、政情不安は続き、国連介入となった。ここはまだまだ政情不安が続いており、旅行には向かない。

インドネシアは、地震（スマトラ地震が最近起こった）・火山の噴火（1883年のクラカトウ火山の大爆発、そして大量の火山灰が地球環境を変えた事で有名）・人口の多いイスラムの国でもある。最近マレーシアのクアラルンプールからプトラジャヤの遷都と同様、ジャカルタからボルネオ島（北部・上部にはサバ・サラワク州のマレーシア、ブルネイの2つの国が別にある）南部に遷都するようである。

スマトラ島のパレンバンからジャカルタに行くため、車でバンダルランプンまで移動した事がある。道路沿いにパームヤシのプランテーションが延々と続いていたのを見た。昔は天然ゴムのプランテーションだったのが、合成ゴムの普及で、パーム油（価格が安いため、フライ用食用油・洗剤・シャンプー等世界中で使われている。ただ植物油ではあるが飽和脂肪酸成分（常温固体）が多く、健康上問題となっている）を採るパームヤシ・プランテーションに切り替わったのだと思った。インドネシア・マレーシアは、パーム油の主要生産国であり、パームヤシ栽培は森林破壊の元凶だ・パーム油は人の健康上問題だとして、輸入制限を課す国が増えてきている問題は、死活問題となってきている。

外国人の日本への移動・進入・侵入と日本への影響

　海外勢力の、日本列島に進入・侵入（侵入の恐れを含む）を見てみる。最初に大陸・朝鮮半島・南の島伝いにきた人たちのいずれが、現在の日本人を形成したかの話は別にして、その後を考えてみる。

　大陸・朝鮮半島から移住してきた人々・戦乱から逃れてきた・亡命してきた人々が、文字・漢字・中国文化（中華思想・科挙・宦官制度は、採用しなかったが）・仏教・律令国家の制度を伝えた事は、間違いないであろう。何も日本人が大陸に渡り自ら学んだ（遣隋使・遣唐使の例）だけではないであろう。

　歴史上有名な中国からの来航者として、奈良時代の鑑真（苦労して日本渡航を試み、失明して日本にたどり着き、日本に仏教の戒律制度を確立させた）、江戸時代の隠元（隠元は、長崎に渡来し、中国明朝時代の念仏の要素を取り入れた禅宗の黄檗宗（殆ど臨済宗だが、隠元が開いた京都宇治万福寺が総本山）を広めた。隠元豆でも有名）がいる。

　中国唐の時代、日本は朝鮮半島百済復興に加担して白村江で唐軍に敗れ、唐軍の日本侵攻を恐れ、対策を取った（中央集権制度・防人・水城・山城・遷都等）。

　鎌倉幕府北条執権の時、モンゴル（元）の日本侵攻があった（フビライ元の日本侵攻は、日本では元寇・文永弘安の

役と呼ばれる）。日本に与えた影響は、鎌倉幕府の崩壊である（元軍は、日本軍・鎌倉武士が見た事もない火薬武器「てつはう」を使用したが、あまり効果はなかったようである。ただ火薬の初めての使用は中国である）。

モンゴル帝国の崩壊の原因ともなった、ペストの影響が、日本にどの程度あったのか、たぶん室町時代であるが、分からない。当然日本人に免疫がなかったであろうから、船で伝わっていれば、ヨーロッパ同様大量の死者を出していたはずであるが。

戦国時代、西洋の大航海時代の影響を受け、南蛮人（スペイン・ポルトガル人、中華思想の影響を受けたいい方）の渡来があった。南蛮人から武器として、以前の刀・槍・弓矢から、鉄砲（ポルトガル人による種子島銃）と大砲（大友宗麟が宣教師より譲り受けた大砲「国崩」）という新たな武器が日本にもたらされた。鉄砲は織田信長によって武田軍に対して用いられ、日本の統一を早めた（もちろん南蛮文化・食文化も伝わった）。南蛮人は、タバコ等ももたらしたであろうが、梅毒等ももたらしたと思われる。天然痘等西洋人に免疫があった病原菌はどうだったのであろうか。アメリカの原住民は、このため大きな被害を受け、絶滅の危機に陥ったが、日本ではどうであったのであろうか。あまり述べられていない。

宗教に関しては、ヨーロッパでは、16世紀にキリスト教

の宗教改革・プロテスタント運動が興った。ローマ・カトリックは、プロテスタントに対し、巻き返しを図るべく東方アジアに布教しようとした（東方アジアへは、ガマによって1497年に、既に喜望峰回りのインド航路が、確立されていた）。スペイン・バスクの貴族フランシスコ・ザビエル（1506年〜1552年）は、パリ大学で知りあったイグナティウス・ロヨラらと、イエズス会を結成し東方布教を目指した。ザビエルは、鹿児島に上陸したが、薩摩では布教が認められなかったようで、熊本・天草・長崎・北九州・山口を経て、京都に行き朝廷・将軍に布教の許可を求めようとした。しかし戦乱の京都でそれはかなわず、山口に引き返し山口に逗留していた。たまたま、大分・府内に南蛮船が入港して大分に向かって（通訳のためか）大分・府内に滞在中、山口の大内氏が内乱で滅亡したため、そのまま大分・府内に逗留した。ザビエルは、中国布教を目指し、日本を離れたが、ザビエルが通った・布教した所では、カトリック・イエズス会の信者が大勢生まれた。またザビエルが逗留した大分（府内）は、その当時一時イエズス会の布教の中心地となった。フロイスの日本史の中で、その事が知られる。豊後の大名大友宗麟のように、戦国大名の中にも信者（キリシタン大名）が現れるようになった（その後日本では、秀吉・徳川幕府により、キリスト教が禁止され、信者が弾圧され・仏教に改宗させられ、人々は宗門人別帳により管

理された）。ザビエル以外にも、フロイスのような修道士・カトリック宣教師もバテレン追放・鎖国になる前は日本で活動した。

リーフデ号事件とリターン号事件

　日本へのアプローチは、カトリック側からだけではなく、プロテスタント側からもあった。1600年関ヶ原の戦いの少し前、オランダの西回りの帆船リーフデ号が難破し、九州豊後臼杵・佐志生・黒島に漂着した（豊後・佐伯・神武東征の際立ち寄ったとされる大入島の説もあるが）。その船には、オランダ人ヤン・ヨーステン、イギリス人ウイリアム・アダムス（東京駅付近に**ヤン・ヨーステン**の屋敷があった事から**八重洲**、西洋人で武士となり後に神奈川・三浦に領地を持つ水先案内人・パイロットの意味の**三浦按針**（英国**人ウイリアム・アダムス**）が、日本橋に屋敷を持っていたため命名された**按針町**があった）らがいた。彼らは、徳川家康に謁見し、関ヶ原の戦いでは、家康軍・東軍を助けたといわれる。家康は、バテレン人に、「彼らは邪教徒（プロテスタント）であるから処刑せよ」と進言されたにもかかわらず、彼らを重用した。逆にバテレン人（父・神父の意味、ポルトガル語由来。伴天連人、ポルトガル・スペイン人を指す）のカトリックは、カトリック布教・領土的野心がある（実際には、日本には鉄砲も兵隊・武士も多く、フィ

リピンのように植民化は、難しいと分かったようであるが）という事で追放された。イギリス人とオランダ人のプロテスタントは、布教・領土的野心がなく・単に交易を求めているだけという事で、徳川幕府との交易が認められた。特にオランダは、島原の乱の時、農民軍・反乱軍に海から船で砲撃をして、領土的野心がない事を示し交易が認められた。イギリスも、平戸島に商館を置き交易をしていたが、香料諸島の香料集積地のイギリスのアンボン商館がオランダに襲撃されたため、東アジアの交易から撤退した（アンボン事件、1623年。日本からの撤退も同年）。それに伴って、平戸島の商館も閉鎖し、日本から撤退した。イギリス国内の政治的混乱（クロムウェルの共和制から王政復古）のためか、50年間日本への交易要求はなかった。50年後の1673年、再びイギリスは、家康の朱印状はまだ有効だとして、リターン号を日本に派遣して交易を要求した。しかし徳川幕府は、事前にオランダから、イギリスのチャールズ２世はポルトガルのカトリックの王女と結婚しており、カトリック傾向を強めている、との情報を得ており、島原の乱（農民・キリシタン・カトリック教徒の反乱　1637年）の事もあってか、交易を認めず、リターン号はそのままリターンした。（なお、イギリスでは、その後チャールズ２世が政治に口出しする事、カトリック傾向を強めた事に反発が強まり、オランダからオレンジ公ウイリアムを招き入れ、無血革命・

名誉革命が起こった。その結果、象徴君主制、イギリス国教会のプロテスタント化が確定した。）その結果、表面的には教科書に書かれているように、幕末まで日本（江戸幕府。交易は幕府独占）は、西洋とはオランダだけと交易した形になっている。

ペリー来航

　日本史では、ペリーの艦隊が何の脈絡もなく突然江戸湾・東京湾に現れたみたいな事になっている。当時のアメリカ側の事情は、テキサスを巡る争いの米墨戦争（対メキシコ戦争）が、1846年〜48年にかけてあり、アメリカは1848年の平和条約でメキシコからカリフォルニアも獲得し、西海岸も領土となった（アメリカでは、戦争のたびに、鼓舞する言葉が使われた。リメンバー・アラモ（テキサス・アラモ伝道所・砦の悲劇）、リメンバー・ルシタニア（ドイツのＵボートに沈められたアメリカ人乗船のイギリス船籍の船の名）、リメンバー・パールハーバー（いわずと知れた真珠湾）とあり、対メキシコ戦争では、リメンバー・アラモが使われた。アメリカでは、戦争危機に際し、アンクル・サム (US) が現れ、愛国心をあおる言葉が叫ばれた。最初は、独立戦争の時のポール・リビアの、ザ・ブリティッシュ・アー・カミング、ではなかったかと思われる。アメリカでは、また新たな「リメンバー・何とか」が生まれるかもしれな

い）。同じ年（1848年）カリフォルニアで金鉱が発見され、人々がどっと一攫千金を求めカリフォルニアに押し寄せた。いわゆるゴールドラッシュである。フォーティナイナー（ズ）という言葉がある。1848年の金鉱発見の翌年の49年、一攫千金を夢見る金鉱掘りがどっと押し寄せたが、その金鉱掘りの人々の事をいう。これを契機として、メキシコ領からアメリカ領になったカリフォルニアはどんどん開発されていった。西海岸の北方のイギリス領カナダとの国境紛争は、オレゴン条約（1846年）で解決したものの、対イギリスのため、アメリカは西海岸に港を求め港を作った。その後そこを起点として、捕鯨船を太平洋に出した。当時石油が使われるようになる前のランプの明かりは、主に鯨油が使われていた（今でこそクジラは同じ哺乳類で殺すのは残虐だといわれるが、当時はアメリカも油を得るため捕鯨をやっていたのである）。その捕鯨船の太平洋（以前から大西洋で行っていたが、太平洋まで活動範囲を広げて行った）での補給・遭難船の救助のため、日本との国交・日本の港の開港を必要としていた。更に、アメリカ大陸とアジア・中国を結ぶ中継点として、日本の港を必要としていた。

　もう一つ、ペリー艦隊の来航の年（1853年）は、ヨーロッパでは、クリミヤ戦争の年である。クリミヤ戦争というのは、植民地獲得競争に後れを取ったロシアが南下政策で、オスマン帝国からパレスチナのロシア正教教徒の保護・巡礼者

保護を口実に黒海・地中海ルートで出ていこうとしたのを、トルコ・フランス・イギリス・イタリア（サルディニア王国）が阻止しようとした戦争（ナイチンゲールの活動でも有名）である。戦争でヨーロッパ列強は、当時日本に艦隊を派遣して開港を迫る砲艦艦隊威圧外交をする余裕はなかった。（もちろんヨーロッパ列強は、東アジアに植民地を求め進出しており、クリミヤ戦争の時期に関してではあるが。アヘン戦争（1840年〜1842年）の後、イギリス等の清朝・中国への進出は既になされていた。）アメリカのみが、モンロー大統領のモンロー主義（ヨーロッパは、今後南北アメリカ大陸を植民地の対象とするな・介入するな、反対にアメリカは、ヨーロッパの政治に干渉しない、という原則。当時のモンロー大統領が、議会に送った教書の中で述べた。）があり、ヨーロッパの大紛争にかかわりなく、大紛争が起こっているにもかかわらず、日本に対する有無をいわせぬ鎖国をこじ開ける砲艦艦隊威圧外交を独自に展開出来たのである。ペリー艦隊（4隻の軍艦の内、2隻は外輪蒸気船軍艦。2隻は帆走軍艦）は、誤解している人もいるが、アメリカ西海岸今軍港のあるサンディエゴ辺りから、直接太平洋を横断してきたわけではなく、補給の問題もあって、東海岸ノーフォークから単艦（最初から艦隊でなく）で出港、大西洋・インド洋・南シナ海・東シナ海と大回りをして香港・上海で艦隊を形成して、日本にきたのである。

ちなみに、アメリカは最初に修好通商条約の締結（1858年）をしたのに、その後積極的に交易を求めてこなかった。原因は、アメリカの南北戦争（1861年〜65年）である。奴隷制度反対論者のリンカーンが大統領に選ばれ、南部の奴隷制度肯定州がどんどん連邦から離れていった。国家分裂の危機に際し、連邦制を維持するため（産業革命による工業基盤の北部は奴隷制反対、産業革命以前の今のようなトラクター・コンバイン等の機械化が進んでいなかった時代、人手に頼らざるを得なかった大規模農業基盤の南部は奴隷制肯定、その南北の統合を維持するため）、リンカーンが、南部サウスキャロライナのチャールストン近郊の北軍のサムター要塞に補給物資を送ったとの報に、南軍がサムター要塞砲撃を加え、戦争が始まった。南軍のリー将軍（北軍はグラント将軍が有名、後にグラント将軍は大統領となり、退任後来日もした。両将軍ともニューヨーク州のハドソン川に突き出たウェストポイント、その地名から陸軍士官学校を意味するようになったが、その陸軍士官学校出身）の降伏で65年終戦（アポマトックス・コートハウスでの終戦）となった（直後リンカーンは、フォード劇場で南部支持の俳優ブースにデリンジャー銃で暗殺された。南部を無視した、「暴君はかくのごとし」というブースの言葉は有名）。アメリカ国内の南北戦争と戦後の南部の復興・再建（リコンストラクション）で、日本との交易まで手がまわらなかっ

た、それどころではなかった、と思われる。それに代わって、イギリスが積極的に日本と交易した。当時イギリスは、ヴィクトリア女王（1819年〜1901年）の時代で、産業革命後の絶頂期であった。

　アメリカが、積極的に太平洋に進出してきたのは、米西戦争（1898年）以降である。これは、アメリカとスペインのキューバを巡る争いである。この時アメリカは、キューバ・プエルトリコを占領し、太平洋では、スペインからフィリピン諸島・グアムを獲得した（これが後に太平洋に進出した日本と衝突する事になる）。フィリピン諸島・グアムを獲得以降、アメリカは、太平洋・アジアに積極的に進出してくるようになる。

　米西戦争は日本と関係がない、遠く大西洋での争いだ、としてあまり具体的に日本との歴史に関係がないと思われがちだが、そうでもない。日露戦争に関係している。というのは、米西戦争でのサンチャゴ軍港閉塞作戦を日本海軍は観戦していたのである。日清戦争（朝鮮を巡る日本と清・中国との争い。1894年〜1895年）で日本は、清朝中国から下関条約で、朝鮮の独立・澎湖諸島・台湾・遼東半島を獲得した。遼東半島（渤海湾・黄海へ東側・朝鮮半島上部から突き出た・伸びた半島）は、圧倒的な国力の差のもと、フランス・ドイツ・ロシアの三国干渉があり、清朝中国に返還した。すぐにロシアは、清朝中国から遼東半島を租借

し、旅順港を軍港とし、半島の港の背後に強固な要塞群を構築し、軍港を守ろうとした（ロシアの南下政策において、クリミヤ戦争で黒海・地中海ルートを阻止され、シベリア鉄道を建設し、シベリア・極東から不凍港を求め南下しようとしていた。ちなみに、ウラジオストックとは、東方・極東を支配せよ、との意味である）。

　日本は、ロシアの南下政策に備え、防衛するために、日英同盟（1902年）を結んだ。なぜ当時世界に冠たるしかも絶頂期の大英帝国が、極東のちっぽけな後進国日本と栄光ある孤立を捨て同盟を結んだか疑問が残る。おそらくイギリスは、当時南アフリカのボーア戦争やロシアの西アジア・中央アジアでの南下対策で手いっぱいで、遠く離れた極東のロシアの南下対策まで手が回らなかったため、日本にあまり期待はしなかったが、ロシアに対する番犬代わりに日本をしようとした、と思われる。

　シベリア鉄道複線化で、ロシアの力が強まる前にという事で、1904年に日露戦争が開戦となった。当時ロシアの極東艦隊は、バルチック艦隊がバルト海からきてから、日本海軍艦隊を挟み撃ちにしようと、旅順軍港に逃げ込んでとどまっていた。

　この時、日本海軍は前に見た米西戦争での軍港閉塞作戦を試みた。旅順軍港の出入り口にぼろ船を沈め、軍艦が出られないようにする作戦である。この時有名な広瀬少佐（戦

死で中佐に昇格。出身地の大分竹田に広瀬神社がある）が旅順港閉塞作戦を遂行した。結局は、軍港の出入り口が広すぎて、軍船の封じ込めは出来ず、作戦は功を奏さなかった。

　そのため、海軍はバルチック艦隊が到来する前に、旅順港内のロシア極東艦隊をせん滅しておく必要があるとして、陸軍に背後から旅順港を攻める事を要請した。乃木第三軍が後方から要塞群を攻略しようとしたがうまくいかず、結局児玉源太郎が日本から港湾防備のための大砲（28サンチ（センチ）榴弾砲）を運んで、203高地を観測所にして、ロシア極東艦隊をせん滅させた。そのため日本海軍は、挟み撃ちにされず、バルチック艦隊に直接正面からのみ対応が出来た、という事になった。

バルチック艦隊

　ペリーの軍艦の来航（1853年）から約50年後（1905年）の日露戦争で、バルト海リバウ軍港から、はるばる地球の裏側日本に、バルチック艦隊がやってきた。大きな軍艦は、喜望峰回りで、小さい船はスエズ運河経由で、マダガスカル島で待ち合わせ、日英同盟によるイギリスの補給の妨害を受けながら、インド洋・マラッカ海峡・南シナ海・カムラン湾・東シナ海を経てやってきた。蒸気・鋼鉄製の戦艦は、木造帆船の時代と異なり、風を気にせず、海のある所ならどこでもいつでも、進出出来た。当時の軍艦の燃料は、

まだ液体燃料ではなく石炭で、黒煙をあげながら、やってきた。

　日本海軍の連合艦隊（司令長官は、東郷平八郎大将、旗艦は三笠であった。三笠は神奈川横須賀の三笠公園に保存されている）は、対馬海峡を通ってくるのか、津軽海峡からくるのか分からなかったが、信濃丸の敵艦発見の報を受け、朝鮮半島南端馬山浦沖に待機していた連合艦隊は、対馬海峡方面に迎撃に急行し、有名なＴ字戦法でバルチック艦隊を壊滅させた。世界の海戦史上稀に見る快勝・圧勝で、日本の地位を高めた。特に非ヨーロッパ人がヨーロッパ人に勝てた、という事で、ヨーロッパ人に抑圧・圧迫を受けていた人々を勇気づけた。

　西洋の大航海時代、それに続く産業革命の影響を受けた、「海の時代」は、高度化し戦艦艦隊の衝突という形にまでなり、日本の存亡を左右する程の影響を、日本に与えた。

太平洋戦争敗戦・占領軍による占領

　1929年アメリカで、ウォール街株価大暴落があり、それを契機として、世界大恐慌が起こった（当時は金本位制で、金に対応する量で通貨発行が行われ、通貨量は固定制限され、強い通貨の国に金は集まり、弱い国は金の量が減り、通貨量確保・通貨防衛のため金利をあげたため、インフレが起こり、世界恐慌となった）。日本でも、当時生糸等ア

メリカに輸出していた商品が輸出出来なくなり・ストップし、また国内の農産物の価格が下がり農村の苦境（豊作とその後の冷害）を招き、大混乱そして不況となった。世界的大不況を乗り切るため、植民地を持っていた国々は、外国製品を入れず・高関税を課しブロック化し、自国と植民地内のシステムで経済を回し、乗り切ろうとした。中央集権・統一国家化が遅れたため、植民地獲得競争に後れを取った、持たざる国ドイツ・イタリア等の枢軸国（アキシス国家、中央軸国家、ヨーロッパの真ん中を貫く国々、「ベルリンとローマは枢軸の両端」との発言よりの言葉である）は、外部進出で活路を見出そうとした。ドイツの場合は、不況・失業に加え、第一次大戦時の賠償債務があり、更に大変であった。

　日本も、ドイツ・イタリアと同じく、近代化が遅れ植民地獲得競争に出遅れていた。植民地を持たず不況打開のため資源なき日本は、資源確保し商品市場・余剰人員の受け入れ先として、満州・中国、仏領インドシナ・ビルマ（南方進出）と進出していった。しかし、これは既にアジアに植民地・権益・利権を持つイギリス・オランダそしてアメリカの利益と衝突する事となった。

　鉄屑・石油の禁輸という経済制裁を受け、「ハルノート」の、中国・東南アジアからの即時撤退、中国の日本の傀儡汪兆銘政権でなく蒋介石政権を認める事、三国同盟の無効

化要求、の最後通牒を受け、連合国との開戦に踏み切った。開戦初期に、主力のアメリカ軍を叩き交渉を有利にしよう（短期決戦）と目論んだが（国力があまりにも違いすぎ、アメリカ本土まで攻め込み征服しようとの意図は最初からなかった）、日本の思うようには推移しなかった。

1941年12月8日（現地時間12月7日日曜日早朝）、日本海軍連合艦隊は、ハワイ・オアフ島の真珠湾のアメリカ海軍基地を奇襲攻撃した（ただし、空母はいなかった）。初戦は、成果をあげたが、ミッドウェー海戦では、判断ミス・哨戒ミスで、空母4隻航空機290機を一挙に失う大敗北を喫し、短期決戦での交渉の機会を失った。

アメリカ軍は、太平洋の南の島々から日本本土へ向けて、アイランド・ホッピング作戦を取った。これは、全ての島を一つ一つ攻略していくのではなく、何個かを飛び越して攻略し途中の島々の補給路を遮断して、日本軍守備隊の戦闘能力を奪っていくものであった。これによって、日本軍守備隊は、戦闘能力はおろか、食料補給もなくなり、餓死する者も多くいた（終戦後、長い間島に取り残され、食料を自ら調達し生存していた日本兵もいた。フィリピン・ルバング島の偵察任務の小野田少尉、グアム島の横井庄一さんが救出され、話題となった）。

赤道を越えたパプアニューギニア・ニューブリテン島のラバウル基地の更に南のガダルカナル島（ソロモン諸島の

中の飛行場が作れる島）に、日本軍は米豪分断のため、ジャングルを切り開いて飛行場・航空基地を作ろうとした。しかし、完成間近に米軍に奪われ、ヘンダーソン航空基地（今のホニアラ国際空港）とされた。日本は奪還しようと支援部隊を送り壮絶な戦いをし、多大な犠牲を出したが、結局日本軍の奪還作戦は失敗し、日本軍は撤退した。米軍は、このガダルカナル島から沖縄・硫黄島（小笠原諸島の南端にあるマリアナ諸島と本土の中間の島。米軍は、日本本土空爆のため、日本の迎撃通信基地の破壊、空爆爆撃機支援戦闘機の基地として、そしてトラブルにあったB29爆撃機の救護基地として飛行場を確保しようとして、日本の要塞化した栗林中将率いる島の守備隊と激戦を交わし、奪取した）まで、前述のアイランド・ホッピング作戦を実施した。そして、占領した北マリアナ諸島のサイパン島・テニアン島から、ドイツ空爆で成果をあげたカーチス・ルメイ指揮のもと、日本本土空爆を行った。ルメイは、命中精度を高めるため低空、爆撃機の損害を避けるため夜間攻撃を敢行した。アメリカ軍は、日本全国の都市を空爆し焦土としたが、1945年3月10日東京大空襲（夜間・低空・焼夷弾・無差別爆撃、約300機の爆撃機による）では、一晩だけで死者10万人罹災者100万人にのぼった。東京大空襲の時、神田駿河台のロシア正教（オーソドックス・チャーチ）のニコライ堂は、米軍空爆の測量基準点とされたため、爆撃は

免れたといわれる。

（ルメイといえば、その後1962年のキューバ危機の時、米空軍参謀長で、JFK（ケネディ大統領）に、キューバ空爆を進言したが、却下された。もしキューバ空爆をしていれば、アメリカは知らなかったが、当時既にキューバにソ連製核ミサイルが配備されており、核戦争になっていたと思われる。またルメイは、日本の航空自衛隊創設に功があったとして、日本から勲章を贈られたが、日本空爆の責任者に勲章か、と卑屈な日本の姿勢が問題になった）

アインシュタインは、エネルギーは質量と光速の二乗をかけたものであるという事を明らかにした。要は、物質はエネルギーであり、物質・原子を分解または融合すると巨大なエネルギーが出る、という事である。アインシュタインは、ヒットラードイツから、国家反逆者とされ、アメリカに亡命していた（アインシュタインがユダヤ教徒だと思っている人もいるが、彼が南ドイツ・ウルム（ミュンヘンとシュツットガルトの中間）で生まれた時、一家はキリスト教に改宗していた。従って、彼はユダヤ民族ではあるが、ユダヤ教徒ではなくキリスト教徒であった。）が、ヒットラードイツが原爆を作る前に先に原爆をアメリカが作るべきだ、ヒットラーが使うと大変な事になると、ルーズベルト大統領（FDR）に進言した。これがきっかけの一つとなって、

極秘にマンハッタン計画（原爆開発製造計画）が、オッペンハイマー指揮のもと、巨大な予算のもと遂行されていった。アメリカは、当時ベルギーの植民地であったアフリカ・コンゴの**ウラン鉱**（これから核分裂しやすい**ウラン235**〈陽子92・中性子143〉を精製した。同じく核分裂しやすい**プルトニウム239**〈陽子94・中性子145〉は自然界には僅かにしか存在せずウラン核分裂から人工的に作られた。）を極秘裏に大量に入手していた。アインシュタイン自身は、思想的問題を疑われた事、理論物理学者であった事で、外された（マンハッタン計画を最後まで知らされずにいた）。

　原爆開発途中にドイツの降伏（1945年5月8日、VEデイ、ヴィクトリー・イン・ユアロップ・デイ）があった。その前に、ドイツが、予算の問題で原爆開発をあきらめた情報をオッペンハイマーは持っていたが、核兵器を持つ事は、核使用の抑止力になると正当化して、開発・製造は続行された。FDR（ルーズベルト）の急死後、副大統領から大統領になったトルーマン大統領は、日本にアメリカ軍を主力とする連合軍を上陸させ沖縄戦のような日本本土決戦（ダウンフォール作戦）を実行すると、米軍に多大な犠牲が出るとして、日本に原爆投下を決断した。

　原爆搭載の設備を作った北マリアナ諸島のテニアン島の飛行場を飛び立ったB29は、1945年8月6日広島に、続く9日に長崎（当初目標は、北九州小倉であったが、天候が

悪く急きょ長崎に変更された。このためか投下時刻が午前11時02分と広島より遅れている。）に原爆（中性子による原子核破壊を連続誘発する核分裂爆弾）を投下した。（原爆2個を、サンフランシスコから単艦で、テニアン島に運んだ米海軍の重巡洋艦インディアナポリスは、復路レイテ島に向かう途中、日本海軍の潜水艦に攻撃され撃沈された。もし往路で撃沈されていれば、広島・長崎の原爆投下はなかったかもしれない。）広島と長崎に落とされた原爆は、それぞれ構造が異なっていた。広島に落とされた原爆は、ウラン235を使い、細長くリトルボーイと呼ばれた（ガン・バレル型、砲身型シリンダー型）。長崎に投下された原爆は、プルトニウムを使い、3次元・立体的に外から内に爆縮するので構造上大きくなりファットマン（太った男）と呼ばれた（インプロージョン型、爆縮型、インプロージョンは、エクスプロージョンの反対で、内爆）。

　当時発表された犠牲者は、広島11万7千人、長崎7万3千人であった。

　アメリカの日本への空爆・原爆投下、日本の降伏・主権回復を、時系列で追って見てみたい。

●1944年7月〜8月　北マリアナ諸島の**サイパン島・テニアン島の米軍占拠・占領**（これで日本空爆の前線基地が出来た。爆撃機B29は大きくて、空母に乗せられなかった）。

●1945年2月4日〜11日　**ヤルタ会談**。黒海クリミヤ半島

の保養地ヤルタ（ヤルタはクリミヤ半島の黒海に突き出た南端部で，北側に壁のような山なみがあり北風を遮り温暖で、もともとはロシア皇帝・貴族の保養地であった。実際に会談が行われたのは、近郊のリヴァディア宮殿であった。現在クリミヤ半島は、ウクライナではなく、ロシアに併合されている。このためロシアは、西側から制裁を受けている）での会談。FDR（32代アメリカ大統領フランクリン・デラノ・ルーズベルト。トラストバスターといわれた26代大統領セオドア・ルーズベルトは日露戦争終結に努力した、以前の別のFDRの遠縁の親戚に当たる大統領）、チャーチル、スターリンの三巨頭会談。ここで、ドイツ戦後処理、東欧問題、国連の創設、ソ連の対日参戦等が話し合われた。

● 1945年2月14日～3月17日　米軍の**硫黄島攻撃・制圧**（栗林中将率いる地下要塞に立てこもった守備隊との激戦・日本軍守備隊の玉砕は有名。3月10日の東京大空襲には、まだ間に合っていない。南西の摺鉢山の星条旗を掲げる有名な写真は、制圧後に再度撮られた写真らしい）。
1945年3月10日。**東京大空襲**。日本各地の空爆・空襲がそれ以外多数大規模に行われ、日本は焼け野原になったが、これが空爆での最大被害。

● 1945年5月8日　**VEデイ**（ヴィクトリー・イン・ユアロップ・デイ。ヨーロッパ戦線でナチスドイツが降伏し

た日。ヨーロッパで毎年式典が行われる。ちなみに、D
デイは、1944年6月6日アイゼンハワー（後のトルーマ
ンの後のアメリカ大統領愛称アイク）率いる連合軍のノ
ルマンディー上陸作戦の日）

●1945年8月6日　広島原爆投下。

●1945年8月8日　ヤルタ協定に基づくソ連の1941年の日
ソ中立条約を破っての**対日宣戦布告**。

●1945年8月9日　**長崎原爆投下**。ソ連の参戦、ソ連軍の
満州への侵入。

●1945年8月14日　日本のポツダム宣言受諾、日本の連合
国に対する無条件降伏。

●1945年8月15日　玉音放送。天皇が、ポツダム宣言受諾・
降伏を国民に知らせた。実質的な終戦。

●1945年9月2日　東京湾戦艦ミズーリ上で、正式に降伏
文書に署名。**正式に終戦**となる。

●1950年6月25日　**朝鮮戦争**（1950年〜53年）。突然北朝
鮮が、事実上の国境線だった38度線を越えて、南に侵入
してきた。一時釜山付近まで北朝鮮軍は侵攻したが、マッ
カーサーの、インチョン上陸で分断し巻き返し、一時中
国国境の鴨緑江にまで迫った。ここで、中国義勇軍（実
際には、中国で中共軍に敗れた国民党軍が前線に送られ
たという話がある。）が介入してきて、再び押し戻され、
38度線で膠着状態になった。ここで、停戦協定（シース

ファイア・ツリーティー）が結ばれたが、平和条約は結ばれておらず、いまだ停戦協定のままである。

●**1951年9月8日　サンフランシスコ平和条約**（1951年9月8日調印、52年4月28日発効）で、**占領の終了・主権の回復**となった。ただし、後に明らかになった、アメリカ側から公開された文書で、密約が結ばれていてアメリカの施政権は変更されない、とされていた。要は、米軍はそのまま日本国内で、自由に行動出来る、という事であった。当時は、冷戦の時代であり、日本にはソ連で共産主義に洗脳された復員兵が多数いて、まだ朝鮮戦争中で停戦協定（1953年7月27日）の前だった事もあり、アメリカ軍の日本国内での自由な軍事活動の確保、という事であったと思われる。それが現在もそのまま生きていて、米軍の日本国内での行動の自由・米軍基地・米軍専用空域という形で残っている。

　イギリス人なら誰でも知っている、テン・シックスティ・シックス（1066年）のノルマンディー公ウイリアムのイングランド征服（ノルマン・コンクェスト）になぞらえると、米軍（連合軍ではあるが、占領軍の主力は米軍）の日本占領は、アメリカン・コンクェストといってもいいであろう。

　これまで、歴史的な人間の移動の歴史を考えてみたが、

この過去の歴史的認識がないと、「自分の現在の立ち位置」が分からない。現在ここ・この場所からの、**水平認識の地**理と過去への**垂直認識**の歴史の理解がないと、単に現状を見ているだけでは現在の自分の状況が分からないし、また現地の過去から現在までの事情を知らないと、**過去から現**在そして未来への方向性・ベクトルが分からず、判断を誤る危険性があるからである。歴史は、過去の人物・出来事を単に固定的・孤立的に・点としてただ丸暗記する事ではなく、過去の出来事の意味を知り・関係性を知り、因果関係を知り・大きな流れの方向を知り、現代への影響を知り、未来への方向性を予測する事である（最近コンピューターの検索エンジンで検索すれば、全ての事が一瞬で分かる、何も本等で学習する必要はない、と思っている人がいると思う。しかし、それは分断された・孤立した、点・ドットの知識であり、それだけでは全体的・統一的・体系的・連続した流れ・つながり・関係性・因果関係としての知識にはつながらない。従って、コンピューターで調べれば、全て足りるとはならない）。地理・歴史は、単に知る・大学受験（これで捉えると、試験に出る所しか勉強しない、教科書に書いていない・書かれていない事を全く知らない、また教科書に書かれている事を唯一絶対的に正しいと思い込む、という弊害を生む。またよく知らない事に出くわした時、学校で習っていない・教えてもらっていないという

人がいる。学校教育の学校は、ただ単に知識を受動的に教えられる所ではなく、学び方を学ぶ（メタ知識習得）・比喩的にいうと魚でなく魚の取り方を学ぶ所、学びの呼び水・イントロ・契機となるべき所で、内容自体は自分で学ぶべきもので、学校教育は学びの終了ではなくスタートライン・学びのきっかけで、学びは死ぬまで、と思う。）・単に教養、自分の現実の生活からかけ離れた役に立たない暇つぶしのBGM、等のためでなく、世界で人間が日本人が自分が生き抜く・生き残るためサバイバルのため必要なものである、という意識で書いてみた。更に近代史は高校の授業で時間がなくそこまでいっていない習っていない、という人が多いので、最近までの流れで書いてみた（アメリカと日本が戦った事さえ知らない若い人がいる）。これは、歴史的事実と流れの推論なので、多少誤解があるかもしれないが、大筋としては間違っていないと思う。地球人的日本人としては、大体これぐらいの事は常識なので、行動する前に予備知識として持っておいたほうがいいと思う。

旅のスタイル

団体旅行と個人旅行

　海外パックツアーというものがある。添乗員つきで、全て手配されており、添乗員の旗（最近は海外で目立ち、犯罪のターゲットになる、という事で使うな、という話もあるが）と集合時間だけ気にしていればいい、というものである。旅行費用は個人旅行より安いし、自分で判断・決断・独自の行動をする事は何もないし、（あるとすれば、旅の途中で必ず立ち寄る土産物屋（キックバックは添乗員の貴重な収入源）で、せいぜい土産物を何にするかくらいである）安全だし、言葉の心配もしなくていい。外国の映画を日本で見ている延長のようなもので、日本語・日本文化の環境の中ですごせ、異文化・異空間の中で、自分自身で判断・決断・行動を迫られるというような事もない。このスタイルは、自分のアタマを何も使わず、海外に気軽に容易に行け、海外旅行のハードルは低い。

　ただし、これは表面的な物見遊山だし、行く所も限られていて、大概は一般的な観光地巡りだし、自分の行動の自由が利かない、不自由な旅行である（全て、あなた任せで、それはそれでよいという人もいるが）。それに大体パック

旅行として組まれているような所は、私の場合大体行っているので、パック旅行だけで世界旅行をすると、だんだん行く所がなくなってきてしまう。

その上、私が個人的に行きたいと興味を持っている所は、マイナーな所もあり、多くの人を集めてビジネスとしてのパックツアーが組めないと思う（組んでも人が集まらないと思う）。

私の場合、**基本一人旅**である。よくテレビで、一人旅とかの番組があるが、あれは、スタッフが同行していて、純然たる一人旅ではない。またテレビの内容はビジュアルだから、真実を曲げづらく真実だと思っている人も多いと思うが、視聴率をあげるために、またスポンサー・受信料負担者を気にしたり、過度な演出があったり、見たくない・見せたくない所・問題がありそうな所をカットする、一面的・一方的な方向・方針で編集している等で必ずしも真実や全体を伝えているわけではない。取りあげ方・切り取り方・編集の仕方・方針で見方は異なってくるし、また映像で見るのと現地で実際に見るのとでは違いがあり、映像だけで知った気になるのは危険である。見ていて吐き気がする・気分が悪くなる・気が滅入るような・楽しくない負の世界遺産といえるような所もなかなか取りあげない。私の行った所では、アウシュビッツ（現地ではオシフェンチム。ポーランド南部古都クラクフ近郊のナチスドイツのアーリ

アウシュビッツ

ア人優位・社会的ダーウィニズム（自然の動植物の適者生存だけでなく、人種的・社会的見地からも適者生存をいった）のもと、ユダヤ人やロマの根絶を目指した強制収容所）、カンボジア・プノンペン郊外のポルポト政権時代の政治犯収容所（３階建てＬ字型の高校校舎跡を使ったトゥール・スレン政治犯収容所、約２万人収容され生き残ったのは、たった８名のみ）・キリングフィールド（ポルポト政権の目指したものは、中国毛沢東思想に影響を受けた、単純・純粋・原始共産主義的な農業平等社会で、これに反する知識人・教養人・反対反乱勢力を根こそぎ虐殺しようとした。多数の頭蓋骨があり、子供の頭を木のこぶに打ちつけて殺した木も現存していた。映画「キリングフィールド」も見たが、ほぼ実話であった、と思う）、ベトナム・ハノイ駅近くの逃亡防止のために塀に割れたビンを埋め込んだフランス統治・植民地時代のギロチンのある政治犯収容所、ドイツ・ロマンティック街道・ローテンブルクの中世犯罪博物館（拷問展示がすごい）等があるが、パック旅行ではあまり行かない（まだまだ、世界には隠された大量虐殺の跡・バルカン半島やアフリカ等の民族浄化の跡等がたくさんあると思うが）。

　人間の歴史には、きれいで美しく感動的な文化遺産もあるが、反面悲惨・残虐な歴史もある。人間行動の歯止めとして、人間はどんな事までしてきたかを知るため、楽しく

はないが、目をそむける・目をそらす事なく、事実は事実
として、ちゃんと見つめ考える度量が必要だと思う。

　テレビの一人旅は、スタッフがいる中で、自己自身で、
全く独自に・自由に判断・決定・行動しているわけではな
い。困った時もすぐにスタッフに聞ける状況で、いくら本
人任せの旅とうたっていても完全な一人旅ではなく、自己
判断・自己決定・自己行動・自己責任の旅ではない。

　政府要人・企業幹部の海外出張も、取り巻き（スタッフ・
秘書・海外駐在員等）によって、行く所・日程・時間も予
めのスケジュールで明確に定められており、自分自身の判

断・選択・行動の余地はない。朝の集合時間（これさえ、目覚まし時計に任せている人も多いと思う）さえ気にしていれば足りる。

　よく政治家の海外視察・研修と銘打った公費による海外旅行がある（地方議員も含め、ゴールデンウイークが多く、時々慰安旅行ではないか公費の無駄使いではないか、としてたびたび問題になる）。取り巻き・秘書・随員・現地駐在員が旅行の全てを手配し、自分は観光・物見遊山、宴会、選挙用の現地要人との握手写真撮影で、レポートも取り巻き・秘書・随員に書かせる（参加者全員が同じレポートというのもあった）、という実態のものが多い。完全に全く一人で海外に行き、自分でレポートも書けば、未知・異空間・未経験の中での、情報収集・判断・決断・実行力のいい訓練・トレーニングになり、視野を広げ広い大所高所からの政治判断・決断のきっかけをつかむという意味で、公費を有効に使えるのに、もったいない話ではある（東京都・横浜市の首長の海外出張費の高さも問題となった事がある）。

　２人か３人のグループ旅行で、旅行雑誌の有名な場所・食べ物屋等に、本にいっぱい付箋をつけて、まるで雑誌に書いてあるものをただ確認に行くような旅をしている人も時々見かける。現地の生の情報より、他人が予め作った情報の中で・それに引きずられて、現地の実際を観ようとしない旅行をしているので、私の旅行スタイルとは合わない。

私の一人旅は、ほっつき歩き旅・行き当たりばったり旅でもある。2回世界一周の旅もしたが、綿密なスケジュールを組むと、予想外の事が起こったら、その後のスケジュールが全て影響を受け、航空機の予約・ホテルの予約等取り消し再設定しなければならず、懲りたからである。スケジュールに縛られるのが嫌で、出と入りだけ決めて後はその場その場で臨機応変に対応していく旅である。宿もその場で空港に近いかバスターミナル・駅の近くに飛び込みで見つける。宿探しに時間を取られる、飛行機・バス・列車に乗るまで時間がかかるホテルは取らない。宿を取る基準は、交通の利便性・安全性・清潔さであり、中にリゾート施設があるとかプール・ジムがあるとかは関係ない。ただ風呂（単に体を洗うだけでなく、浴槽に浸かり血液循環をよくし疲労回復するためぜひほしいが、水が貴重で高価な所は、シャワーしか望めないが）・シャワーを浴び・寝るだけなので。

　基本一人旅であるが、やむを得ず例外的に、パックツアーに入る場合もある。個人ではビザ取得が難しかったり、現地旅行会社からのインビテーション・旅行日程のあらかじめの提出・ガイドをつけろ等めんどくさい事をいう国の場合である。まだ行った事がないが、中央アジアの北朝鮮といわれる、トルクメニスタンも外部からの旅行者をあまり入れたくない国のようで、入国がめんどくさそうだし、ずーっ

と監視されそうで、自由度がなく、行こうとは思わない。

ブータンも、ブータンの独自性を守り・大量の旅行者（特にバックパッカー）による国内混乱を避けるため、入国に際しビザが必要で、入国税・ガイド代・食事代・宿泊代・移動費用代等が含まれた、公定費用制がある。これは、一人で全てを判断し自由に行動する、私の旅のスタイルに合わないので、今の所保留にしている（ブータンでは、一日あたり250ドルか300ドル払えば、日本語ガイドがつき、食事・宿泊の心配もないので、楽な事は楽だが）。

また、危険な国には行かない。紛争地帯、治安が悪く、宿泊施設も十分でなく、衛生状態も悪く病気になる危険があり、失業者があふれ、犯罪に巻き込まれる危険のある、国のていをなしていない国にも行かない。例えば、危ないといわれているアフリカのソマリア・南スーダン・アフリカ西部のギニアビサウ等（危険地帯に行って、紛争ジャーナリストのように現地レポート・レポートを本にするという気もないので）。

アメリカと敵対している国・危険な国としている国にも今の所行かない。アメリカの入国が将来困難になるからである。アメリカを直接の目的としてアメリカに行かなくても、アメリカ経由で南米に行く場合、トランジットでもいったんアメリカに入国しなくてはならず、アメリカの入国で問題となるからである。南米からの帰りのアメリカへの入

フィリピン

国も、単なるトランジットなのに南アメリカの人たちのアメリカ入国と一緒に扱われ入国審査を受けなければならず、長蛇の列でめんどくさい。そういえば、フィリピンのマニラ空港でも、第一ターミナルと第二ターミナルは距離があり、フィリピン航空での乗り継ぎサービス以外は、いったんフィリピンに入国しなければならず、知らないと乗り継ぎ時間があまりない場合乗り遅れる可能性がある。もっとも、南米に行く場合、北米経由で行くと一泊する必要もあり、北米を避け、ニュージーランドのオークランド経由や時間はかかるがUAEのドバイ等中東経由という手もあるが。

イスラエルもマサダ要塞（イスラエルがローマに滅ぼさ

れた時最後まで抵抗した要塞）とか見てみたいが、敵対す
るアラブの国に入国出来なくなりそうで、避けている（最
近在京イスラエル大使館に問い合わせをした所、日本人で
あれば、パスポートにスタンプを押さず入国出来、ビジネ
スカードのようなものを発行してくれるそうで、アラブ圏
の入国に支障はなさそうで、行けそうである）。サウジア
ラビアも最近観光ビザが発行されるようになったので、行
けそうである。サウジアラビアへは今の所、カタール・ドー
ハからは国交断絶の影響（サウジ・UAE・エジプト等は、
現在、カタールはアルジャジーラの放送があり・イスラム
原理主義者を支援している・イラン寄りだとして、国交を
断絶している）で入れそうになく、ドバイ・アブダビ経由
となりそうであるが（最近サウジアラビアは、アメリカの
仲介で、対イラン包囲網の構築という事で、カタールとの
国境を再度開いた。これは、反カタールの他のアラブ・イ
スラムの国々にも影響を与えるかもしれない。対イスラエ
ルの問題もそうであるが、中近東情勢は、変化が激しい）。

　風土病・伝染病等があり、こちらの免疫システム・免疫
力が対応出来そうにもない国も避けている。コロナウイル
スのため、日本人も海外から、入国をウイルス拡散防止の
ために拒否されているが、これが収まったら、また海外に
一人で出ようと思うが、どれくらいで収まるであろうか。
ペストの流行・西洋人のアメリカへの疫病持ち込み・スペ

イン風邪・SARS・MERS等世界的大流行があったが、今回はどれくらいの期間で収まったのであろうか。

パスポートとビザ

　パスポートとは、日本の場合、日本人である証明と各国諸官への所持する日本人の旅の安全・保護要請をする日本政府・外務省発行の書類である。通常海外旅行中は携帯しておく必要がある。紛失すると、現地の日本大使館・領事館で再発行してもらう必要があり、旅行中断せざるを得なくなり、慎重に取り扱う必要がある。また日本人のパスポートは、有用性・信用性が高く、偽造目的での盗難の危険も高いので、盗難にあわないよう、肌身離さず持っておく必要がある（最近はICチップの埋め込みで、偽造は難しくなったが。最近ベラルーシに行った時、パスポートの写真の周りを、ルーペを使って念入りに調べられた。パスポートの更新で旅券事務所にパスポートを取りに行った。これにはICチップが埋め込まれているとの説明を受けた。アイシー・アイシーといったら、妙に受けた）。５年もしくは10年パスポートには、有効期限があり、残存期間が６カ月を切ると、入国出来ない国もあるので、注意が必要である。慌てて出国しようとし、空港に着いてパスポートを家に忘れた事に気づいたという人もたまにいる。この場合出国・入国出来ないので注意が必要である。余裕を持って行動する（空

港には２時間前には必ずいく。そうしないと、オーバーブッキングで乗れない場合がある）、常にチェック・チェック・チェックとチェックを習慣化する、この２つを行動様式として持っていないと、痛い目にあう・失敗をする。私は、ホテルをチェックアウトする時、チェックしたつもりであったが、それでもホテルにあったもの・ホテルの備品と誤認して忘れ物をする事があった。そこで、チェックアウトする時、いったんドアを開け外に出て、もう一度閉めたドアを開け、新たな気持ちで再度チェックする事（外形的・形式的なシステムの確立）を、習慣にしている。海外で二度と来ないであろうホテルで忘れ物をすると厄介である。これを習慣にしてから、忘れ物をしなくなった。しかし慢心は禁物であるが。

海外渡航・海外旅行の自由とパスポート発給拒否

　海外移住の権利は憲法22条２項で保障されているので、その前提としての海外渡航の自由は当然の前提となるので、争いはあるが、22条２項で保障されていると見てよいと思う。それで、パスポート発給（海外渡航・海外旅行に不可欠な書類）を憲法上の権利実現のために必要な権利として要求出来るか、という問題がある。紛争ジャーナリストのような人が、外務省の勧告を無視して、あえて渡航しようとする場合があった。外務省は、特定の国から入国を拒否

された人に対し、パスポート発給を拒否した事がある。私の場合は、わざわざ危険地帯に行って真実を見て本を書いたり報道しようという気がないので、このような問題は起きないが。勧告を無視してあえて行くなら、自己責任で、という事になろう。危険に遭遇しても、政府・国民の税金をあてにしない・助けを求めない、という覚悟が必要であろう。旧ユーゴスラビアだったセルビアのベオグラードの公園をふらついていた時、ぎょっとした事があった。看板に英語で「このエリアを歩く時、あなたはあなたの命を危険にさらす」とあった。危険なので自己責任で、という事であろう。最近日本では、事故があるとすぐ国・行政に責任追及する傾向があるが、あえてリスクを冒すなら自己責任で、であろう。旅行者としては、危険が予想される所には、あえて近づかない、という態度が必要である。

ビザ

　ビザとは、旅券・パスポートの有効性を確認し、入国許可申請書類の１つ、とされるものである。従って、外国の入国に際し、入国カード・写真・指紋・帰りのチケット・宿泊先・旅行スケジュール・一定額の金の保有・クレジットカード・海外旅行保険証等を、別に求められる事もある。ビザ免除国（日本のパスポートを持っていれば、多くの国でビザ免除される）でも、9.11事件以降テロ対策として、

事前に電子申請が必要な、アメリカ・カナダ・オーストラリア等の国もある。

　パスポート・ビザがあっても入国出来るとは限らない（前科・犯罪歴があっても入国は難しい）。実際ビザ免除国で片道切符・ふざけた格好の日本の若者が入国審査で別室に連れていかれたのを見た事がある。あくまでも入国は、入国しようとする国の裁量で行われ、入国しようとする者に入国の権利はなく、当該国家に入国させる義務はないので、入国拒否されても文句はいえない。入国拒否されると、搭乗させた航空会社の責任として、乗ってきた航空会社の飛行機で、強制送還される事になる（私は、今まで経験はないが）。

　海外旅行保険加入義務づけの国もある。**ベラルーシ（白ロシア）**がそうである。あまり日本ではなじみがない国であるが、旧ソ連の主要な国で、内陸国で、左右をポーランドとロシア、上下をバルト３国とウクライナに挟まれた、高い山のない平坦な国である（首都ミンスクは非常にきれいな街）。ベラルーシは今ロシアからの原油購入価格でロシアと対立があり、サウジアラビアやアメリカから原油輸入をしようとしており、アメリカはロシアとの関係にくさびを打とうとしており、ロシアはロシア圏に引き留めようとしており、注目が集まっている（最近は、大統領の長期独裁政権に対し、デモも起こっていて、再びロシア接近傾

向にある）。この国には、「ビザなしの30日間」システムというものがあり、空路ロシア経由以外の入出国では、ビザが不要である。イスタンブール経由で入国、ウクライナ・キーウ経由で出国した事があるが、入国の時、入管をすぎるとすぐに保険のカウンターに案内された。入国に際し、旅行傷害保険加入が義務づけられているからである（出発前の日本で十分な海外旅行傷害保険に加入しており、その証明が出来れば、問題ないが。ただどこの国も外貨を必要としており、観光税として50ドル位は出してもよい、と考えるなら話は別であるが。最近外国人の日本入国に際し、海外旅行保険未加入が問題になっている。日本旅行に来た外国人が急病になり、海外旅行保険に未加入で、日本の病院に莫大な損害を与えた事が話題となった。日本もベラルーシ同様、外国人旅行者に対し、海外旅行保険加入を任意加入ではなく、義務化・強制化して、入国審査でチェックする、としたほうがいいのではないかと思う）。

　保険に関していえば、海外では、前述のように、入国に保険加入が義務づけられている国もあり、病気・ケガの治療費が高額だったり、損害賠償事故にも遭遇しそうなので、損害保険（海外旅行損害保険は色々な保険の組み合わせ）に入っておいたほうがいい。私の場合は、ゴールドカード（カードは使えない場合を想定して３枚持っている。カードによっては、カード会社の取り扱い手数料が高く、店側

が高負担となり現地の店で取り扱っていない場合があるので。またカードを持っている事は、経済的信用力があるという事（破産等でカードの支払不能経歴があるとカードは発行されないため）で、信用出来るかホテルで宿泊の前に予め提示を求められる・登録される、という事もあるため）の付帯保険、一般の家庭用傷害保険、海外旅行保険、と三重に入っている。傷害等の事故があった場合、損害保険は原則として、かかった費用以上にもらえる事はない。損害保険というのは、企業保険の場合は巨額損失に備えて損失が発生しようがしまいが期間収益に対する費用として毎年保険料を払う（リスクの費用化）というもの（税引き後の積立金で対応するより節税出来る）であるが、個人保険の場合は、いわば損害による自分の財布の減少分・損失分を、保険金で埋め合わせるためのようなものであり、それ以上のものではない（いわゆる焼け太りはない。保険で損害以上の利益を得る事はない。意図的に利益を得ようとすると、詐欺罪になる危険性がある）。費用保険の場合は、何個か保険に加入している場合、保険会社間で、按分負担する事になる。何個保険に入っていても、請求者側はかかった費用以上にもらえる事はない。しかし、傷害の後遺症が残った後の障害給付金等の人的保険は、後遺症自体の損害は算定が困難なため、後遺症の程度によって一律に保険会社は支払い、またその支払いは契約した各社別で、それぞれか

ら保険金をもらえる（按分支払いでない事はあまり知られていないが）。

またよく海外旅行保険で、海外での病気・ケガの場合、キャッシュレスで現地での現金の支払いは必要ない、保険で直接支払ってもらえる、とうたっているが、実際はこれも世界の主要な所の話で、日本人があまり行かないような所では、保険で直接対応してくれるかどうか。カードが使えればいいが高額になる事があるので、注意が必要である。保険対応出来ない場合治療費等の費用は現金かカードでの先払いをし、日本に帰って費用の請求をする事になる。救護費用は高額になるので、加入の際チェックしておいたほうがいい。

海外旅行保険加入の窓口でもめた事がある。成田か羽田だったか、午後十時頃空港に着いて、海外旅行保険を扱う窓口で、乗る飛行機が深夜12時過ぎだったので、保険の始期を翌日からにしてくれ、と頼んだ所、「旅行保険の始期は、出発日からで、旅行を開始した本日からになります」といわれた。「当日といっても、あと2時間しかないし、空港に安全にいてケガ・病気のリスクはないので、明日からにしてくれ」といったが、「出来ない」といわれた。保険会社は、ノーリスクでリスクを引き受けずに、対価・保険料を不当に取っている・不合理だ、と思ったが、融通の利かない末端のマニュアル処理しかしていない人間にいっても

仕方のない事なので、他にも保険でカバーしている保険の
リスクに保険をかけているのでいいかと思って、カウンター
を離れた。自動車保険等は、保険始期日や時間を自由に設
定出来るのに、これだけ海外旅行が一般化し「よそ行き」・
何も特別な「ハレ」ではなく「ケ」となり、ごく日常的・
一般的な事になっているのに、まだ多様性に対応出来てい
ない、保険会社は約款改定を図るべきだと思った。

保険・資本主義・そのシステム等

　旅と保険の問題から少し話はそれる（広く人・物の移動
と保険という面からは関係性があるが）が、多くの人は、
そもそも**損害保険**（保険には**損害保険**と人の生死に関する
生命保険とがある。）と言われてもなかなかピンとこない・
イメージが湧かないのではないかと思う。そこで、日常生
活に深く密接に関係し重大な問題だがあまり知られていな
い、**損害保険**に関する事を私の理解している範囲内で考え
てみたいと思う。

　損害保険は、「人間の活動・経済活動の裏に保険あり、
損害を被った人の大きな経済的負担・損失を皆で助け合い
補填する制度、自分の大きな経済負担・損失（一生涯起こ
らないこともあるが）を保険料支払いで平準化する制度、
めったに起こらないが一旦起こればその経済的損失・負担
は大きくその損失を金銭で埋める・カバーする制度、企業

会社の観点からは巨大損失の備えとして**ゴーイングコンサー**
ンの前提で各期間損益の中に損害・損失が発生すると否と
にかかわらず保険料を費用として割り振り企業経営を安定
化できしかも保険料を費用控除でき節税となり損害に税引
き後利益で対応するより有利となる制度」、と言える。

　保険は、金融制度で目に見えず物理的に存在せずあくま
でも契約上の問題であまり目立たず普段は災害・経済的損
失があまり起こらないのであまり理解されておらず、事が
起こってから大問題になってくる制度である。大きな経済
的損失対応・対策としては、預金・貯金・利益積立金等で
の金銭対応も考えられるが、これはだんだんと積み上げら
れていくものなので積み立ての初期の段階では十分な金銭
対応が出来ない（貯蓄が十分ではない）が、保険であれば
契約の時からフル対応が出来る。（しかも、企業保険の場
合保険料は、利益の前の費用となり税引き後の利益積立の
様に税はかからない。）この意味で、「**預金は三角・保険は
四角**」とも言われる。（もちろん保険で対応出来るのは保
険契約によって定められた特定損害の範囲内の話であるが。
預金の場合には損害発生原因とは関係なく全ての損害・出
費に対応出来るが。）

海上保険・火災保険・自動車保険について
　損害保険は、元々はヨーロッパで船で物資を輸送する際、

物の安全・経済的損失・ロスを金銭でカバーする為に生まれた。**大航海時代**、竜骨が使われ船舶が頑丈大型化し羅針盤・海図を使い、コロンブスのアメリカ大陸発見・ガマの喜望峰回りのインド航路発見以降、遠洋航海で物資の輸送が盛んに行われるようになった。例えば、ヨーロッパから船を仕立て当時貴重だった香料を東インド・モルッカ諸島に買い付けに行くとする。当時の船の航海では、船自体の難破・沈没や船の積み荷の風雨・難破による汚損・毀損・消滅・海賊による略奪等の損失があった。この船や積み荷の経済的損失を金銭でカバーする為に**海上保険**（マリーン・インシュアランス）が生まれた。（災害・損失はめったに起こらないが起これば損失・損害が大きく、頻繁に起こりすぎればそもそもビジネスとして成り立たない。）船での運送業者・荷主は、一定の保険料を払えば、事故が無ければ掛け捨て・掛け損になるが、事故があれば保険料をはるかに上回る損害額（投機・投資ではなく保険は損害てん補なので損害額を越えてはもらえないが）を補償してもらえるという制度である。（イギリスでは、この制度が事業化され、ロイズ保険市場が17世紀に誕生し保険業界が形成された。）

　保険者（保険会社）は確率手法を使って保険料を算定し保険契約者より危険・リスクに応じた保険料を徴収する。現在では、船舶は鋼鉄製で頑丈・大型化しレーダー・GPS

を装備していて航行の安全性は増し（昔は危険な所のみに灯台を置いていた。）、積み荷は殆どがコンテナなので、昔より汚損・毀損・滅失の危険リスクは減少している。（近年インド洋のマダガスカル島の東のモーリシャスで乗組員が家族と携帯で連絡を取る為わざわざ通常航路をはずれ座礁し原油流失事故を起こしたことがあったが。）

また海上保険の延長線上に航空機・旅客・航空貨物用の**航空保険**（アビエイション・インシュアランス）や近年**宇宙保険**（スペース・インシュアランス）が考えられている。宇宙保険という言葉は、まだあまり使われておらず社会的認知もまだだが、今後利用があるであろう商業用のロケット・宇宙船・搭乗者・荷物に対する保険の想定で考えられる。

そして、**ロンドン大火**（1666年）でパン屋の竈（かまど）から出火し建物・家屋に大損害が出たので、海上保険をまねた**火災保険**が誕生した。現在火災保険契約は、一般的に建物所有者が加入する以外に、建物・住宅の金融機関の**ローン融資**に際し、金融機関が**物的担保**として建物抵当権設定に加え火災・風水害等による建物の消失・滅失・毀損に備え、ローン債務者に火災保険に加入させその**火災保険金請求権に質権**を設定し対抗要件も備え優先的に債権回収を図ろうとすることにも利用されている。（加えて住宅ローンでは、ローン債務者の死亡・病気・ケガなどによるローン支払い不能に備えて、**団信**（生保）・**所得補償**（損保）も

設定される。）火災保険の災害補償範囲は、現在単なる火災のほか、地震・落雷（ベンジャミン・フランクリンの考案した避雷針でかなり損害は回避できると思うが。）・風災・水災・雪災・外部からの物の飛び込みなどにも広がっていて、地震契約（日本では地震が多く火災保険とセットで原則付帯となっていて、非加入希望の場合は確認印が必要である。地震保険は、建物再建原資というより趣旨が多少違って被災者の生活安定の為だが保険料が高く加入していない人も多く大地震の後は必ず加入キャンペーンがある。）以外は、火災保険補償の範囲に原則として含まれている。火災自体は防火建築や火を使う事自体が電化等で少なくなっている（但し漏電火災はある）が、最近は気候変動の影響か風災・水災事故等の付随補償の災害の方が多くみられる。

　更に、産業革命（動力革命）を経てアメリカで「Tフォード」が生まれ（1908年）、手ごろな価格の自動車が「アセンブリーライン」で大量に生産され（それに伴って面としての道路網・舗装等道路整備も進んだ。それまでの陸上交通の鉄道の時代は線としての鉄路・線路だけであって面としての道路網は整備されていなかった。）、モータリゼーション社会となり自動車保険が生まれた。現在日本の損保会社の扱う保険商品のうちではこの自動車保険が主流（自動車ローンでの物的担保では自動車（動産）の所有権留保が一般に使われる。この場合、契約者が直接損害保険金を受け

取る場合は原則として担保権者の承諾が必要となる。）である。但し国内市場では車は飽和状態であり、車が無いと生活出来ない田舎を除きコストがかかり公共交通機関が発達している都会では車が無くとも生活の不便さはなくコストのかかる車を持たない人も増え、日本では人口も減少しており市場は縮小ぎみで、海外に成長の活路を見出そうとする保険会社も多い。

　従って損害保険の柱は、**海上保険・火災保険・自動車保険**（別に傷害・疾病・所得補償等あるが）、となる。この保険制度（自動車保険はなかったが）は、1867年に福沢諭吉によって最初に日本に紹介された。日本に損害保険会社のシステムが紹介・導入された際海上保険から主に先に引き受け・営業を始めた会社は社名が〇〇海上、火災保険から主に先に引き受け・営業を始めた会社は〇〇火災となっていた。最初の日本の保険会社は財閥系の会社だった。土佐の岩崎家起源の三菱（紋章・スリーダイヤは岩崎家と藩主山内家の家紋の合成。現在日本のビジネスの中心街丸の内の三菱系の会社の集まっている通称「三菱村」は、軍用地であった所を明治政府から三菱（岩崎）が払下げを受け買い取ったもの。三菱は西南戦争・十年戦争の軍事物資の海上輸送・海運で繁栄の基礎を築いた。丸の内の日本郵船と東京海上のビルが道路を挟んで真向いなのも納得がいく。）は東京海上、四国愛媛の別子銅山で財を成した大阪の**住友**

（皇居外苑・皇居前広場の南西側・日比谷公園の向かい側にある建武の中興時の天皇の忠臣だった楠木正成銅像は別子銅山を開いた住友家寄進のもの）は住友海上、**安田**（幕末富山出身の安田善次郎が日本橋で両替商から始めた財閥）が安田火災（海運業と無関係であった為であろうか陸上の火災保険から出発したようである。最初は東京火災で後の安田火災は、社章が昔の木造家屋時代の火消しの象徴の鳶の口の様な破壊具の「トビ口」で火災からのイメージであった。）で、そして遅れて伊勢商人の流れをくみ江戸で呉服両替商から発展した三井は三井海上（はじめは大正時代に設立で大正海上とし後に三井海上に社名変更）であった。（今は伊勢丹と一緒になった**三越**は創業家の三井家と創業当時の三井家の日本橋の呉服店**越**後屋からとったもの。従って、三越とは三井の越後屋の意味である。）因みに、保険が午後４時に原則として始まるのは、昔保険会社の日本の営業時間が銀行の午後３時に終了と同様午後４時に終わったからである。

　自動車保険は、前述の様に海上保険・火災保険の次に生まれた新しい保険である。日本の現状では、**自動車任意保険**は、対人・対物賠償責任保険と自身の傷害保険・物的損害保険（車両保険）の組み合わせである。自賠法責任に対応する公的強制保険の**自賠責保険**（非加入だと刑事罰・行政処分あり）は、物的補償はなく人的補償のみでしかも上

限3000万（常時介護4000万）程度と限定されていて不十分なので、任意自動車賠償保険は強制保険を補完するものである。更に任意保険には、契約者側に少しでも過失がある場合、保険会社による示談交渉サービスも原則として付いている。（自動付帯。自賠責保険・強制保険のみだと事故の時、自身で過失割合・賠償額を相手方と示談交渉しなくてはならず負担が大きい。そして保険会社の社員による示談交渉は、非弁として弁護士法違反にはならないとされている。）

　任意保険非加入で賠償事故を起こし、巨額賠償で一時に支払いが出来ない時、一生涯分割支払い義務が発生し苦しむことがある。又小さな会社で従業員の任意保険非加入で交通事故による自賠法責任・使用者責任を追及されて（従業員と連帯して不法行為責任追及され）、大事故の巨額賠償金を支払えない場合は会社倒産の危険性もある。また車が事故・故障で動かなくなってレッカー移動をネットで調べた業者に依頼し法外な金額を請求された、という話も聞いたことがある。任意保険に加入していれば、レッカー移動は殆どの契約で自動付帯になっているので、慌てずに契約内容を調べたほうがいい。（知らないと高くつくことになる。）

　今後**自動運転車**の**時代**になると、賠償責任に関しては製造物責任の問題になるのであろうか。更にハンドルを握ら

ないのに免許がいるのか・全く車を運転出来ない老人子供も一人で乗れるのか等の問題も今後出てくるであろう。無人運転の公共交通機関の電車バスに乗るのとどう違うかとか。

　近年中古車買い取り・販売・修理の大手企業が、車両保険の修理保険金の過大請求をしていたという事件があった。車両保険契約者が特定の大手企業に自動車の修理を依頼した際、故意に修理箇所を広げ損保会社に請求し、しかもその会社がシステム的に大量・大規模に行い巨額請求を行っていた、というものであった。（この企業に、損害保険会社の出向者もいたと言われるが、システム的に行われ額も巨大でどうにもならず見てみぬふりをしていたのではないか、との疑惑もあった。）

　車両保険契約者が、車両保険を利用しても次年度以降等級が一律にダウンするだけで、直接には修理の時点で自分の財布は痛まない。修理費が10万だろうが100万だろうが保険を使えば修理費を直接支払うわけではなく、自分の財布は痛まないし直接損はしない。（もちろん等級ダウンを避ける為、修理代を自腹で支払う場合は別であるが。）

　利用した本人は、次年度以降等級ダウン分の保険料アップ分を支払わなければならないが、他の車両保険契約者全員の保険料も次年度修理代金の高騰だけで説明できず上がってくる。何故なら、保険料は全て全社の契約の損害率で算定され、支払保険金が多くなればそれに伴って契約者

全員の保険料がアップするからである。（特定企業の巨額不正修理代金を、次年度の車両保険契約者全員で負担しなければならず保険料がどの保険会社に加入していようと全員でアップする。ツケは全員が払わされるので、車両保険契約者全員にかかわる問題である。例えるなら、公費乱用による費用の増大の為増税するようなものである。）

　保険は、「一人は万人のために、万人は一人のために」と言われるが、一人の巨額不正請求で、「万人は一人のために」は、「万人は一人の巨額不正請求の為に不当な高い保険料を支払わされる。」、と当てはめられる事になる。

　損保会社はどうかというと、大きな会社の保険は、査定が甘い会社は数社で分担する場合、当該企業は査定が甘い損保会社に修理顧客の強制・任意の保険契約を持ち込むようになりシェアー・分担比率を高め増収になるし、支払保険金は分担だし、翌年度保険料のアップ（料率算定機構の算定を参考にする。保険料自由競争下で算定機構の損害率に一様に縛られるのはどうか・カルテル独禁法違反ではないかという議論もあるが、一応参考として損保各社は考慮している。）となり増収となる。保険会社の保険金支払い部門も、原則損害の程度・修理代金の調査をするはずで、特定企業の修理代金が他に比べて異常に高いことに気が付いていたはずである。しかし、大きな契約であり修理代高騰による保険料の高騰は、契約者が一律に負担するもので

損保会社に実害・損害はなく、関係が深い損保会社が不正を指摘し睨まれたら巨額の保険契約を失う恐れがあり現状黙認しておくしか手が無く放置していたのではないかと思われる。保険会社が原則として損害が無いのは、保険会社は総額保険料から費用・管理費・利益の先取特権の様に先取りがあり、損をしない仕組みになっているからである。

では損保会社はどう対応・解決すべきだったか。問題が大きくなる前の関係した保険会社の**問題解決力**が試された。（どんなに組織が大きくても最終的には一人の判断となる。そして全体の本質的体系的理解が無いとトータルバランスの取れた解決策が打ち出せない。）

この問題は関係した損保会社の単なる社内の監視・監督の問題ではなく、当該損保会社で契約した保険を越えて他の損保会社の契約者にも影響する保険契約者全体の利害にかかわる問題であった。

「災害・損害による経済損失・負担の契約者全体の公平・適正な分担を図る。」という基本理念から、他の保険契約者全員の不利益（車両保険契約者全員の保険料アップ）になるので、損害を越える請求は認められない（損害保険は損害を補填するだけ）・不当行為には加担は出来ない。巨大な組織的不当行為があれば他の契約者全体の利益に反するので、不正が分かった部分の請求には応じられないし、自社だけの問題ではないので他の保険会社・監督官庁・料率算定機構に

も連絡する。(個人・企業情報の機密保護とか言っていられない。損保会社間で等級制度の公平を図り・不正を防ぐ為等級情報交換とかしており問題ないであろう。)これによって大量の契約を失っても致し方ないしやむを得ない。ただし、他の保険会社全社にも契約者全員の利益を守る観点から不正を通知するので、不当行為を知ってそれにあえて加担・共謀して(将来必ず過大請求してくると予想される)契約を引き受ける保険会社は無いのではないか、と通知しておけばよかった、と思う。

　コンプラ・コンプラと、細かいところにはうるさく厳密にするのに、大きな問題には手が付けられない、という状況になっていた。これによって経済的実害・損害・損失を被るのは、車両保険契約者全員であるので、この様なケースは保険料の是正・アップ分の保険料の車両保険契約者全員への返金などが必要になるケースだったと思う。

共産主義と資本主義

　私は、世界を百カ国以上旅し地理・歴史も多少調べたので、現在の我々が生きている社会の**経済システム**についても少し考えてみたい。

　共産主義と**資本主義**のイデオロギー論争・政争、**共産主義・資本主義**いずれが理想の制度かは、共産主義を掲げる主要国での壮大なこれまでの社会実験の末、いくら個人間

の平等・公平・弱者救済・格差是正を掲げても、共産主義は、共同責任は無責任・個人の才能能力を生かせない・指示待ち人間しか生まない・個人の収入増は望めず・働いても収入は同じでやる気やり甲斐のなさ勤労意欲の喪失・目先の分け前だけを要求し分け前の前提の富価値の増大をしよう図ろうとしない人間を多く生み、個人の満足・幸せ・喜び更に個人の創意工夫・創造性・勤勉努力による富価値の増大・イノヴェーション・技術進歩・社会の発展は望めない（外形的表面的物まね・猿真似・盗作・コピーでは限界がある。）、経済的停滞ないし経済崩壊システムだと分かった。（結局共産主義は権力獲得のイデオロギー手段として利用されただけで、生産財の共有・国有制度は、実際には国のトップの独裁者の自由しか認めない制度だと分かった。）

　純粋極端な農業共産主義は、毛沢東の影響を受けた**カンボジアのポルポト政権**下でも行われ、資本主義に汚染された者・情報を操るだけで農業をしないインテリ層はことごとく排除殺害しようとした事・首都プノンペンから都市住民を農村地帯へ強制集団移住させた事等として我々の記憶に残っている。アフリカのイギリスの3C政策で植民地だったセシル・ローズ（当時の植民地首相）の名に由来する**ローデシア**。それが名称を変え**南ローデシアがジンバブエ**となった（**北ローデシア**は南北の国境を流れる探検家リビングストンが発見し当時の英女王にちなんで命名した有名なヴィ

クトリアフォールズがあるザンベジ川に由来する**ザンビア**）。

ジンバブエの政権は、白人プランテーション主・農場主・資本家を追放し資本主義システムを破壊し現地人に農地を分配した。その為に国家は破綻しハイパーインフレが起こり紙幣は紙くずになった。果実（富）分配以前の、果実（富）の生る木（富を生む経済システム）を切り倒し破壊し、皆で平等に豊かになるはずだったが、価値・富の創造の経済システムをつぶすという事で、結果は皆で平等に貧しく貧乏になる事だった。（私は紙くずとなり土産物と化した超高額紙幣を少額のドル紙幣と現地で交換して持っている。）

中国でも今は資本主義の行き過ぎで混乱しているが、毛沢東時代の経済停滞から鄧小平の資本主義への舵取りで経済的に発展した。政治的独裁国家は、経済システムの資本主義の役割機能をよく理解せず、資本主義・資本主義システムを、人々の間の公平・平等・格差是正・貧しい人々の救済の名のもとに独断で急に力（暴力・軍事力）で破壊することがよくある。突然の予想外の不意打ちによる恣意的横槍の事業干渉があると、計画的・安定的事業遂行が出来ない。軍事訓練・組織内の権力闘争に明け暮れた独裁国家の指導者に、国全体の富・経済的価値の増大に腐心する事・自分が富を独占するではなくいかに国家・国民を富ませ富を与える事を求めるのは、所詮無理な話なのであろうか。

私は、「共産主義ソ連邦が崩壊後それぞれの国がどのよ

うになっているか」をテーマに、西はバルト三国からベラルーシ・ロシア・中欧・東欧・バルカン諸国（旧ユーゴスラビア〈南スラブ人の国の意味〉諸国）・コーカサス三国・中央アジアそして東のモンゴルまで、実際に一人で直接自分の目で見に行ったことがある（国々の詳細は巻末**訪問国リスト**と**写真集**参照の事）。たぶん資本主義・共産主義の是非を机上で観念的に論ずる者も、共産主義ソ連邦崩壊後の旧共産圏の国々の共産主義はその後どうなったかの現状を実際見に行ってはいないと思う。学者と言われる人々も経済システムの違いを、書籍・文献のみを調べてああだこうだと言うだけで、実際の現状をつぶさに見ていないと思う。

　そう言えば、マルクス・レーニンよりずっと前に工業化社会のずっと前に、日本でも昔中国の唐の均田制を手本として公地公民・班田収授法により、民に口分田・田畑を均等に割り当てた・与えたことがある。（工業化・情報化社会はまだなく農業社会での生産財の私有を認めない国家所有制度）しかし、働いても民の収入は増えず・分け与える口分田は不足し・民の出生死去移転の管理も難しく・祖調庸の税の負担が重く流民が続出し、大化の改新以降のこの**律令制度は崩壊**した。（結局、生産財の国家所有・共同所有は上手くいかなかった。）この為、墾田永年私財法で、新たに開墾した田畑は私有に出来るとし生産財の私有を認め、民は新たに開墾すれば自己のものとなり収入も増え働

き甲斐やり甲斐となり農業生産量も増え、**荘園**が増えそして それを守り・**警護**する**武士**が台頭してくる事になり、社 会変革が起こっていった。（日本では、以降新田開発が進み、 ○○荘・本庄・古庄・新庄・新田・別所・別府等の地名が 各地に残っている。今となっては、米の減産が言われるが、 戦後琵琶湖に次ぐ湖の秋田・八郎潟の大規模国家干拓プロ ジェクト・80％埋め立てまで新田開発は続いた。）

共産主義というのは、**生産財**の、人の間の平等・公平・ 貧富の格差是正・弱者救済・資本家だけが富み労働者は搾 取されるだけの状態の是正の観点から、共有・国家所有シ ステム、と言われている。一方**資本主義**とは、**生産財**の私 人・個人所有を認める経済システム、と言われている。**資 本主義**は、個人の利己心・自由・創意工夫を利用し、個人 の努力・喜び・達成感・経済的利益収入富の増大・働き甲 斐やり甲斐・儲けを認め、あわせて社会の発展を促す・期 待するシステムともいえる。但し、各人に自己責任（失敗 しても誰のせいでもなく自分の責任）・判断力・基礎的経 済素養・経済リテラシーが要求され、その知識・活用訓練 がなされていないと有効に成立しえないシステムでもある。 （この本を難なくすらすらと読め頭に入ってくる人は問題 ないと思うが、そうでない人は経済リテラシーに問題があ り危険である。投資詐欺・ねずみ講等に巻き込まれ金を失 い後悔する被害が後を絶たない。国の規制だけでは足りず

個々人の経済判断力・経済リテラシーが必要である。）

　自由主義・資本主義社会では、経済リテラシーが無いと生きて行くのが困難である。全ての判断を国家に依存している・国家に奪われている・判断をあなた任せにしている国民が、急に自己責任・自己判断力が要求されると言われても、訓練が出来ていないので急には対応できない。

　資本主義は**生産財**の私有を認める経済制度と言われているが、**生産財**というのは農業・産業革命以降の工業化社会までの発想で、主に農場・工場という物理的大施設で商品・消費財を生産していたからで、現在の**情報化社会**（消費財・商品を生み出す物理的大施設が無くともビジネスが出来る。）も含むと、**生産財**は単に**市場で価値ある需要ある商品・サービスを作り出すシステム**と言い換えてもいいと思う。（共産主義国の中では、いまだに農業と工業しか産業の無い所もある。）現在社会では極端な話コンピューター環境と頭さえあれば、生産財（商品を生産する物理的設備）の大規模施設が無くても、市場に商品・サービスを提供出来、ビジネスが出来るからである。

　資本主義は、**商品製造装置（生産財）の個人所有**として考えられているが、実際には各人・企業が自由に社会・人々の需要・ニーズを読み取り・掘り起こし、商品を作り出し、自己の利益の為儲ける為に自由にその責任（失敗も個人の責任）で販売・サービスする・ビジネスすることを認める社会経済

システムである。市場・社会・個人の需要・欲求・ニーズが多様化・細分化されている現代社会において、市場・社会・個人の需要・欲求・ニーズを個人・企業の才覚才能発揮で独自に読み取り自由に創意工夫し、それに対応した商品生産設備を作り販売する・あるいはうまくいかない時すぐに撤退するのを認めたほうが、国・共同体が一律にトップダウンで全て決めるより世界中でうまくいっている。

　戦後日本では、貧しい困難な経済環境のもと資本家だけが豊かな暮らしをしていて、共産主義こそが人間の自由・平等・格差是正・幸せ・公平な社会に資するとして、多くの教養人・知識人・インテリがまるで流感・インフルエンザに罹ったかのように共産主義に共感し支持した。(当時の日本の知識人は西欧の考えは進んだものとし自分の頭で考える事なく、横文字の外国語を単に縦文字の日本語に直しただけで、そのまま鵜呑みにしていたのではないか。第二次大戦敗戦後シベリアのラーゲリでの日本人兵士の抑留・洗脳教育後の帰還も共産主義運動に影響したかもしれない。)しかし、共産主義国の現状・惨状を見聞きし実際は理想が幻想だったことが分かり挫折した。実際は、起業家・資本家と労働者の二極分断分離・労働者への搾取ではなく、労働者の賃金を上げていく修正資本主義の方が社会に適応しうまく機能していくことが分かった。高額所得者との所得不平・格差是正等については、自分の力・自力独力だけ

で富・高額所得を獲得出来た訳ではなく、社会システムを利用・活用して得たものだから（たった一人の無人島では富を獲得できない）、当然社会システム利用料・維持費を所得に応じて税として負担しなければならない。こう考えることにより、ある程度の社会的公平・結果の平等・均衡は図れると思う。巨大資本の独占横暴には、独禁法対応で可能と思う。実際日本でも、戦後日本が奇跡の復興を遂げ奇跡の経済発展をし、池田隼人首相の所得倍増計画以降労働者の賃金が向上していき、共産主義運動は廃れて行った。

　しかし、資本主義が勝利したと言っても、具体的にどのような制度によって資本主義が保障・担保されているかあまり考えていないのが普通で、多くの人が理解していないのではないかと思う。銀行業務・保険業務・証券業務・会計業務・企業経営等それぞれ専門知識を持ち業務遂行をしていたとしても、それら全てについて全体像が分かりそれぞれがどのように有機的に結びついているか機能しているか、またこれらは資本主義を支える重要な機能の一部だと知り理解している人は少ないと思う。資本主義を支えている社会システムは、あまりにも広範・複雑で細分化専門化され、全体を統一的に理解している人は少ないと思う。

　そこで、資本主義を成り立たせている諸制度（**基本インフラ**）を統一的・全体的・体系的・機能一体的に考察してみたい。（主として**金融面**からであるが）これらの制度が

保障されなければ、自由な・予測可能・計画的な経済活動・ビジネスは出来ない。（独裁国家ではしばしば国家・独裁者の予想外の「人による恣意的判断によるルール」での経済への干渉・介入があり「法によるルール」が無く不安定で予測計画不能で、自由な経済活動が保障されていない。独裁者は、経済分野でも少しでも権力が芽生えようとすると我慢ならず潰しにかかる。）又当然のことながら、そもそも国が政治的に混乱していて安定していない・カントリーリスクがあると、資本主義システムが活動する舞台装置・資本主義を保証する国家制度が整っておらず、資本主義・経済システムは有効に稼働せず、資本システム・企業会社・金も逃げていく・投資も行われない事になる。独裁者も、資本主義・会社の本質を理解し擁護せず禁止・制限・圧迫したりすると、社会・国家の崩壊につながることを理解すべきである。

　まず**大前提**として、**契約**は法令に違反しない限り自由に相手方と結ぶことが出来、契約による自由な経済活動・自由な利益を求める行動が出来る事、次に結んだ契約（約束事の双方の合意）には双方拘束され一方的には変更できないし、**契約（約束）は守られなければならない**、という事である。支払いであれば、支払期限には確実に支払いをする、という事である。約束履行遅延をすると債務不履行責任を負うことになる。国家は裁判制度でこれを強制的に保

障している。また手形・小切手の**不渡り**を出すと連鎖倒産の危険もあり支払い信用力を疑われ銀行決済出来なくなる**銀行取引停止**（経済取引主体にとっては死刑判決にも等しい）の強制措置を受けることもあり支払い約束・決済の確実性を結果として保証している。国・会社のトップでも約束の時間を守らず大物ぶりを見せよう相手に対する優位性を見せようとわざと遅れる・人を待たし相手のスケジュールを無視する者がいる。これは資本主義社会を生きる者としては失格である。国のトップのみならず私企業のトップでも、銀行との約束に銀行側のスケジュールを無視しわざと遅れ待たせその様なことが何回かあってか、結局銀行に相手にされなくなり企業がつぶれた、という話も聞いたことがある。

　契約は守られなければならないが、**期限の利益**というものもある。例えば金を借りた（消費貸借）場合、その金を使い支払い・返済期限に同種・同等・同量の物すなわち同額の金を返済すればいい。それまでは返済しなくていい。もしいつでも返済しなくてはならないのであればいつもその金を用意しておかねばならず実際使えない。債務者はその金を有効に使って返済期限に返済すればいい。それまでは債権者は返済を求めることが出来ない。この事を債務者にとっての**期限の利益**と言う。但し、例外的に支払い期限以前に支払いを求められる**期限の利益の喪失**という事もあ

る。例えば銀行が債務者・借主が期限の利益を有する貸付債権を有し、同時に銀行が債務者への預金の返還債務（借主の預金返還債権）を負っていた（債務者が預金をさせられていると言った方がいいかもしれない）とする。事前の契約で破産宣告があった場合は当然期限の利益を喪失すると定めた場合、債務者・借主は支払い弁済の期限前であっても破産宣告があれば約定によって期限の利益を喪失し期限が到来し、銀行への即時の支払い弁済返還義務が生じる。銀行は預金者（同時に債務者）の預金の解約返還請求に対し貸付金の期限到来による相殺適状を主張し相殺を行い債権（貸付金）の回収を行う（相殺の担保的機能）。（この期限の利益を喪失させ、銀行が相殺適状を主張し相殺することが第三者との関係でも有効か・債権者平等に優先して相殺という形で優先的に債権回収を図れるかには議論があるが。）話はそれるが、「**相殺**」と言えば、ある大学で期末試験か何かで「相殺について述べよ」との出題に対し、授業にあまり出ていなかった学生だったのか、アタマを働かせ苦し紛れに、「相殺」→「アイゴロシ」→「心中」という事で、「心中」について解答した、という話を聞いたことがある。及第点をもらえたかは知らない。

　銀行制度　銀行の主要な業務は、**与信**（銀行から見て貸付、企業貸付のほか個人では住宅ローンや資金使途を問わない消費者金融などがある。）・**受信**（預金受け入れ）・**為**

替（金銭の時間的・場所的障害の除去と異なる通貨の交換）
である。その他運用・金融商品の販売等もあるが、特にこ
れらとは別に重要なのが**金銭の支払い・受け取り・決済の
為の場所的機能**である。ビジネス取引の反対取引としての
金銭取引は必ずあり、企業の支払い・受け取り・決済は殆
ど銀行口座で行われる。銀行口座を通さない**現金取引**は、
領収書を出さないのと同様不正取引・取引を隠したい意図
があったのではと疑われる。政治家の裏ガネ問題も、入り
でも出でも表に出せない・出したくないカネ（無名匿名の
企業献金では投票よりも選挙権無き企業の金による横槍に
従う政治の危険がある。収支の一部に書けない表に出せな
い闇の部分があれば当然収支の全体は整合性をもって明確
に公表出来ない。）で、現金収受が多かったのではないか
と思う。余談だが、引退した政権政党の長老が、「政治に
はカネがかかる。（事務所費・私設秘書費・ポスター代・
会報広報代等の通信費・票の為の各種会合代や冠婚葬祭
費・以前に反対候補追い落としの為に事件化した例もあっ
た様な表に出せない票取りまとめ代（ありていに言えば御
法度な袖の下・にぎにぎ用・まいない・実弾・現ナマを渡
す買収費。当落ギリギリの者は「落選すればただの人」に
なるのでリスクを冒す。）などの事か。）政治の範囲は広く
子分にカネを配ったり・飲む・遊びも政治だ！」と言って
いた。何でも政治なら同じ「セイジ」の愛人を囲うのも政

216

治なのであろうかと疑問が残る。又これに関連し政治と裏金の問題で、議員の収入源を明確に出来ない不明金に対し税務調査・所得課税出来ない事が問題となったが、これは国（我々庶民にとっては酷）税・財務省が財務行政への立法府の妨害・いやがらせを恐れて税の「議員特権」で忖度し猫の首に鈴が付けられずすくみ状態で、税の公平・平等の例外のアンタッチャブルにしていた為であろう。（一円でも税を厳しく取り立てるのは、被支配階層の我々一般庶民の話で、代議士センセイ様は埒外という考え方なのであろうか。）　企業は必ず銀行に口座を開設する。基本中の基本インフラである。**与信（貸付）**は個人・企業側から見ると銀行からの**借入・資金調達**である。企業が事業に必要な資金を証券市場から調達できない場合、まず最初にするのが**銀行借り入れ**である。（最近は**クラウドファンディング**も盛んであるが。）

　間接金融と直接金融と言われる問題がある。銀行は預金者から預かった金を融資先が元利金を確実に支払えるか返済出来るかを銀行の目で審査して貸付・融資をする。預金者から見ると、資金を必要とする人・企業に銀行を介して、融資することになり**間接金融**と呼ばれる。この場合元利金の回収可能かどうかの判断は銀行に要求され一般の預金者・投資家には要求されないしどこに融資したかも知れない。預金者は銀行を安心して信頼するが、その代わり預金者は

元金と利息しかもらえない。（銀行は、人・企業を育てるという側面もあるが貸付元利金の回収の確実性を第一にする為・預金者から預かった金を回収する為、**銀行は晴れの日に傘を貸し、雨の日に傘を取り上げる**、と言われる。銀行は預金と貸付の利ザヤ・中抜きで利益を得ているのは当然の事であるが。）一方**直接金融**と呼ばれるものがある。証券会社主導で新規上場・増資による**新株発行**（企業から見ると利益があれば配当はするが出資金の返済は不要な資金募集で、銀行借り入れの様な元利金の返済は必要ない。出資金の返済は不要だがその分投下資本回収の為株式譲渡の自由は認める必要がある。）・**起債**をする場合（債権者募集）は、株価が上がって利益を得られるか（起債の場合は元利金の確実な返済があるか）否かを投資家自身で判断しなければならない。銀行を通さず直接融資・投資する為これは**直接金融**と呼ばれる。昔直接金融が盛んに行われた頃、「**銀行よさようなら、証券よこんにちは**」と言われたことがあった。

　保険制度。前述した保険は、会社との観点から観ると、会社が保険加入し保険料を支払っていれば、突然の予想外の巨大損失災害・会計的に言うと巨大特別損失から会社を守り・巨大損失を各会計期間に長期間割り振り費用化するもので、企業経営を安定させ会社・株主や株主になろうと

するもの・取引先に経済的信頼安心を与える制度と言える。

次に**株式会社制度・株式・株式債権**の譲渡市場・決済制度（有価証券制度）

株式会社とは、「**営利・社団・法人**」である。**営利**とは、内部の互助・親睦を図る目的ではなく対外的取引により利益（元の価値より大きな価値にする）を図ることを目的とする事を言う。**社団**とは、財団法人とは異なり社員（従業員・会社員の事ではなく株主の事）が複数いることを言う。**法人**とは、「**法が認めた人**」という意味で、自然人しか持ちえないもの以外でその目的の範囲内で権利義務の帰属主体・権利義務を持ちうるものである。法人の最大のメリットは、自然人のように死亡による相続・清算が無く、解散清算手続きされるまで営利システムを長く存続しえる事である。

会社でよく理解されていないのが「**社長**」と「**代表取締役**」との関係である。社長というのは会社組織のトップという事であり対外取引の事は考えられていない。法人というのは観念・概念的なもので自然人の行動無しでは動けず手も足も出ず成り立たず、必ず機関・執行役が必要になる。誰の行為が法律上法人の対外的取引行為として認められるか法人に権利義務として帰属するか、という問題が「**代表権**」（代表取締役とは取締役の中で対外的に代表権を持つ

者で、持たない者を通常平取（締役）と言われ、取締役会という意思決定機関の構成員である。）の問題である。通常は取締役の中の組織のトップの社長が代表権を持つのが普通であるが、会長・副社長も代表権を持つ場合もある。（会社の組織上トップではないが。）取締役の人事権は、建前上の株主総会でなく実際上は普通社長・会長等の実力者が握っているので、取締役は取締役でなく何の権限もない「取り締まられ役」とも揶揄される。例外的に取締役会が代表取締役を解任し平取に降格させると世間では大騒ぎとなる。会社が取引先に代表権が法律上無いのにいかにもあるかのような状況を放置していた場合、民法の表見代理と同様「表見代表取締役」の行為として会社が責任を負う場合もある。また一人で代表権を行使すると乱用の危険がある場合「共同代表（取締役）」という制度もある。また**支配人**というのもある。代表権が、会社全体の包括的な問題に対し、特定限定された部門での包括な代理権を持つ者である。例えばある支店の支店長がこれに当たり、支店長は支店の法律行為について包括的な代理権を持ち、一回一回個別的な代理権授与は必要なく取引行為が出来る。この様にしないと支店の営業行為・法律行為は出来ないので、当然と言えば当然であるが。

　以上株式会社を静態的・制度的・組織的に見てきたが、株式会社は資本主義経済システムの中では機能的に見ると、

自然人の様に死による生産システムの崩壊が無い為、人・物・金・情報・ノウハウ・知識・知恵の結集が長期間出来、商品・経済的価値・富を生み出す強力・主要な自然人より優れた生産・経済的価値創造システム・資本主義に必要不可欠な存在要素、と位置付けられると思う。株式会社を機能的に一言で言うと、自然人と別のそれを越えた「**創造上の営利システム・経済価値創造システム・利益を吐き出す生き物**」・「**利益を生み出す打ち出の小槌**」と言える。(制度的な、営利・社団・法人という理解だけでは、その本質を理解できない。)

　株式とは、容易に会社に参入・権利行使・譲渡・売却し易いように、株主たる地位を細かく細分化し・単位化された株主たる地位を言う。株主は英語でシェアー・ホルダー(share holder)と言うがこのほうがイメージ・理解しやすい。株主権(株式)は、会社の分有・共同所有だが所有権より権利は制限され、議決権・配当があれば配当受領権・少数株主権・譲渡権(但し投下資本回収の保証の為譲渡自体の禁止は出来ないが、乗っ取り防止・未知の株主参入防止の為閉鎖会社・非上場会社では定款で**譲渡制限**・相手方制限が出来、会社側に相手方の承認・指定が出来る。)、あるいは会社清算の時の残余財産分配請求権等に限られる。

　株式制度は、個人(法人も含む)がいきなり商品生産システム(会社)に全額出資し全部を所有するのは一般的に

は無理（もちろん大金持ちで大株主になり会社役員となって思いのまま事業展開することも可能だが）なので一部ずつ出資し分有・共有出来るようにする為、皆が少額・大口でなく小口からでも出資出来て資本家になれる余地があるようにする為である。一株があまりにも高くなると株式分割をして購入しやすくしたり売買最小株単位を引き下げることもある。会社側からも、会社は直接株主に投資金の返却が出来ないので、小口化し会社への参入・退社譲渡を容易にし・株の流通を容易にし出来るだけ会社参入しやすくしておく必要がある。投資家の市場参入が難しいと株価が低迷し資金調達も難しくなるので、この点からも投資家の市場参入を容易にしておく必要がある。

　更にプロが運用するプロに運用を任せたファンドに小口投資する**投資信託**の制度もある。小口投資家はファンドを選択し投資するだけであとは手数料を払い専門のファンドマネージャーにその運用を任せるというものである。運用の知識も時間もない小口投資家の株式市場への参入を容易にしこれをサポートする制度である。この様に小口・少額でも皆が誰でも株主・投資家・資本家になれる様にしていて、国も年金以外の資産形成としてNISA（ニッポン・インディビジュアル・セイビングス・アカウント）などで税制面での考慮をし株式投資を推奨している。

　株券とは、株主たる地位を購入・売却し易いように有価

証券に化体（有価証券は、証券を基準にし証券を持っているものを一応権利者と推定する。日銀券ほど券との結びつきは強くない。）したものをいう。権利行使・譲渡を容易にする制度である。債権も同様に債権を化体したものが**債券**である。債券価格も株同様需給で決まるが、債券価格は比較的単純で市場で金利が上がると高い金利に合わせようと債券価格・元金価格は下落する。債券金利は、債券利息÷債権価格なので、市場の金利が上がると最初に決めた債券利息は一定・固定なので市場金利につれて分母の値は小さくなり、債券価格は安くなり下落する。債券の支払いの確実性を評価する為専門機関の格付け制度もある。格付けが低いと、最初の金利が高くないと回収が危険だとして債券が売れない・引き受け手がいないという事になる。

　証券市場とは、実際に株式・債券を買いたい（投資したい）・売りたい（資金回収したい株主は会社に直接請求できない為）人が相手方を何もなければ見つけるのが困難な為株式・債券を売りたい買いたい人の出会いの場、その価格の適正化の為、さらにその取引の自由・活性化をはかる為**株式市場・債券市場**が開設されているその市場の事である。

　会社では、前述の様に投資家が資本を回収しようとする時・退社しようとする時、会社に直接払い戻しを請求することが出来ない（債券も支払約定日までは支払い請求できないので、回収したければ譲渡しかない）。資本を回収す

るには他に新たな株主を見つけ譲渡するしかない。株主が他に株主になろうとするものを探し適切な値段をつける為にこの証券市場は存在する。投資家の投資を容易にする・促進する証券市場制度は、会社側からすると、証券市場よりの資金調達の容易化を会社に保証する制度でもある。

昔は証券市場に証券会社の背の高い「場立ち」（学生時代バスケットでもやっていたのであろうか）がいて、手サインで売り買いの注文をさばいていて、売り買いの盛んな銘柄には人が多く集まっていてどの銘柄に勢いがあるかは人の集まり具合で分かったが、今はコンピューター決済になったので、「場立ち」は消えてしまった。また金融機関間では、**コール市場**と呼ばれるものがある。金融機関間で資金が一時的に余った・足りない場合に、短資会社の仲介で短期でも資金のやり取り（金銭の融通）をする市場である。自分の決済預金としての当座預金に余った金を寝かせておいても金利を生まないので短期に必要な所に貸し付けて金利を稼ぐものである。コールは、「呼べばすぐに戻ってくる金」からきている。金融機関の心臓部の資金部署だけが関係するものであまり知られていない。

私は、ある上場企業が実際オギャーと生まれた時から名前を付け最初のシステムを立ち上げその後ずーと見てきた経験があるので、会社の事は証券アナリスト・投資家・会社システム歯車の一部分の従業員と違って、海外百カ国以上

一人旅出来た事もそうだが、身近に会社の成長・上場・全体像を見て感じ、単なる教科書的知識でなく体験に裏打ちされた実際の生きた会社の実践的知識を持つ貴重な機会に恵まれた。（単なる旅行家・起業家は数あれど、世界100カ国以上1人旅行・上場企業立ち上げの両者経験した者は珍しいと思う。1を100にする（コピペ・ハンコを押すようなもの）或いはシステム・メインテナンスをするより、無から有のシステムを作り出す0を1にするのはなかなか難しい。）

　決済手段（企業にとって必ず必要になる）も、有価証券を利用して、決済の簡易・迅速化・便宜化の為、**約束手形**（決済の時間的障害の克服・将来支払いを約するもので、銀行に持ち込めば、将来もらえる金額から利息分を逆算して割り引いた・少ない金額で即時現金化出来る。ただ約束手形自体は即時決済ではなく支払い先延ばしの為受取人の経済負担が大きく廃止が検討され電子決済移行の動きがある。なお別に短期資金調達の為の約束手形とされるCPも現在ある。）・**為替手形**（場所的障害の克服・遠隔地間取引での決済可能、わざわざ遠隔地に取り立てに行かなくとも為替手形を近くの銀行に持ち込めば現金化出来る。昔電子決済が無い時代の遠隔地商取引決済では重要な役割を果たした。銀行は取り立ての為に為替手形を手形交換所に持ち込めば反対決済あれば相殺決済出来る事になる。）・**小切手**

（大量現金扱いの紛失盗難強盗被害・嵩張り・数え間違い・偽札混入の危険等の問題が無く多額の支払い・決済の簡易化・容易化の為）がある。**小切手**は、単なる決済手段なのに現在決済資金が決済口座に無い為約束手形のように使おうとする**先日付小切手**（先・将来の日付で振出日設定）があるが、小切手の一覧払性（口座に資金がある事が前提で請求があればいつでも決済出来る。）に反し問題がある。また盗難・紛失予防の為に小切手に二本の横線を入れる**線引き**の制度もある。

　近年は情報化社会の進展で電子決済・電子取引が多くなり、実際に有価証券・現金を見ることが少なくなり証券レス・キャシュレス社会・電子商取引・電子決済システム（紙を介さず情報のやり取りだけ）になろうとしている。ただ大規模電子システム障害・大規模電磁パルス攻撃・中性子爆弾テロに対し、全てが全く機能しなくなるので、どの様な保険をかけられるのか、クラウドで重要な情報は海外に逃がしておく等の対策は必要であろう。

株式会社の会計制度について

　企業・会社の活動・財政状況・会計情報を数字的に表すもの、比喩的に言えば数値化計量化されたレントゲン写真のようなものに**財務諸表**がある。株式会社においては、**ステークホルダー**（stakeholder・会社を取り巻く利害関係人）

が会社に個別に立ち入り調査出来ないので、会計情報が正確に測定され虚偽なく公表されることが重要で必要になってくる。

　会社の会計情報を理解・知る前提として、まず**企業・会社の形態の変化**を理解しておく必要がある。

　企業・会社は、成立の初めは**一航海・一目的ごとに解散・清算**していた。しかしこれでは、一回一回有機的一体となっている企業・会社の組織・人・営利システムがバラバラにされ個別に物として売却され組織体・システムとしての価値を失うことになる。（実際会社の経済的価値を、会社の純資産・株主の分け前とみて**会社の解散価値・残余財産分配請求権の対象となる資産**という見方もある。但しこれは企業の機能的一体として価値・利益を生み出すシステム・暖簾ブランド力・将来性成長性を評価しておらず最低限の評価であるが。）

　一回一回の解散・清算を前提としない継続（**ゴーイングコンサーン**）企業・会社の方が、企業・会社の組織・人・システムをそのまま維持し反復継続して事業を行った方が、会社自身としては圧倒的に強力で価値を持ち利益も上がったのは当然の事であったであろう。（当初のイギリスの東インド会社は一回ごとの解散・清算予定で、後からできたオランダの**ゴーイングコンサーン**を前提とする東インド会社に圧倒されたと言われる。）そして更に会社であれば、

当然ながら自然人と違い死亡による清算という事も無く、会社システムをそのまま永続して存続できた。その為会社の態様では**ゴーイングコンサーンが原則**となった。**会社自体の経済価値**も、初期の商品の交易・商取引（場所的障害を打ち破って自然の特産品の取引をする「商」・「商取引」から最初のビジネスは始まった。会社自体の価値はそれほどでもなかった。）をしていただけの時代から、会社自ら加工した商品・富・経済的価値ある物等を作り出すようになった（工業化・情報化社会の下で）ので、会社自体の価値は解散・清算価値よりもずっと高まってきた。（会社を売却するにしても、会社をばらばらにして解散・清算するよりそのまま会社をシステムとして一体として売却したほうが有利といえる。）

　会社自体の経済的価値を測る主な指標として現在PERとPBRがある。株価は市場での会社の経済的価値の評価と言ってもよいが、PER（パーアーニングレシオ）は、一株利益の何倍まで現在株価が買われているかの指標で、例えるなら年1円の卵を産む親鶏は卵の何倍までで買われているか・現在の卵何年分の値段で親鳥は買えるか・親鳥は卵の価格の何年分先までで現在買われているかである。値が高いほど株・会社が高く買われているという事になる。利益率が高いあるいは将来高い利益を生み出すと見込まれる会社の株は高く評価される。一方PBR（純資産倍率）は、

一株当たりの純資産（解散価値の株主持ち分）の何倍が現在の株価なのかの指標で会社の資産以上に収益を上げうる存在としての会社が資産に対し株価としてどう評価されているかの指標、である。PBR 1 未満は、解散価値より現在株価が安く、営利体・富や価値の創造システムとしての会社が有機的機能的一体として機能していない・株価が会社を評価していない、という事になる。会社が資産を持つ意味は、何も保有していることを見せびらかす・自慢する為ではなく、その資産を費用として・有効活用して収益・利益を上げる為である。通常 1 を超えるという事は、解散価値よりも有機的機能的一体となった富の創造システムとしての会社の価値が高いと株式市場が評価している、という事である。PBR 1 未満は会社の価値生産システムが有効に機能していないので、システムごと社会ニーズに合った別の商品・価値・サービスを見つけ出し開発し生産したほうがいい。それが出来ない時は他にシステムごと売却するか解散・消滅したほうが価値がある。（純資産の資産が、時価評価でなく取得価格で評価されている場合、例えば長く会社が存続し株・土地を長期保有していてその時価がもっと高い場合は、含み益が多く純資産価値・解散価値はもっと高くなり PBR はもっと低くなるはずである。）なお株式市場での会社の評価は、株の流動性・流通姓・市場性が低く株取引が困難な小型株や地方単独上場会社株では、会社

の評価は低くPER・PBR共に低くなっている。資本主義は、多くの社会的ニーズを満たす多くの会社が生まれる機会を保障し、自然現象の様に適者生存・自然淘汰（社会・環境・ニーズに合ったものが生まれ・成長し・生き残り、合わないものはニーズに合わせ変化するか消えていく）で、会社の出退・スクラップアンドビルドを認めることでもある。共産主義で全て国がトップダウンで決めていると、多種多様な社会的ニーズを見出し作り出してのきめ細かな商品・製品・サービスを提供することが難しく、また一度国が決定・決断した生産システムをニーズに合わなくなっても自ら廃止することが難しく・社会的意義・意味を失っても存続させておき、結果として非効率・社会停滞・活力ある社会を見出せなく衰退するという事になる。

　PERは利益と株価の関係でPL視点（利益の視点）から、PBRは純資産と株価の関係でBS視点（資産の視点）と言える。（因みに、ROA（純資産利益率）は、BSから見たPLの関係・純資産の有効活用測定と言える。）PLとBSの意味・関係は図解も含めて後述する。

　ついでに、非上場会社の株価評価についても考えてみる。非上場会社の相続・譲渡・贈与時の株価・価値は、総資産・従業員数・業種・取引高などが考慮され、会社のシステム価値・富を生み出す価値が高いと評価された大きな会社は類似業種比準方式で評価（株価は会社価値を株式数で除し

たもの）され、小さな会社は会社自体のシステム価値・富を生み出す価値は低いと評価され、時価（簿価でなく）純資産で評価される。（会社資産をばらばらにして物として売却し株主間で分配する考えに近い。）会社は比喩的に言うと、商品・富と言う「卵」を産む機能的組織体としての「親鳥」の様な存在で、解体され鶏肉として各部位ごとに売られるより経済的価値が一般には高い存在であるはずである。実際には、非上場会社は多くの事例に対処する為、基準を明確にしオートマティックにシステム的に株価は決定されている。しかし実務の専門家も、株価の評価基準についてただ制度上そうなっていると言うだけで、なぜそうなのかを考えたり説明したりしていないのではないかと思う。

　株主にとっても、航海・目的ごとに解散・清算して持ち分ごとにばらばらになった財産を換金し金銭で分配するより、継続企業で会社の利益がより大きくなり会社の価値が上がりパイが大きくなった持ち分権（株式）のほうが経済価値が大きく有利となる。ただし前述した様に、株主は会社に投資金の払い戻し・投下資本の回収・パイの大きくなった持ち分相応の金銭を直接請求できない為、株主権（株式）を譲渡するしかない事になるが。株式投資をゼロサムゲームだという人もいるが、会社が成長し大きくなれば全体のパイは大きくなりその持ち分所有としての株式の価値も上がってくるので必ずしも損をする人が出るとは限らない。（会

社自体が成長・成熟しきった場合はゼロサムゲームは起こりうるが、成長する会社に投資すればその事は起こらずウイン・ウインの関係になりうる。）

　会社で一回一回清算しないゴーイングコンサーンが一般的になると、その会計も解散を前提としない**会計期間制（一会計期間の損益を見る制度）**が原則となり、企業会計書類の意味合いも変化してきた。解散前提の財産目録的BSからPLに重点が移ってきた。すなわち一会計期間にどれだけ費用コストをかけ・コストを抑えどれだけ収益を上げえたのかの収益力を示すPLと、PLの**補完**（今期の収益・費用と認識できない次期以降の将来の会計期間の収益・費用を記載）と**資産状態**（会社利益を上げ成長し大きくなり利益を蓄積すると資産は増える）を共に表すBSとなった。そして、企業の債権者・株主・取引先等の利害関係者（ステークホルダー）は、解散が前提とされない為PLに主として重大な関心を持つようになった。（もちろん資産状態も重要であるが。）この事を理解していないでただ現在の財務諸表の現象面を見ているだけでは、会計書類が読めない・理解できないという事になる。

　この会社継続を前提とする財務諸表では、PLは期間損益（一会計期間の収益に対する費用）を測定するものである（期間損益を評価・認識・判断するもので必ずしも現金の動きと同じではない。）ので、例えば経過勘定項目（例

前受け収益は負債に・前払費用は資産に）・減価償却未費用資産のように、次期会計期間以降の収益・費用であって当該期間の収益・費用と算定・認識・評価出来ないものをBSに記載し表示している（**費用収益対応の原則**）。もちろんBSは清算の要素もあって、総資産はより現金化・換金しやすい・流動性の高い・現金に近いものから順に上から書かれている。そしてその総資産に誰が持ち分を持つかで、右側にまず元利金を支払わなければならない**債権者持ち分・負債**（社外持ち分）を表し、残りを**純資産**（株主・社内持ち分）として表している。総資産をまず社外の債権者に支払い、残りを社内・株主で分ける（残余財産分配）という解散・清算的発想である。ただし、従業員・社員も収益に対する費用（人件費）として捉えるのみでなく、将来会社の価値を増大させる余地のある将来費用としての人材（資産）として捉えるのは重要なことであるが、測定評価が難しくBSで考えられていない。ただ試験研究費を費用あるいは将来費用として資産計上を多くしている会社は、将来会社の特許などの経済価値が増大・高まる余地のある優秀な人材を有する会社と推測出来る余地がある。（但し一歩間違えば損失のたれ流しになってしまうが。ただチャレンジ無き所に成功はないのは、個人でも会社でも同じであるが。）（**図② 財務諸表・PLとBSの関係図参照**）

減価償却という考え方がある。これを会計期間損益・ゴー

イングコンサーンという観点から、簡単なモデルで考えて
みる。ある食品会社が、省人・自動化の為に新たに食品工
場建物を公募増資の資金調達（起債・銀行借り入れ・クラ
ウドファンディングでも構わないが）で一億円用意し、あ
る会計期間の期首に完成し即日引き渡しを受けたとする。
この時の期首にまず資産として建物一億円をBSに記載す
る。これを10年間単純に定額一千万円ずつ期間費用として
割り振って償却していく事にする（定額法より定率法の方
が初期にガクッと費用として落ちるので、儲かっていて費
用を多くし節税しようとする会社はこの方を選ぶ。）。なぜ
ならこの建物（工場）は毎年毎年の収益を上げる為の収益
に対応する費用として認識出来るからである。会計期間に
振り分けるのは、一会計期間の費用としては大きすぎるし
将来の期間の収益をあげるのにも役立つ費用と考えられ、
収益に対する費用として対応させる必要があるからである。
最初の一年目はPLの収益に対する費用として一千万円が
記載され、期末のBSには建物資産として一千万円が費用
として償却された残り九千万円が記載されることになる。
またBSには間接法の場合負債に資産を控除する形で減価
償却累計額一千万円が記載される。次の会計期間では、
PLの費用として一千万円、期末BSには減価された残りの
八千万円が資産に、間接法の場合減価償却累計額として
二千万円が記載される。（間接法の場合、減価償却累計額

と償却済み資産の合計額は最初の取得価格と同じになる。）
10年後償却が終わると、償却済み資産は理論上ゼロになり
減価償却累計額（過去に費用として認識したものの固まり）
に全額変わるはずであるが、日本の税制上は残存価格を別
に決めている。減価償却累計額は、費用として認識される
ものの実際には現金・資産の社外流出が無い償却済み資産
で、利益として税控除される前のいわば節税資産が社内に
滞留している事になり建て替え等が無い限り有効活用出来る。

　日本でもモータリゼーション・車社会の影響を受け、**ロー
ドサイド・ビジネス**というものが生まれた。日本の地方都
市では道路網が整備され生活圏が面で広がった（半面公共
交通機関の利用があった中心部分は昔より衰退した）。旧
市街地は道路が狭く家が密集し立ち退きも難しく、車社会
に対応する為に新たにバイパス・新道が田畑であった所に
つくられた。その道路沿いに新しくチェーンの外食・物販・
サービスの会社が多店舗展開をしている。これらの会社が
自前で店舗建物を所有する（土地も所有する場合もあるが
定期借地権設定が多い。）場合、**減価償却**を利用すること
が多い。**減価償却**は、償却される資産（将来の会計期間で
費用化されるもの）を各会計期間に収益に対応する費用と
して割り振るもので、利益の前の費用で節税となりしかも
費用なのに現金・資産が社外流失しないもので、メリット
が大きい。既に費用として回収し終わった償却済み資産は

理論的には費用ゼロで建て替えまでは無料で使え、賃借店舗の様に賃料（固定費）として費用が借り続けるまでずっと続くという事が無い。**損益分岐点**（図③参照）の話で言うと、固定費は下がりコロナ流行の様な時に、売り上げが下がっても損をしない・売り上げが少なくても利益が出る強い体質となる。

　ロードサイド・ビジネスを展開する会社は、店舗を賃借にする（固定費の賃料は発生し続けるが初期費用は抑えられ多店舗展開は容易）か、それとも店舗を自社所有とし減価償却のメリットを使う（当然初期投資負担は重くなり多店舗展開は遅くなる）のか、あるいはそれらの混合か、の戦略的経営判断をしている。（純然たる賃借と異なるリースは、会計処理でPLの費用分とBSの資産計上で所有に近い扱い方針とする事で問題となっている。）

　株式会社のBSの株主持ち分に**資本金**というものがある。これは会社に出資した株主は**間接有限責任**（株主は、債権者に保証人のような直接責任を負わず投資・出資した分だけしか最悪損をしない・それ以上の責任を負わない）な為、取引先に損害を与えない様一定額の資産（必ずしも現金でなくともよいが）を常に保有しておけ、という制度である。その為減資には債権者保護手続きが必要になっている。その結果出資した**株主は会社に直接出資金の返還を請求できない**。出資金を回収するには他の人に**自分の持ち分（株式）**

を譲渡するしかない。その為前述したように、売り買いしやすいように、持ち分（株式）は細分化・単位化され有価証券化（最近は電子取引で意味は薄れて来て、株券不発行もあり株主でも実際に株券を見た人は少ないと思う。最近は株券不発行あるいは不発行への変更もある。）され、売買する人を見つけその株式価格の適正化の為、**証券市場**がつくられている。この様な制度にしている為一般の人が容易に安心して株式会社に投資・出資（参入・退出）・売買出来るようなっている。

　財務諸表の内、利益処分案は廃止となり、**株主資本等変動計算書**となった。これにはPLの結果を受けた**損益取引**による利益額から税・役員報酬・株主配当支払いの社外流失分を引いた**利益の増大**（純資産・株主持ち分を損益取引で増大させる・押し上げるのが営利を目的とする会社の理想。）損失分、直接**資本取引**による株主資本の増減分、利益剰余金の取り崩しによる配当での利益剰余金の変更、減価償却により費用化され減価された残りの資産、純資産の各項目の変更等、要は**前期末からBSの純資産項目が当期末どのように変化する**ことになるかの詳細を表すものである。

　なお従来税引き後の利益処分案に書かれていた**役員報酬**については、月々の定額支払い（月給）であれば、税引き前の収益を上げる為の費用（損金処理）として処理が認められるようになった。（毎月給与の様に支払われる分は、

会社で収益に対する費用として経費処理出来るが、それ以外の賞与・ボーナスは、従来通り税引き後の会社の利益から定款及び株主総会決議で処理されるので、会社に費用で税が掛からないか・掛かるかの違いが出てくる。）

起業家へのセイフティネット

　会社が事業に成功すればいいが失敗しそのままでの存立が難しくなった場合、他に吸収される・譲渡される場合以外に、再起を目指す方向の**会社更生法**と清算を目指す方向の**破産法**が用意されている。起業家が事業に失敗した時、銀行借り入れで保証人となってしまうと無限責任を負う（株主は間接有限責任）ことになり再起不能（七転び八起きが出来ない）となるので、限定有限責任としないと怖くて誰も起業しようとしなくなる。株主（間接有限責任）と起業家（保証による無限責任）の責任差がありすぎるので起業をしやすい責任制度、失敗しても再起が出来る七転び八起きが出来るセイフティネットも考えておく必要がある。クラウドファンディング・エンジェル投信とかの方法も起業家の責任を重くしない方法も利用できればいいと思う。事業に運悪く失敗した人や諸般の事情で自由競争のスタートラインにもつけなかった人を、どのように頼りっきりにならずやる気を失わせることなくサポートしていくのはどのようにしたらよいか、困難な問題がある。

以上、多少寄り道・道草をして、現代の社会経済システムへの好奇心から、**保険制度そしてそもそも根本的に共産主義と資本主義とは何か、資本主義は現代社会ではどういう金融システム・インフラシステム・バックアップシステム・諸制度によって支えられているのか**を考えてみた。（金融制度のほかにも重要な通信・交通輸送システム・ロジスティクス等もあるが。）

　この本は、旅とそれから敷衍して我々が現代社会をどう生きるか・生き延びるかをテーマとしている。単に旅だけでなく我々が現代生きている世界の経済・金融システムの基本・常識を考えておく事は、経済生活を営む人間・経済人・社会人として重要な事である。全くの経済音痴では、自己責任の世界で自分自身で考え利益を上げ生活していく事や**投資詐欺**（大概は初期の利払いだけで後は回収出来ない。金融商品取り扱いには資格が必要で無資格者のもうけ話には相手にならないことが必要。）・**ねずみ講被害等の各種障害・地雷原をクリアー・乗り越えて、現代社会を安全に生きていく事・生き抜く事が難しい**と思っているので、一般の人にも経済リテラシーをつけてもらう参考になればと思い、多少寄り道・道草をした。

　ついでながら、「うまい話にゃ罠がある」で、人の話を信じやすい人・騙されやすい人（信じる者は救われず騙されるとも言われる。）は、映画「スティング」でも観て、

後で大笑いすれば多少の免疫がつくかもしれない。（そう
言えばスティング〈刺す・騙すの意味〉で思い出すのは、
昔ロッキード事件の証言で、「蜂の一刺し」というのもあっ
たような気がする。）

金

旅に必要な金をどう確保するか

　金（かね）とは、もの・価値・サービスの優先的利用権（もの・サービスが現在の空気のように無限にあれば、要求・欲求・需要の優先権の問題は起こらないが）だと思うが、これがないと何も出来ないし、始まらない。海外旅行も出来ない。金をためて行動するのが一番で、借金・ローンして行動すると、将来返済しなければならず、将来の自由な時間を売り払ってしまうようなもので、将来の時間・自由を奪われてしまう。インフレ時に、巨額の借金・ローンをして、不動産等を買うと、ものの価値が上がるので、相対的に固定的借入金・借金は軽いものとなり、ものを売れば借金の元利金を払っても利益となる。いったんこれに味を占めると、自分の住まないマンション等に投機的に不動産購入をするようになる。不動産価格が上昇している時はいいが、逆に下降し始めると、負のスパイラルに陥り、負債額だけは定額・不変で残り、大変な事になる。儲かるのは、初期だけである。人類は、金余りでインフレの初期に投機が始まり、儲かるのは最初だけなのに、ものが上がるから・もっと上がると信じ、借金してまでものを買い、誰も「神輿」

を担がなくなって暴落（バブル崩壊）し、大変な目にあう経験を歴史上何度もしている（オランダのチューリップバブル、イギリスの南海泡沫事件、アメリカのウォール街大暴落、日本のバブル崩壊、最近の中国の不動産バブル等）。歴史に学んで、注意する必要がある。このような事に巻き込まれると、旅行どころではなくなり、残りの人生借金の返済のみに追われ、自由な生活はなくなり、不自由な生活を強いられ、最終的には破産となってしまう。自己破産すると、ブラックリスト入りしカードを利用出来なくなり、旅行どころでなくなってしまう。

　一般的に、金に関する・金の出入りに関する人の態度として、①ラッパ（メガホン）型　②吹き流し型　③漏斗（じょうご）・アサガオ型を私はイメージしている。

　ラッパ（メガホン）型は、入る（収入）より出る（支出）が多いタイプ。足りない分は遺産・借金（国でいうと国債）で賄うしかない。金がなくなり・誰も貸さなくなると、破綻する。今の日本の国の借金については、このままいくと国債の引き受け手・買い手がなくなり、超高金利・インフレとなり、借金の踏み倒し・破綻（デフォルト）しかなくなる（どこの国も、借金が多くなると、インフレに持って行って、貨幣価値を弱め、借り入れた最初の金額で返済し、返済負担を軽くしようとする）。超インフレ・準ハイパーインフレ・ハイパーインフレを歴史上体験した国として、

第一次世界大戦後のドイツ（ハイパーインフレの恐怖感からか長い間緊縮財政を取ってきた）、ジンバブエ（ついに天文学的数字となってしまった貨幣で、もはや貨幣として機能せず土産物となってしまった現地通貨を、私は持っている）、最近のベネズエラ等がある（忘れ去られようとしているが、日本の敗戦後のインフレもこれに入るかもしれない）。国の借金は、家計と違い通貨発行権があり、金の保有量で縛られていた時と違いいくらでも発行出来るから違う、という人もいるが、国の信用がなくなった国の通貨を見ていると、そうとはいえないと思う。

　吹き流し型というのは、空港・高速道路で風の方向を見るために設置されているあの吹き流しのイメージで、入り（収入）と出る（支出）が同じなタイプである。英語で、フロム・ハンド・ツウ・マウス、という表現がある。手で稼いだ金が少しも留まる事なくそのまま食べるために口へ、入った金がそのまま生活資金にまわって行く、その日暮らし、少しのストックもない、という意味でこのタイプである。

　漏斗（じょうご）・アサガオ型（ラッパ型はこの反対、上を向いて咲いているアサガオのイメージ）は、入り（収入）の量が多く、出る（支出）量が少ない、タイプである。このタイプ（高収入だが、見栄・ぶり・世間体・周囲に自分を高く偉く見せようとする意識や自己顕示欲がない、質素な生活をするタイプ）を理想とし、心がけるべきである。

周囲の自己の評価を気にし世間体を気にし見栄を張ると高くつき出費が多くなる。京都洛北竜安寺の石庭の裏手・方丈の裏側・茶室の前に、「吾唯足知」と刻まれた、つくばい・手水鉢がある。もっともっと、と欲するのを止め、固執・執着せず、「足るを知る」・自己の欲望をコントロールするようにすれば、物欲によるトラブル・問題はかなり防げる（もっとも、この竜安寺の手水鉢の「口」のように、多くの養うべき口があれば、なかなか難しいとは思うが）。「もっともっと」は、知的欲求・頭だけの問題にして、物欲は、限度をわきまえる事である。100万円の収入があり、10万円の生活が出来ればよいが、収入が増えると生活水準を向上させ、ローンを組んで生活を向上させあるいは更に利益を膨らまそうとして投資・投機に走り、収入は減ったのに生活の質を落とせず、破綻した、という人をよく聞くし身近にもいた。金に対する態度も教養の一つであろうか。

　世の中、消費を休みなく煽るマスメディアの洗脳に抗（あらが）って、自分の生活スタンスを確立していく事は、大変難しい。社会では、誰も教えないので、自分で確立していくしかない。断捨離の生活は、年よりだけの生活態度ではない。金に対する態度として、使う・ためる・増やす・儲ける・社会的意義のあるものに使う、と段階があると思うが、自分がどの段階にあるかチェックしてみるといいと思う。

必要な限度の適度の金をどう確保するか集めるかは最も関心のある所であろうが、各人の環境は様々で、その中でいかに獲得していくか。各人の知恵・創意工夫が試される所である。体を使って働いて賃金・労賃をもらったり、人を働かせたり・価値を生む金を生むシステムを自分で作り出したり、と色々な方法がある。

私の場合は、————。やめておこう。いっても人が真似られるものではないし、もっといい方法を持っている人がいるかもしれないし、そんなに金は入ってこないし、私の方法は、あまり参考にならないかもしれないので。

為替

日本人が海外旅行する場合、現地で支払いする場合、現地通貨・国際基準通貨で支払いをする必要がある。そのため日本円しか持っていない場合、今の所円は国際通貨でないので、円を国際通貨に交換する必要がある。これが為替の問題（通貨と通貨を交換する問題）である。

海外旅行をする時、金をどのように持っていくか。日本円・米ドル・ユーロの現金（海外旅行で、現地のガイドさんによると、現地の窃盗・強盗者から見ると、日本人イコール現金、日本人は現金の象徴という事らしく、日本人旅行者の顔には「現金持ってまーす」というタトゥーが入っているようで、狙われ現金盗難の被害が多いらしい）、TC（昔

は世界通貨のドルのトラベラーズチェック（旅行者小切手）を持って行った。しかし、円からドル、ドルから現地通貨の２回手数料を取られる事、どうしても金額が大きくなる事、現地通貨が余った時再度両替の必要がある事、等で使い勝手がよくなく、使われなくなった）、クレジットカード（分割払い２回まででもの・サービスを買うにはいいが、それ以上の分割払いは融資を受ける事となり利息がかかり、また借入・キャッシングをすると高い利息を取られるので注意が必要である）、海外デビットカード（現地の通貨を日本で預金している口座から少額でも現金で引き出せ便利。預金がアッパー・リミット（上限・使用限度）なので借り入れが膨らむ危険がない。私は現地でタクシー代金等の必要最小限の現金が必要な時到着した空港でこれを使って少額現金を引き出している。入口におばさんがでんとすわっていて、小銭が必要な有料トイレも多い）、電子決済・スマホ決済（先日、バルセロナからバスで、ピレネー山脈の山間のアンドラに行った時、バルセロナのバスセンターのバス・チケット売り場で、ユーロの現金で支払いをしたのは、自分だけだった。殆どの人は、電子決済であった）等がある。

電子決済・スマホ決済は、現在世界の主流ではあるが、サイバー攻撃・電磁波攻撃テロがあった場合、一瞬で預金も証明出来なくなってしまう（時々通帳残高をプリントアウトして証明を残しておくしかないのであろうか）。高度

文明社会の危険性・もろさ・危うさ・脆弱性を感じるが、対策・危険性をあまり意識せず、便利だからという事で、世界中で使われている。

　海外旅行と金に関しては、こんな事があった。ドイツのロマンティック街道をユーロラインだったかのバスで、各地をショート・ストップしながら、旅行していた。バスの後ろのほうに日本の男子学生であろう人が一人で乗っていた。ランチ・ブレイクの時、他の人はバスから降りたのに、一人バスから降りず、しょんぼり・寂しそうに下を向いていた。ランチのパン（ハムとチーズと野菜を挟んだもの）と飲みものを二人分買って、自分の分はバッグに入れ、「日

本の方ですよね。パン買ったんですがちょっと体調が悪く、食べてもらえない?」とパンと飲み物を渡して話しかけた（海外に出た時、基本的にはせっかく海外にきて日本の事を考えたくない、日本語の世界から離れたいので、普通は日本人に話しかける事はしないのであるが）。話を聞いてみると、大事な金をなくし、帰るまでの間物価の安い東欧に行って過ごそう、という事であった（帰りの航空券と多少の金は持っていたようであった。カードも持っていなかったようであった）。そこで、1万か2万か忘れたが、多少お金に余裕があったので、「少しだけど寄付させてもらえない?」と頼んで、お金を受け取ってもらった。急に泣き出して、「日本に帰ってお返しするので、住所とお名前を」といわれたが、「互いに世界を一人旅する仲間同志じゃないか。自分もそんな事があるかもしれない。とてもひとごとと思えない」といって、そのままその場を離れた。かっこいい事をいってしまったが、実際帰りのタイのバンコックで金を落としてしまって困った経験をした事がある。この時は、自分でも、金が本当に必要な時の金の価値（少額でも）・金の有難さを、強く感じた。

海外旅行と物価

　全て会社や国の経費で落とせる人は、物価はあまり気にならないであろうが、全て費用は自己負担の個人旅行とな

るとそうはいかない。両替所で現地通貨に両替しても、それだけでは現地の物価水準を皮膚感覚で実感出来ない。世界チェーンのマックやスタバでコーヒー・バーガー等を注文してみると分かる（もちろん観光客向けで、現地の人が全く利用しないような所では、基準にならないが）。物価の高い所は、北部ヨーロッパである。スウェーデンやノルウェーやアイスランド、それにスイスも最近物価が高く感じた。オーストラリアやニュージーランドも物価が高くなり、個人旅行は、敬遠され始めた、といわれる。物価が安いのは、東南アジアやインド、南の島々である。マーシャル諸島やトラック諸島では、輸入品は高いが、普通に現地の人が買うものは安い。ダウンタウン周辺をタクシー移動する時、殆どは１ドルで行ってくれる。ただ、ホテル代は世界の他の観光地同様、現地物価からすると高い。これは、未開発地域でまず外貨を稼ごうとする場合、自然をそのまま見せる観光産業、国際的な投資ファンドが真っ先にホテルに投資し資金回収・利益を図ろうとするからである。そのためホテル料金は、現地物価とかけ離れた現地の人はまず利用しない外国人観光客向けの国際水準のホテルの料金は世界中殆ど同じである。ホテル料金といえば、日本の大阪のホテルも最近異常に高いと感じた。訪日観光客を見越して、ファンドが多くのホテルを作り、高価格設定をしているためだと思う（コロナの影響で、ぱったり止まった訪

日外国人、儲かるからといって外国人観光客のみを相手に
していたホテルはどうなったのだろうか）。ただ安全で清
潔に泊まれればいいと思う若い人には高すぎるので、大阪
で泊まる場合、高いホテルには宿泊せず、カプセルホテル・
ドミトリー、24時間営業のファミレス・ファーストフード店、
カラオケ店・ネットカフェ・歌声喫茶（これはちょっと古
いか）でなく漫画喫茶等で休む人が多いという。

　最近北陸金沢へ行った。金沢の台所近江町市場（京都の
三条と四条の間の錦市場のようなもの、金沢駅から南へ約
１キロ位、金沢の繁華街香林坊・片町（城跡内の金沢大学
の郊外移転でさみしくなったが）へ行く中間の武蔵が辻（交
差点）の南側）にも行ってみた。海鮮系の食べ物屋・土産
物屋が多く、観光客相手で、物価は高いものになっていた。
北陸新幹線が金沢まで伸びて、ひがし茶屋街・近江町市場
へ観光客が、どっと押し寄せるようになったためであろう。
タクシーの運転手さんは、物価が高くなって、最近は地元
の人は買い物に行かない、といっていた。

　かように、世界中どこでも、観光客相手の物価は、現地
で生活する人の物価とかけ離れたものになっている。私は
自己負担で個人海外旅行をしているので、現地の人が利用
し、流行っている店を選んで、利用している。

旅の目的

好奇心

　団体ツアー・パック旅行でない、私の場合の個人・一人旅での海外旅行の目的である。

　最初は**好奇心**（高木真）・**探求心**であった。一般的にいえる事であるが、好奇心・興味・関心・ものを知る面白み・不思議に思う心・驚き・喜び・感動・感心がなければ、何を見ても・何があっても、スルーして・見過ごしてしまうし、頭に残らない。情報は、消極的・受け身では身に付かず、自ら積極的・能動的に取りに行かないと、頭に残らないし活用出来ない。また自分が住んでいる現実の日常生活空間（これも自分を含めどんどん変化しているが）しか関心がない、他の空間・異空間の事は、めんどくさい・どうでもいい・興味ない・必要ない、と思いだしたら、そこで海外旅行をする気はなくなり、そこで全ては終わってしまう。

　私の場合、たまたま偶然この時代この地球のこの日本に生を受け今の瞬間意識を持った（やがてこの意識も泡・煙と消えてなくなるだろうが）、という奇跡の中で、同時代の他の地域の人たちはどんな意識・希望を持ってどのような方法で生計を立て生きているのだろう、人・社会・国そ

して自然はどのようであろうか、そういう好奇心からである。そしてその好奇心は、単に現状をビジュアル的・視覚的・写真的・表面的・皮相的に見るだけではなく、その背後の本質を観る（目で見えない重要なものを理解するという意味で）、歴史的に観る、歴史の流れの連続として過去から現在まで観る、という好奇心である。横・水平への広がり（地理）と、縦・垂直（歴史）への広がりへの好奇心、といってもいいと思う。単に地理や歴史の教科書・書物・本での認識・理解にとどまらず、実際に現場に行って現実・実際を見てみたい、実際に現場で思いを巡らしてみたい、という思いからであった。

　世界の現場に行っても、歴史的認識がないと、単に表面的な理解しか出来ず、そのもの・その場所の持つ意味が分からない。犬や猫（ないしは、全く歴史の知識・認識のない人間）に世界の歴史の現場を見せても、全く意味が分からない、と思う（世界を観るといっても、全て・全部を観る事は出来ない。その要約・ある見方・意味を見出す事でしか、それは不可能であるが）。その意味で、前述のようにくどくどと長く歴史認識を述べた。

　イタリア・ミラノ・マルペンサ空港。ミラノ中央駅からシャトルバスで西北西約１時間位の所にある。空港へ向かうバスの車中から北に雪山の連なりが見えてきた。「ああー、あれは、ローマのシーザーがガリアへ越えて行った、第二

次ポエニ戦争でのカルタゴのハンニバル将軍が象を連れて越えてきた、フランスのナポレオンが越えてきた（有名な馬上のナポレオンの絵があるが、あれは脚色らしい。実際はラバだったらしく、絵はナポレオンの偉大さを見せつけるための象徴画だったようである）、長靴のイタリア半島がヨーロッパ大陸につきささって押されて出来たような山々、アルプスではないか！」と感慨に耽っていた。と、「あの山の向こうはスペインかな」。久しぶりに日本語が聞こえてきた。

　後ろを覗くと、日本の20代半ばの２人の若者の一方が、ゲームの画面からふと顔をあげ車窓から見える山々を見て呟いた。「違うでしょ！　スペインはもっと西で、山の向こうにはスイスがあってその西にフランスがあってピレネー山脈があってその先でしょ！」と思わずいいたくなった。今の日本の若者は、身の回りの事だけで、自己の意識の範囲を広げようとせず、世界・地球に対する好奇心はないのかと心配になってきた。せっかく現地に来たのだから、ゲームの人工的な仮想空間を離れて、目をキラキラさせて周囲を見渡し、「地球に好奇心、何でも見てやろう！　人工的な仮想空間でなく、現実空間を実際に見てやろう！」精神はないのであろうか。好奇心・興味を持って、意識の拡大を図っていないと、視野が狭くなり、思考の範囲が狭くなり、いつかしっぺ返しがくるのではないか、と心配になった。

視野・意識の拡大がないと、物事を知らない、視野が狭い、理解力・判断力の前提のキャパが狭い、俯瞰的立場で全体判断・決断出来ず、自己を相対化出来ない、自己の立ち位置が分からない、ものを大局的に見られず度量が狭くトータルバランスが悪い、という事になる。

　こういう者が組織で権力を持つと、自分の狭い範囲の視野・意識・認識で、全て判断・決断・実行し、不遜・尊大・傲慢になり、謙虚さを忘れ問題を起こす。**蟹は甲羅に似せて穴を掘る**という事がいわれる。度量・器量・意識の範囲の狭い者が、自分の狭い範囲の判断基準で、ああだこうだと物事・人を判断・評価する事をいう。本人が狭い範囲だと自覚し、広げようとしていればいいが、それを知らないで、判断・評価している人が多い（「井の中の蛙大海を知らず」ともいう）。そのためにも、いつも意識の拡大を図っていたい。意識・視野の範囲の広い人から見れば、視野・意識の狭い人は歴然と分かる（反対に視野の狭い人からは、視野の広い・度量の広い・キャパの大きい人があまり分からないが）。

　視野・意識の拡大の効用はそういう事であるが、視野の拡大・意識の拡大それの追求自体、色々な事を知る事であり、楽しい事でもある。単に「来た・見た・感動した」レベルでない、単に表面的・ビジュアルでない深みのある・隠された目に見えない事の重要な本質を観る、過去・現在・

未来を見据えて、動的躍動的な姿を頭の中で動かして観る、旅の醍醐味がそこにある。「歴史を観る」とは、現地に行って、頭の中で、単に静的でなく動的に時間の要素を入れて、過去から現代へと動かして観る事である。これは、単に現在をただ見るだけでは足りず、過去の記憶がないと出来ないが。

問題解決トレーニング

しかし、海外一人旅で、自分の場合、数々の失敗をし騙され痛い目にあった経験をする・あるいは予想外の事態に直面すると、限られた時間の中で、何とか自分なりに自分一人の力で解決していかなければならない（私の海外一人旅は、トラブル続きのトラベルである）。そしてあらゆる角度から考え・あらゆる解決手段で、全力で問題解決に努力し、やっとの思いで何とか解決出来ると、解決していく事に、ぞくぞく感・醍醐味・解決出来た時の達成感・充実感・満足感を感じるようになり、ますます面白くなってきた。具体的問題に直面し困っている自分と、それを高い所から客観的に見つめるもう一人の自分がいて、これは面白い事になってきたぞと思っている自分に気づく（これをメタ認識というのであろうか）。

白タク（モンゴル・ウランバートルで女性ガイドさんから、なぜ日本では「白タク」というのと尋ねられた。「日

本では、深緑色の営業ナンバーでなく、白の自家用ナンバー
で、営業をやっている違法タクシーです」、と答えておいた）
で法外な料金を要求された（カザフスタンのアルマトイで
のタクシーで）、カードで法外な請求をされた、帰りの飛
行機がキャンセルになっていて受け付けカウンターもなかっ
た（別の航空会社のカウンターを自分の乗る飛行機の航空
会社が一時的に借りているため）、管制システムのトラブ
ルで予定した飛行機が飛ばない、預けた荷物が手荷物受取
ターンテーブルから出てこない（結局調べてもらったら、タッ
グが外れていて、中継の空港にまだあった。アメリカのア
トランタで1回、ネパールに行く時クアラルンプールで1
回あった。長い間ベルトコンベアーを見ていて結局出てこ
ない、は疲れる）、乗り換え便で荷物の積み替えが間に合
わず別便で後日送られてきてカギをこじあけられてカバン
が壊れていた（キルギスのビシュケクからモスクワ経由で
成田に帰る時）、盗難・窃盗にあった（最近ではあまりな
いが、盗難には結構あっている。ヴァンクーバー・アムス
テルダム・バンコックで荷物の盗難が各1回ずつ、イタリ
アではケチャップを上着にかけられ気をそらした隙にポケッ
トに手を入れられた、5人位の子供に取り囲まれ皆でポケッ
トに手を突っ込んでこられた、コロッセウムの西側の2階
で携帯で写真を撮ってくれと頼まれ両手をあげて何枚か写
真を撮ってあげている隙にポシェットの財布から現金がな

ネパール

くなっていた（善良な日本の東京の田舎者の好意につけ込み金を盗むとは何という奴らだ！　しかもビジネスにしてとは！）、アルメニア・エレバンのホテルでセイフティーボックスを使わずカバンの中に現金（10万円位）を入れてそのままにして外出したら外出中に現金を2・3万抜かれていた等）、地元の人が親切に案内してくれる（北アフリカチュニジア・チュニスで、仕事帰りで、帰り道沿いなのでといって）というのでついて行ったら後で案内料を要求された（旅行者に頼みもしないのに向こうから積極的に話しかけてくる場合は、何等かの利益を得ようとする場合が多いので注

意が必要)、旅の途中でひどい下痢をし３日ジャカルタの空港ホテルで寝込んだ、一人で誰もいない雪の坂道を歩いていて転んで足の皿を割り動けなくなった事、アイスランドで間欠泉を見に行って氷道を歩いていて後ろ向きに転び腰椎圧迫骨折で３日寝返りも出来ず動けずホテルで一人でじっと寝ていた事、等など(人生死ぬ事以外はかすり傷・経験したもの勝ち、とも思われるが、結構大きなダメージを受けたり・思いもしてきた)。その度に、何とか旅を立て直し、自分一人で自分の全知恵・全能力を使ってリカバリーしていく。その時その場では苦しいが、反面楽しさもある。自分自身の力で独力で何とかクリアー出来た時は、今生きている・生き残っている感覚、リカバリー出来た達成感・満足感・充実感を覚える(人生積極的に攻めで生きてきて、何回も死ぬ目にあってきた。あの時は、病気・ケガ・事故で、死んでいたかもしれない、と思える事が何度もあった。そしてよくぞ今まで生き残ってきた、何とか生き延び今ここに生きているのは、自分ながら、本当に奇跡に感じ不思議な気がする)。

　昨日の続きの今日、今日の続きの明日、ただ呼吸しているだけの人生、地球儀の上のちっぽけな島国日本の、特定のある一カ所に死ぬまでずっと画鋲で固定され動かないような人生より、せっかく動けるのだから色々な所へ動き回り何でも経験・体験したもの勝ちだ、と思えるようになっ

た（将来の収入を見込んだ借金・ローンで、将来の自由な時間を売り渡していると、なかなかこうも行かないと思うが）。

　脱日常・ストレス解消のための慰安旅行でない、たった一人での海外旅行。そこで予想外の困難に直面し、限られた時間の中で、どう独力で、どうやってマインドを立て直し、全力で解決策を見つけ判断・決断・実行していくか。それはぞくぞくする醍醐味である（他人の判断は一切入らず、自分一人で全てを判断・決断・実行する、全てが自己責任のゲームである）。

　しかし、考えてみると、旅に限らず人生一般において、トラブル・苦労・問題は生きている限り絶える事はない。ここで、「わーいやだな、苦痛だなー、出来れば逃げたいなー」と思うか、「おー、面白い、これをどーやって料理してやろうか。自分の全能力・エネルギーを使って、頭・知恵・工夫で、どー乗り切ってやろうか」、と思うか。何が来るか分からない将来におびえ、問題が降りかかってきたら、頭を抱えしゃがみ込みひたすらすぎ去るのを待つ、苦痛・苦しみに感じ逃げ回るより、積極的・能動的に問題と真正面から取り組み、心を折れさせず問題解決を楽しみにする生き方、その心の癖、その心の持ち方が必要だし大事だと思う。「課題・問題いらっしゃーい」と思い、苦労・苦痛を楽しみに変える、そういう心の持ち方・心の癖、これが大切だと思う。そして、いつもそのような心が出来る

よう、心の習慣が身につくよう訓練しておく事が必要と思う。苦痛・苦しみを楽しみ・喜びに変えられるのは、人間の知恵である。

「死んだら出来ない、生きている間しか出来ない楽しみ」。そう思えるかどうか。こういう思いで、生きていく・問題を克服していく・問題を乗り切っていく、障害・問題を何としても乗り越えていく・熱き心を持って取り組んでいく、心の癖・心の習慣を持つ事が、旅に限らず、一般的に生きる上で、金では買えない一番の財産ではないか、と思う。

　結局生きるとは、何があっても生き抜く力を自分自身で身につけ、人のせいにせず、自分一人で障害・問題を乗り越えていく・クリアーしていく事ではないか（その事を負担に感じず、むしろ楽しみに出来る事）、と思う。そして、いつかは来るが、失敗した時・クリアー出来なかった時、死を迎える、という事であろう（長い間人間をやっていると、人は皆これまでの人生で、何度かは死ぬ目にあい、自分はあの時もしかしたら死んでいた・死んでいてもおかしくない、運もあるが何とか問題をクリアーして何とかこれまで生きてきた・生き残ってきた・生き抜いてきた、と感じると思う。ある時代を共にした友・知りあいの多くは道半ばで不幸・不運にも戦列を離れて行ったが、人生ほんとにサバイバル・ゲームだ、と思えると思う。そして曲がりなりにも今まで何とか幸運にもよくぞ生き残ってきた、たとえ挫折・

失敗があっても、もうそれだけで何物にも代えがたく有難いという、挫折感・自己否定感でなく現状の自分の自己肯定感・自己と折り合いをつける事が、現在の生を支える、と思う）。これには、日々生じてくる問題に逃げずに真正面から取り組み、解決する心の癖を訓練していかなければならない。単に一時的に思う・理解するだけでは足りず、訓練実践、訓練実践、という鍛錬が必要である。そういう意味で、私は海外一人旅の意義を新たに見出した（人間は、全ての事に、意味・意義を見出そうとする動物なのであろうか）。

　北関東のある屋台村で、地元の人が何を考えどのように暮らしているか、を知りたくてじっと人の話を聞いていた事がある。会話の中で、「先輩は、どういう趣味をお持ちですか?」と尋ねられた事がある。「ゲームです。ただ狭い部屋に閉じこもって、モニター・画面を見ながらやる普通の仮想空間のゲームのようなものではなく、体を張って現実の地球・世界に飛び出してする、リアルなゲームです。無事帰ってこられれば、ゲームオーバー。また途中で問題解決出来ず・クリアー出来ず、失敗するとそこでもゲームオーバーという事もありそうです。問題・障害に自分の能力の全てを使って・全身全霊総力を使って取り組む肉体・体を張った真剣なゲームなので、達成した時は達成感・充実感・満足感、そしてぞくぞくして今自分は生きているん

だという感覚・実感を得られます」というような事をいっておいた。

　人間が作ったコンピューター・ゲーム等は、仮想空間といっても、しょせん人間の頭の中で作られたもので、実際の現実は予想外・人間の思考の枠組みを超えた（一時流行った言葉「想定外」）事がもっと起こり、問題要素ももっと複雑で、現実に体を張っているので最悪自分の死の危険もある。時間の制約のもと地雷・障害物を避けながら突き進む体を張っての海外旅行旅ゲームは、何ものにも代えがたい、もっと面白いものだと思っている（コンピューター・ゲーム等では、現実に体を張っていないので、自分が直接死の危険に直面する、という事もなく気楽で、海外旅行一人旅とは、緊張感のレベルが違う。コンピューター・ゲームは、気楽で、問題課題はゲームの中でしか起こらないが、旅行旅ゲームでは、やっている本人自体にも問題は発生する）。旅でなく家での、修羅場状況での判断・決断・実行の訓練の一例として、私はDVDの「13デイズ」（1962年10月のキューバ危機におけるケネディ政権の対応）を何回も何回もよそ事・他人事でなく自分事・自分へ降りかかった危機・体験・経験としてよく見ている。

　以上のように、自分自身の海外旅行の目的は、好奇心から問題解決のトレーニング、生きる・生き抜く・サバイバル・生き残る力のトレーニング・訓練というように変わっ

てきた。

　このように、問題解決力を鍛える事を、テーマに生きている身としては、近年起こった新型コロナウイルス禍に対する、日本の対応には、疑問が残った。
　今までに、人類は何度も感染症・伝染病を経験したかもしれないが、歴史上に残る大きな災害は、14世紀の黒死病・ペスト、アメリカ大陸に大航海時代ヨーロッパ人が進出して天然痘等を持ち込み多数のアメリカ現地人・ネイティブ（インデアン）が死亡した大災害、第一次大戦末期アメリカからもたらされ全世界に広まったスペイン風邪（マクナマラ回想録によると、第一次大戦終戦の1918年11月のアメリカの第一次大戦戦勝パレードでは、多くの人々がマスクをしていたのを覚えている、といっていた。スペイン風邪の名は、第一次大戦中立国のスペインで大きく報じられたためこの名がついた。この時も、世界中でマスクをしていたようである）、そしてスペイン風邪から約100年後の今回の新型コロナウイルス禍である。
　最初に中国武漢で発生した時は、日本は対岸の火事、であった。同情して、防護服・手袋・マスク・医療用機器等を中国に送ったりもした。そして、日本でクルーズ船内感染が問題となった時、その後の外国からの帰国者・外国人の入国者・病院・密接接客者からの感染拡大が問題になっ

た時も、対策は、検疫・感染拡大防止・蔓延防止・封じ込めであった。コロナウイルス自体の撲滅対策は、有効な手立てがないとして、積極的な取り組みをしていなかった（世界のどこかの機関がワクチン開発するのを待つ、ワクチン開発は儲からないとかいって日本の製薬会社は手をつけなかった。そしてその後の政府の政策も、蔓延防止・封じ込めと経済の落ち込み阻止・産業保護の調和調整のみであった）。まるで寝袋の中に寝ていて、コロナには、手も足も出ない・出せない、という状態であった。感染者は病院へといっても、有効な治療方法はないのであるから、病院へは単なる隔離のためだけであった。目に見えないウイルスに人間はやられっぱなしで、なすすべもなく、ただただ避難・逃げ回るだけであった。早急にやるべき対策としての政府の、マスクの配布についても、いざとなればマスクは作り方さえ教えれば、小学生でも自分で出来るので、予算は一般人が手を出せないしかし本質的に重要な事、ウイルス研究・ワクチン開発に回してほしかった。ワクチン開発は外国に任せる、出来たら買い取る、ではあまりにも無策すぎ、歯がゆく思った。

　現実に生身の人間として生きているものにとっては、コロナウイルスに何としても打ち勝ちたい。コロナ禍問題の解決の本質は、コロナウイルスの打破・撲滅・有効なワクチン開発で、本丸・天王山はここにあった、と思う。いま

だにコロナウイルスに対しては有効な手立て・解決策がないとして、思考停止・行動停止している場合ではなかったと思った。分からない・未知の問題に、生き残るために全力でエネルギーを集中して全英知を結集して、全力で事に当たるべき問題であった。このような時こそ、総力をあげて、専門家・素人の総力をあげて、専門家に丸投げせず、全エネルギーをつぎ込んで、色々な角度から固定観念（単なる専門家は固定観念の固まりという面がある）なく、取り組む必要があったと思う。

　それこそ、全英知を結集し専門部署を越えたタスクフォース・プロジェクトチームを結成し、十分な予算づけをし、解決者に懸賞金をつけたりして、徹底した研究・対策を取るべきであった。

　ここで私は、山形・米沢藩の上杉鷹山公（1751年〜1822年。江戸時代中後期、宮崎・日向・高鍋藩主・秋月種美の次男として、江戸藩邸で生まれ、上杉謙信以来の名家の米沢上杉家の養子で米沢藩を財政破滅から救った名君。内村鑑三の英語版「代表的日本人」を読んだか、JFKに取りあげられ、日本でも再評価された。もともと江戸幕府は、各藩の財政が豊かになる事は、反乱の危険があり、好まなかったが）の言葉を思い出した。「**為せば成る　為さねば成らぬ何事も　成らぬは人の為さぬなりけり**」（英語では、リンカーンの Where there is a will, there is a way. という表現

があるが、確かに根本は「意志」だが意思（やる気）と行動共に必要で、この単なる「意志」の英語表現より、「意志・行動・実践」を含んだ「為せば成る」表現の方がより強く説得的な表現の気がする。）上杉家は、戦国大名で領地は今の新潟・越後（越の国は、都の方から越前・加賀と能登を挟んで越中・越後と続く。）だったが転封により領地は狭くなり石高は少なくなった（豊臣時代の会津120万石から、江戸時代は関ケ原の戦いで西軍側についていたが為改易・取潰しこそ免れたが領地は会津から山を越えた北側の米沢30万石と大幅に減らされた。しかもその後跡継ぎなくお家断絶の危機に養子を迎えてからくも存続出来たが更に半分の15万石まで減らされた。）がしかし、歴史に残る武将上杉謙信由来の名家の格式は維持しなければならず経済的に苦労した。鷹山はこの15万石の時代の養子の藩主であった。この事を知れば、鷹山公の壮絶な改革の「成す」がいかに大変な事だったか・単に言葉面だけでは分からないその重み・凄みが分かる。苦労した人共通の財産は、単に薄っぺらい表面的な人間理解ではなく「人の痛み苦しみが分かる・共感出来る・寄り添える」という事であろう。名君鷹山公の、苦しんでいる人に対する配慮・いたわり・気配りの言動が今も伝えられている。いつの時代も、その時代特有の困難・大問題というものはある。それを、先人の賢人は、熱意を持って取り組め、必ず何とかなる、何と

かしろ、と若輩・後輩の我々に、困難を乗り越えるための応援歌を送ってくれていたのである。

　予算といえば、他国のミサイル・航空機・艦船の侵略に備え膨大な予算を使って迎撃ミサイル・ステルス戦闘機・イージス艦等を買って目に見える有形侵略に備えているのであるから、目には見えないが同じ日本に対する侵害・侵略である細菌・ウイルス侵入（生物兵器の可能性もある）に同様に予算をまわしてもよいのではないか、と感じた（旧軍の731部隊の暗い歴史はあるが、不可視細菌兵器に対するテロ（現実にオウム真理教のサリン毒ガステロを経験した）・防衛部隊は、考慮の余地はあるのではないか、と思う）。

　逃げまどって右往左往していないで、ウイルスのやり放題・なすがまま・やられっぱなしでなく、また責任のなすりあい・政争・縄張り争いをしている場合でなく、本筋でない所にエネルギーを奪われる事なく、真正面から・迅速に取り組むべきであった。マスコミも、今日は世界で日本で感染者・死者が何人増えたとか減ったとかの情報を連日流しているだけで不安を増幅すべきでなかった、視聴率稼ぎの道具とせず本質的取り組みと自己への感染防止策報道にすべきだった、と思う。自分が生きるか死ぬかの瀬戸際の時に、当事者意識のないそんな情報は何の価値も・役にも立たない。専門家も素人もない、全力で取り組む、自分が生きるか死ぬかの問題なのであった。

免疫・製薬のある専門家は、有効なワクチンが出来るまで、10年かかるといっていた。有効性が確認され、安全性が確認され、政府の認可という3つのハードルがクリアーされるまで、10年かかる、という事だった。しかし、それは通常の場合で、今回のような人類全体の危機の時にそんなのんきな事はいっていられない。いい薬が出来た、しかし多くの人が死んでしまった後だった、では話にならない。有効性が確認されて、次に安全性検査、と直線的に考える必要なく、有効性の見込みがあるものを、同時並行で安全性を確かめていけばいいのである。多少の副作用のリスクがあっても、死に至るよりは、ましと皆が思うと思うので、完全に安全性が確認されるまで実用化は認められない、とするのは問題である。認可の問題にしても、制度は人間の作ったものでどうにでもなる。現にアメリカで早急に認可された事もある。専門家は固定概念・思考の枠組みにとどまり、柔軟な思考臨機応変な対応が出来ず、弊害となる場合もあるので、注意が必要である。

　コロナ禍の中で、他人事でなく、真剣に取り組むようになった世界のリーダーは、イギリスの首相であったように思う。彼は実際にコロナに感染し、死の危険に直面した。コロナは、自分の頭の毛のように放置しておくと、死の危険に直面する、とてもひとごと他人事・傍観者でとても自分自身と関係なく政治処理する問題ではないと、肌身で感

じたと思う。対策は、リラックスして、「お家でカウチ（ソファー）」とか、当事者意識なく・緊張感なく対応等、とても思いつかなかったと思う。

　個人としてのコロナ対策は、コロナウイルス自体には危険で直接手は出せないが、チャレンジであり、乗り越えるべき困難であった。個人として出来る事は、出来るだけ人に会わない・接しない、マスクをする、カテキンがウイルス対策にいいといわれている（風邪ウイルスにもいいらしい）ので緑茶をいつも飲む、血栓が出来やすいといわれていたので血栓を溶かすといわれるナットウキナーゼを毎日摂る、アルコール消毒する（コロナウイルスを覆う二重構造膜は、油脂で出来ていて、アルコールに溶けやすく無力化するので、アルコール消毒が有効らしい。それならと濃いアルコールを飲んで消毒しようとする人もいようがこれに効果があるかは分からない）、体力維持（人に接しないで運動する）、一人で家で出来る事を探す、自由に海外旅行出来るようになる時のために準備をしておく（この本を書く）、という事位しか出来なかったが。

旅への準備

　心・体・技・経験。何をやるにも、これらの要素が総合力として・トータルバランスとして、必要になってくる。どれ一つ欠けても、また一つに特化してただそれだけを身につけても、十分に力を発揮出来ない。他はよくても一つ弱点があるとそこで足元をすくわれてしまう。特に自分の内部について無関心であると病気やケガ、最悪死につながる。自分の体に無関心でいるとある日突然脳溢血・脳梗塞で体の自由が奪われる、二度と自由な体に戻れないという事も起こりうる（技については、人によってそれぞれ専門が異なり、知識・実践が人によってそれぞれ異なってくるが）。これらは、「人生は旅だ」と思えば・考えれば、生きる上で全てに通じる事だと思うが、旅という観点から、これらの要素を、個別に考えてみる。

まず心について

心の持ち方

　旅をする人ないしは、外部からの刺激その刺激に対する反応だけに注意・意識・関心を向けている人は、常に自分の外に注意関心を向けていて、あまり自己の内心に注意が向かない・向けていないのではないかと思う。悩み・不安・ストレスがあっても、その根本原因を考えていないし、解決もうまくいっていないのではないかと思う。世の中、外部からの情報・知識・論理とその合理的処理が全てと思っているらしい、偏差値・受験エリートも、自分の内心等には関心を持たないのではないかと思う（ただ挫折したり、人にいえないダメージを受け、深刻な状態に陥った時、人生の大きな転換点を迎えた時、自己の内心を顧みるチャンスはあるが）。

　旅という観点から、心の問題を考えると、自分の内心への旅・インナートリップ、旅の目的の観点から、「自己の外部に向かっての意識の拡大」から「**自己の内面への意識の拡大**」、といってもよいと思う。意識が常に自己の外ばかりに向かっていて、自己の内部に向かう事がない・自己の心・身体について無関心・無知である（大部分の人はそ

うであると思うが)、「灯台下暗し」・「医者の不養生」・「紺屋の白袴」で自分の事に無関心では、結局の所大きなつけを払わされる事になると思う。自己の外部への意識の拡大と共に、自己の内部への意識の拡大(インナートリップ)も重要である。

　一人旅では、心のコントロールを怠ると、判断・決断・実行を誤る危険があり、重大な問題である。また、人生を旅だと考えれば、生きて行くうえで全てに当てはまる人生全般の取り組みに役立つ重要な事だと思う。

　旅も場数を踏むと、「**量は質に転化する**」で、メタ思考・抽象化思考・一般化思考・敷衍思考・総論思考が出てくる。問題解決・トラブル解決するための心がけは(問題解決力のつけ方)、どうあるべきかを、全てに共通する心がけを一般的に考えるようになる。

　この自己の心の持ち方という、具体的事実の知識でなく、方法論・メタ知識を体得しておく・心の習慣として持っておくと、旅に限らず、一般の生活でも随分役に立ち、生きる事が楽になってくる・面白くなってくると思う。心の持ち方に関する知識は、単に言葉で知る・知識として知るだけでは足りない。反復練習訓練で体得し、色々な場面での、実践的に判断・決定・実行にそれが考えずとも自然と出来るようにならないと効果がない。

心について知っておきたい事

　心・マインドに関して、まず次の事を知っておく・訓練して使えるようにしておくと、随分生きる事・生き抜く事に役立つ。

　一つは、**物事対象は、自己を含めて常に変化している、**という事である（動的世界観を持つ事）。

　対象を観る時に、時間の要素を入れ、それは常に変動している、動いている・流れていると世界・対象を観る事である。いう事は簡単だが、これがなかなか難しい。

　対象の変化は、「思う・思わない、信ずる・信じない」の問題でなく、客観的事実の問題であり、いかに自分が考えようと、変えようのない事実である。スポーツ選手の誰かが引退の時にいった、「永遠・不滅」は人間の考え方・言葉の中・願いの中にしかなく、現実は日々刻々と変化している。

　キリスト教は、全知全能の神が最初から現在のような完璧な世界を作った、と考える世界観を持っていた（動態的世界観ではなく、静態的世界観）。ダーウィンの進化論で、生物は時間と共に変化する、環境に適したもの・適応したもののみが生き残る、とし提唱した時、キリスト教世界では大きな抵抗があった。この動態的変化を前提とした考え方に、今でも、進化論は学校で教えるな、という所もアメ

リカではある。

　生物は単細胞生物から多細胞生物へ、また全ての人類は
もとをたどれば全て大昔のアフリカのいち女性にたどり着
く、という考えを受け入れず、世界・対象を固定的・静態
的に考えているのである（自分も最初に意識が芽生えた頃
は、出会ったおじいさんおばあさんは、最初から、おじい
さんおばあさんでいたように、感じた）。

　このような、静的世界観は、単純で分かりやすいため、
意識・無意識でそう思ってしまう。

　また、日本の場合、日本の受験教育が特に歴史教育が孤
立的・断片的・暗記的で、人物・出来事・年号を孤立・独
立して覚えさせようとするため、どうしても物事・対象を
断片的・固定的・静的に理解する癖がついてしまっている、
歴史は変動するものだ流れを持っているものだという理解
動的世界観がないのではないかと思う。若い人では、社会・
歴史の学習は、固定的静的で結局暗記だ・記憶だとして、
興味を失っている人が多い（いわゆる「歴史」は、名前を「**社
会変動史**」と変えたほうがいいのではないか。日本の歴史
の教科書は、外国の教科書に比べ、ストーリー・物語・関
連性・因果関係・因果の流れで書かれておらず、教科書が
薄すぎる事も原因ではないか、と思っている）。

　次にこの**変化に常に心をつけていく事**。

　対象・世界・世の中は、常に変化している。それなのに

心が、固定的に物事をとらえている。対象・世界・世の中は、どんどん変化しているのに、心がその変化について行っておらず対応出来ていないのである。世の中には「石頭固男」と名をつけてもいい程、融通が利かず、変化適応力・臨機応変対応力がなく、記憶力はいいが、「昔は、過去の事例・前例は」とかしかいわない人変化している現実に対応しようとしない人がいる。頭・心が固定されていると、臨機応変な対応が出来なくなる。

どうすればいいか。固定的静的にとらえるのではなく動的・流れを持ってとらえる、スチール写真（静止画）ととらえるのではなく動画として捉える、数学的にいうと、定数（固定）でとらえるのではなく関数（数が変化する事を前提に、変化・変動している数の間の関係法則を理解する・法則として変動全体を理解する。２次関数では、変化・変動している二つの数の内一つが決まれば、法則性を持って他が決まる）で理解する、という事であろう。そして変化する現実に心を影のようにいつもぴったりつけて行く。このような見方は、見方を訓練・トレーニングしないと、なかなか出来ない。

無常という言葉がある。本来は、常（不変）でない、すなわち変化する、という純客観的な言葉であろうが、日本語では、感情表現語となり、寂しい・わびしい・名残惜しい・悲しい・無慈悲な、という意味に転化してしまってい

る。つまり、対象・環境は変化しているのに、まだ心はすぎ去った過去に留まっているのである。過去はよかった、それなのに今は、という過去を懐かしむ・過去にこだわっている心情がある。昔の歌謡曲に、「別れても好きな人」というのがあった。いつまでも過去にくよくよするより、「別れたら次の人」ではないか。過去に心が留まるのは、エネルギー・ロスで新しい変化に全力で立ち向かう・全力で適応しようとする力にはならない。「我事において後悔せず」という宮本武蔵の言葉がある。過去を思い出してくよくよしたり・残念がって感情エネルギー・ロスを起こしても、変化している目前の問題解決には、何の役にも立たないしむしろマイナスである（後悔という感情問題でなく、客観的に反省する事は重要だが）。「**残心をしない**」といい換えてもいいと思う。過去の事・済んでしまった事をいつまでもくよくよ思っていないようにする、未練を持たない、心を過去に置かないようにする。もう済んだ事、昔話をしない（老人は、昔話・自分子供孫の自慢話・病気の話以外はしないといわれる）、それよりも変化した現在の問題にどう取り組むかに集中する。羹（あつもの）に懲りて膾（なます）を吹く、という諺もある。一度失敗するとそれに懲りて、無用の用心をし、心が過去に囚われ、新たな今の現実に対処していこうという、積極的な心的対応を失くしてしまう事である。

終戦後のフィリピンのルバング島で、一人で長く「小野田少尉の戦争」を戦ってきた、小野田さんも、過去をくやんだり嘆いたり神仏は尊するけれども神頼み仏頼みしても役に立たない、それよりも現在の状況にいかに集中するかが大事だ、というような事をいっていた。小野田さんは若い頃剣道をやっていたので、その事を体得していたのであろう。

　もう一つ、禅の話。ある禅師が弟子と一緒にうなぎ屋の前を通りすぎた。弟子が、「うまそうな、いい匂いでしたね」といった。禅師が答えて曰く、「それはもうすぎた過去の事ではないか」と。禅僧がうなぎなんか食べるか、という事もあるが、ここでは話の本質ではないのでそれは別にして、本質・要は**残心せず現在に集中しろ**という事である。更に、覆水盆に返らず・死んだ子の年を数える、といういい方（いずれも、考えても仕方ないという事）もある。変化は当然の事、変化は必然と心得、変化している現在に心を集中して対応していく、という姿勢である。突然の環境変化・激変・身近な人が急に亡くなった時、「信じられない・信じたくない・ショックで現実を受け入れられない」とかいう人がいるが、残心しても仕方のない事である。環境が変わる例として、例えば収入が年収1000万円から仕事の失敗等で、年収200万円に激変したとする。環境が変わってしまったのに、心がついて行けない。格好つけ・見栄・ぶり・世

間体、過去の習慣等に引きずられて、なかなか現実に心がついて行けない。人間裸で生まれて裸で死んでいく、座って半畳寝て一畳、それで最低限暮らせる、最悪を覚悟して腹をくくり・腹を据えれば、現実に対処していけるのに、これがなかなか出来ないで苦労する。もちろん過去だけでなく、漠然と将来をむやみに不安がるのも無意味で、現在に集中するしかないのも当然であるが。更に**自分でコントロール出来ない・変更できない・どうしようもない事で、思い煩わない・悩まない・心配しない・気を使わない事**、これも心配してもどうにもならず役に立たず心のエネルギーの無駄だからである。それよりも自分で今現在ここで出来ることに全力で集中し、「上の空」・「心今ここにあらず」・「白昼夢にふける」にならず、今・此処以外に気・エネルギー・心を奪われない事である。（ただ難しいのは、「自己の暗黙設定の限界突破・自己の壁を破る」か、それとも「そもそも客観的に自分では無理」か、の判断である。）

心を過去・未来に置くのでなく、現在に置いても、心を一点に固定せず・固執せず、心を広く全体を見るようにし、臨機応変に対応出来るようにしておく、というのは、剣道の極意として聞いた事がある。敷衍すると、**変化する現実に心をピタリとつけて行く・心を現実から離さない、心を現実に置くがしかしそこでも心を固定しない**、という事である。

禅における瞑想の有用性の観点からは、心の訓練は、心を過去・未来に置かず、今ここに置き、心を今ここから離さず、悩み苦悩から離れ忘れまた妄想・空想せず、目の前の一つ一つの事に心を集中し（焦って心をから回りさせてはダメだが）心を乱す事なく、自己を忘れ対象と一枚になって没頭し（三昧）、全身全霊・全力で常に取り組むという態度・習慣を訓練によって身につける体得する、という事**（あまりいわれていないが対象に真正面から向き合い気を散らさず自己を忘れ没頭し対象になりきる訓練をすると周囲の雑音が消え心から雑念が消え集中力がつく、そして思い悩まない・外から来る圧力を感じない気にしない・影響を受けず動じないためストレス・プレッシャー耐性がつく。俗にいう精神力を鍛える「メントレ」になる）**を目指している（これを超自然的存在を信ずる宗教に含めるというのであろうか。この面では禅は単なる自己修練・修養の問題と思うが）。

　ここで、日本における**仏教と禅の関係**について、時系列で多少見てみる事にする。日本の仏教は、律令国家時代に鎮護国家思想のもと利用されたが、遣唐使の時代入唐し帰朝した**最澄**（天台宗の開祖）**空海**（真言宗の開祖）らによって確立された。その後国内で独自に、平安末期鎌倉期に**法然**（浄土宗）・**親鸞**（浄土真宗）・**一遍**（時宗）・**日蓮**（日蓮宗）らが現れ、大衆のための仏教新宗派を起こした。

一方、唯一神・人物・経典・呪文言葉とかに依存する事なく自己の内心に仏性がありそれを見出し再発見する座禅を修行の中心とする**禅宗**は、遣唐使が廃止され唐が滅んで、モンゴル・元に滅ぼされる前の**南宋**の時代に中国留学し帰国した**栄西**（臨済宗の開祖）**道元**（曹洞宗の開祖）らによって鎌倉時代に確立された。**隠元**（黄檗宗の開祖）は、江戸時代中国の明朝が滅んで満州族の清朝になっていた時代、請われて鄭成功の仕立てた船で長崎に来日し、その後日本に永住し京都宇治に万福寺を開山した。従って**黄檗宗**は、鎌倉時代から見ると江戸時代の開山なので随分後になっての話である。現在では、心・苦悩解消の問題は心理学・心療内科の扱いが多くなり（禅の観点から見ると、単に頭での理解・知識だけでは足りず、スポーツと同様に訓練・練習・修行による体得が必要と思われるが）、仏教は外形的・形式的・儀式的葬式仏教となってしまって現代人にあまりその叡智を発信していないような気がする。また禅は、西欧では戦前東北大学で哲学を教えたドイツ人オイゲン・ヘリゲルの**「弓と禅」**（弓体験を通しての精神修養・鍛錬、禅の雑念無き無心・無我・自意識よりの離脱・集中・平静な心・主客一体の心の世界・"それ"に従う世界の紹介）で紹介された為、ドイツ以北のヨーロッパでは弓道とセットでイメージされているようで、更にフランスでは曹洞宗の沢木興道老師（「沢木興道聞き書き―ある禅者の生涯」

を読むと、逆境の中の何と凄まじい人の半生か、その中で何と闊達に生きたか、と多くの人は驚嘆し感動すると思う。）の弟子の**弟子丸泰然老師**が紹介した為、曹洞宗が広まっている。インテリ層を中心に、心・魂の癒し・心のコントロール・心の解放を求めて、宗教・宗派に関係なく、ヨーロッパでは禅は静かなブームになっている。

　また、心の問題で、「未だ木鶏たりえず」という有名な言葉・句がある。これは戦前・昭和前期に69連勝し、70戦目で敗れた時の、相撲の横綱双葉山の言葉・句とされる。双葉山は、大分宇佐の出身で、年少の頃ケガで右目が不自由だったが、当時「無敵双葉」といわれた大力士・大横綱であった。当時は、相撲の本割・本場所は今のように年六場所ではなく、年二場所（１月と５月）で、日数は最初のうちは11日であったが双葉山の人気で13日となり更に15日となっていった時代である。そのため、双葉山は期間としては長く、３年間無敗であった（今の力士は、本場所の土俵を、寝床と勘違いしているのであろうか、幕内上位でもすぐに横になってしまうが）。

　その双葉山が、70戦目で敗れた時の言葉とされるのが、「未だ木鶏たりえず」である。

「未だ木鶏たりえず」は、中国の荘子に由来する故事からの言葉・句である。最強の闘鶏の鶏は、いきり立ったり・威嚇したりせず、他を相手にせず、心が動ぜず・動揺せず・

落ち着き、外から見るとまるで木を彫って作った鶏・木鶏のようで、まるで心の動きが見えなく泰然自若としている。その心境に近づこうとしているが、自分はいまだその境地に達していない、という意味である。自分の目指す理想の心境が、この「木鶏」といったのである。現代風にいうと、事にあたり、緊張せず・気負ったり・勇んだり・逃げ出したくなりひるんだり、何かを気にしたり、恐怖感を持ったり・おじけづいたり・ビビったりする事なく、予想外の事に驚愕・仰天し慌てたり焦ったりする事なく、あるいはストレス・プレッシャーに押しつぶされそうになり、ドキドキしたり震えたりがくがくしたりせず、落ち着き全く心の動揺・心の動きを見せない、不動の心の態度・心境を理想とする（もちろん、技を必要とする場合、技を究めていないと、これは難しいと思われるが）、という事である。これは、現代でもスポーツ・格闘技あるいは試験・テスト等で、あがり・ストレス・プレッシャーに打ち勝つうえで、非常に役立つと思う。

　ゴルフのプロが、ギャラリーの音で集中力が切れた、という話を聞くが、問題は自分の外・環境にあるのではなく、自己の内部・自己の心のコントロールにあるのではないか、と思う。何があろうともどんな予想外の事態があろうとも、普段と変わらず、気が動転せず、慌てず焦らず、あがる事なく落ち着き、冷静に動じないで対応出来る、何があって

も驚かず・慌てず常に平常心で注意力を保つ、という心の状態を、訓練や出来るだけ多くの場面に遭遇する事によって体得する事が必要である。野球の例でいうと、９回裏１点差、２アウト満塁、カウント３ボール２ストライクの状況で、投手も打者も平常心でプレー出来るか、という事である。いつも、この状況を想定して訓練しておれば、少なくとも心を乱して失敗するという事はないはずである。事に当たって、どんな状況でも心を揺らすな、ともいえる。たとえ修羅場の状況でも、心を乱さず・折れさせず、演劇芝居のように大げさに反応する事なく、普段通り・いつもと同じとする心構え・平常心。これは旅にかかわらず全てに活かせる事である。いつも平常心を保て、心を自ら揺らすな、というのは、心をみずから揺らすと適切な対応行動が取れなくなるからである。

　同じ事を何度も並列的にくどくいうのは、人によって、体になじむ・腑に落ちる言葉が違うから、自分に合ういい方を探して肝に銘じればいい、と思うからである。
「残心するな・過去を引きずるな・未来を憂うな・頭を切り替えよ・変化している現在に心を集中せよ」、「何事にも動じない心を持て・平常心・集中力を保て・心を自ら揺らすな」（何があろうとも、心を乱さない。心を鏡に例えると、自分で鏡を揺らさない）は、スポーツとか勝負事をしてい

る人は、よく分かっていると思うが、なかなか実行出来ていない・体得出来ていないのが普通ではないかと思う。

　変化はチャンスと積極的に変化に対応して取り組む、心の姿勢、これがないと、変化に適切に対応出来なくなる、変化対応に全力で集中出来なくなるので、サバイバル・ゲームの旅でも・人生でも失敗可能性が高くなる。

　対象全ての事は時々刻々と変化しており、心に遅れを取らせずそれに一緒につけて行き残心しない、自ら心を揺らさず平常心・集中力を持って現状に取り組め、という他に、もう一つ。

　心を鏡のようにする、という事。

　東京駅の北側（やや西側）丸の内で、毎年ある大学が社会人向けに講座を開設している。年間春・秋にそれぞれ夕方25講で全50講を開講している（セメスター制）。受講者は、丸の内界隈の勤め人が中心で、本会場だけ（他にも全国に中継会場がある）で、300人程度はいるのではなかろうか。

　講座の内容は、その時々の「時代の潮流と深層」（時代の表層の流れと深層、時代の流れとその背景・根底の本質・核心・コア、ともいえる）をテーマに、最近話題の人・最近の話題をテーマに本を書いた人・実践家、そして学者・理論家等を呼んで、90分講義と質疑応答（一方的に情報を流すだけで終わりとしないのがみそ）である。その中に必ず毎年心を扱う講義もあり、心理学者・宗教者（主に禅者）

の話がある。全ての事に通じる心構えとして重要という事であろうか。

　ある年、禅者の話があり、質疑応答で、「ある会合で、以前論争・口論した人が、参加していて、こちらに近づいてくる。逃げるか・論争するか、はたまた第三の道は？はい、誰か。」

　と、講演者が受講者の我々に問いかけてきた（現代のビジネスパーソン向けにアレンジされた、現代的公案であろう）。

　誰も答えないので、私が答えた。「他の人と同じく、ただ普通に話をします」と。「どうして」という再度の問いがあり、答えた。「人は、言葉・過去のイメージ等に捕らわれて、現実を観ようとする。言葉のない、言葉・悪いイメージのない、瞬間・瞬間をただ映すだけの過去を映さない・取りあげない鏡のような心を持てば、鏡のような世界の心を持てば、それは出来ます」と。「お釈迦さんの考えに近いですね」とその講師は答えた。

　この講師の禅者は、また講義・講演の中で、綱渡りをやっている、といった。比喩的な意味での人生での綱渡りではなく、実際の綱渡りである。写真も見せてもらった。大きな木の間に丈夫なひもを渡し、その上をバランスを取って歩く、文字通りの綱渡り（私は止まれば倒れる自転車操業のほうの綱渡りを日々やっているのであるが）である。その時は、突拍子もない、禅・瞑想・心と何の関係もない、

単なる個人の趣味の話だと思っていた。しかし、後で考えてみると、綱渡りは、頭で色々考えていても、合理的に考えても、それは後判断で反応・対応が遅れ、うまくいかず失敗し落ちてしまう。大脳新皮質・前頭葉の言語・合理的理性的判断を休ませ・止め・休止させ、体に任せる、運動機能の脳に任せる、という事ではないか。そうすると、前頭葉を使う事から生じる・考える事から生じる、悩み・苦悩・苦しみ・迷いから解放される、言葉・理性を使ってあれこれ悩まない、知的判断をやめるという事ではないか。結局、瞑想で目指す事と同じ事ではないか。瞑想で目指す所を、別の角度から説明しようとしたのではないか、と思った。禅者の親切は、皆までいわない、自分で考え・感じて自分で納得する・腑に落ちるよう、仕向ける事にあるのだな、と感じた。

　鏡は、現在を映すのみである。過去や未来・将来を持ち出さない・映さないし、言葉・概念・イメージを持ち込まない（視覚以外の他の感覚器官で直接感じるものも含まれるが、比喩としての鏡である）。人の心は、現在・今でも、過去を持ち出しくやんだり・後悔しながら、あるいはまだ来ぬ未来を案じながら・不安を感じながら、現在を見ている。人と接する時も、自己の優越感・劣等感（コンプレックス）、相手の学歴・社会的地位・資力等に囚われて、偏見を持って、相手と話したり行動（威圧したり、卑下したり）

したりしている。自由に・囚われる事なく、現実を見ていない。心に初めから、曇りがあったり・フィルターがかかったり・予断があったりして、色眼鏡をかけて現実を見ている。人間は、言葉・概念・イメージを持っているがために、現在に不必要にこれらを持ち出す。その結果現在にうまく対応出来ない、という事が起こる。また言葉の堂々巡りで悩んでいる、どうしようどうしようの不安で悩んでいる、何となくイライラしたり・ストレスを抱えている、過去へのこだわり・昔経験した同じような場面が目の前に現れ・ちらつき、すくんで萎縮し適切な現在の行動が取れない、という事がある。本人が自覚していればまだしも、自覚していない場合が多く、どうしていいか分からない。

　スポーツ・受験等でもこれが問題となる。まず、自分の心を制する・コントロールする、という事が重要で・必要である。

　では、どうしたらよいか。問題だ・問題だ、といっているだけでは、何も解決しない。人間は、昔からその**解決法**を知って行っている。それは**瞑想**である。瞑想で、心の持ち方を訓練・体得すれば、解決出来る。

　瞑想は、知識・教義・戒律等でなく、瞑想を重視する禅仏教として、日本独自に発達し、今や宗教色を抜きにして、世界的に広く認知されている（日本では、昔武士に、最近では特に西洋のインテリ層に、本質を理解し支持されてい

るようである。最近外資系企業がその効用に目をつけ採用し、外国人の評価に弱い日本企業も、再認識し採用しようとしているようである）。

　日本の昔の武士は瞑想をした。武士になぜ瞑想が広まったかというと、武士は戦士であり、刀で命のやり取りをする。命のやり取りをする時に、心がひるんだり・びくびくしたり・おじけづいたり・すくんだり・恐怖心を覚えたりしていたら、十分に戦う事は出来ないし、十分に戦えず命を落としてしまう事にもなる（この事は、現在でも一対一で戦う格闘技・スポーツでも、命を落とす事がないにせよ、通用すると思う）。

　戦乱の収まった・戦いのなくなった江戸時代でも、武士の素養として、禅・瞑想が盛んに行われた。平和な江戸時代、武士に命の問題が全然なかったかというと、そうでもなかった。切腹というものがあった。これは、武士にのみ与えられた名誉刑で、自ら切腹の作法に従って腹を切る、他人の手を介さない自害であった（自害の名誉が与えられない武士、心の素養がない・修養を積んでいないとみなされた他の身分の者の死刑は、打ち首・磔（はりつけ）、であった。切腹はだんだん形骸化し、腹に短刀を差した途端、介添え人が首をはね、苦しまないようにしたようであるが）。切腹の時にも、心が動揺せず、心の自己コントロールが出来、作法に従って取り乱す事なく粛々と・淡々と自害していける素養として、禅修行が行われた（現代人は、自害で

は当然武士も動揺しただろう、と所謂「下衆の勘繰り」で現代人の感覚・心の訓練がされていない自分の感覚で推測するが、今の時代では思いもよらないであろうが、武士はそのための心のトレーニングを常日頃から重ねていたのである）。江戸時代の切腹ですぐに思い起こされるのが、江戸城殿中松の廊下で吉良上野介に切りつけ、刃傷事件を起こした赤穂藩主浅野内匠頭とその忠実な臣下・家臣で切腹し品川高輪泉岳寺に眠る赤穂浪士である。

　武士道というものがある。明治期外国人向けの日本精神文化紹介の新渡戸稲造の武士道ではなく、佐賀鍋島藩の山本常朝の「葉隠」の武士道である。これに、「武士道とは、死ぬことと見つけたり」というのがある。これは何も死に急ぎするという事ではなく、最終的には死を覚悟し、死に不安・恐れを抱く事なく、日々事に当たれ、いざ死ぬ時にも心が動揺せずスッと死ぬ・死ねるように日頃から心積もりをしておく・訓練修練しておく、という事である。死を覚悟し、死に不安・恐れを抱かないようにするには、心の鍛錬が必要であった。何があっても、気が動転せず平常心を保つ、その訓練が座禅・瞑想であった。

　では、心のコントロール法である、座禅・瞑想とはどういうものか。この目に見えない人間の心をどう取り扱うかであるが、目に見えない・可視化出来ないがため、コントロールがなかなか難しい。禅は、他の宗教と違い、何かを

求め・何かに身を任せ・委ね・すがり・一心に祈る、一神教の神・経典・指導者のいう事を無批判・無条件に受け入れそれに従う、というものでもない。

禅は、〈無功徳〉、〈以心伝心〉、〈不立文字〉、〈教外別伝〉、〈啐啄同時（そったくどうじ）〉、〈一個半個を相手とする〉等がいわれており、なかなか近づき難い。

〈無功徳〉というのは、インドから中国に仏教・禅を伝えた達磨大師が、南朝の梁の武帝の「自分は、これまで仏教のために善い行いをしてきたが、どういう功徳があるのか」と聞かれた時の言葉である。〈無功徳〉と達磨大師は武帝に答えた。役に立たない・効果・メリットはない、何かのために、には何の役にも立たない、といったのである。権力・権威・財力の獲得維持・出世等の現世利益には何の役にも立たない、という事である。では全く無意味かというと、そうではない。現実の損得から離れ・ドロドロした心から離れ・堂々巡りの妄想空想から離れ・物事に固執執着こだわる心から離れ・ざわつくイライラした心から離れ・心の悩みストレスから解放され、こだわりのない・自由な・清らかな・晴れ渡った・悩みから解放された安心した心を持つのに役立つ、といいたかったに違いない。

達磨大師のいった、無功徳は、一般には、何の効果もない、だったら何の意味もない、だったらやる価値がない、やる必要がない、と表面的に捉えられるので、禅への接近

が難しい。

〈以心伝心〉とは、仏法の神髄は、師から弟子へ無言のうちに伝えられるもので、師の心から弟子の心へ直接無言のうちに伝えられるものである。経典を見て知識を得るとか、経典に書いてある何かを信じ心に念じるとかではない。心の在り方を、実際に体で師の指導を通して体験・訓練して初めて体得出来るものである。仏法の神髄は、決して経典の中にあるものではない、というものである。〈不立文字〉、〈教外別伝〉も同じ事である。仏法の神髄は、師の指導のもと、体で覚える・体得し、日々の考え・行動ににじみ出るようになって初めて、役に立つ、という事であろうか。

今風にいえば、単に本を読んで知識を得ただけでは習得出来ない、「畳の上の水練」ではものにならない、スポーツでいえば、座学だけではものにならない、師に従って実技訓練・体得訓練し体で覚え体得しなければ、実際には役に立たない、という事であろう。

〈啐啄同時（そったくどうじ）〉とは、本当かどうかは分からないが、雛が卵の殻を割って生まれてくる時、雛が殻を内からつつくのと、親鳥が外から殻をつつくのと、同時でなければうまくいかない、という事である。その真意は、いくら外から教えようとしても、本人に教わろう求めようという気持ち・求道心（現代風に言うと強い内発的動機付け）がなければ無駄だ、外からと内からが同時でなければ

うまくいかない、外からいくらいってもダメだ、という事である。そういえば、英語の諺にも、「馬を水辺につれていく事は出来るが、水を飲ませる事は出来ない」というのがあるが、同じ事である。

　一個半個を相手とする。仏法の真髄・神髄は分かれば（悟りに至れば）簡単な事なのに、いくら親切懇切丁寧に教えても、所詮分かる人・体得出来る人は少ない。見かけ・見せかけの外形表面現象に振り回され引きずられ一喜一憂し、本質を観ない観ようとしない・分かろう分かろうとしない人が殆どである。しかし数少ない人の中に、真に仏法の真髄・神髄を知ろうとする素質・資質のある者もいる。その人たちには、釈迦以来の仏法の真髄・神髄を伝えて行かなければならないという事である。この考え方は、冷めた冷たい見方・突っぱねた見方に感じられエリート意識・不平等感・差別意識があるのでは、とも思える。がしかし、この世ではいつの時代でも相も変わらず、知識・学歴・社会的地位・富の有無にかかわらず、多くの人が、自分のプライド・自分の殻・思い込み・我執に固執執着し、どなられ・馬鹿にされ・プライドを傷付けられ・侮辱された程度の事でさらりと流せずかっとなり逆上・激怒激高し我を忘れ色を失いキレ、いつまでも過去の事が忘れられずいっても意味がないのにぐじぐじいい（反省はしても悪感情を伴う悔んだり・後悔は無意味で弊害がある）、自分も含め世の中

全て森羅万象がその形を止めず移り行く変化し動いていく事が必然でどうしようもないのに固定的に考え現実を認められず受け入れられず、一生涯死ぬまで迷い・七転八倒塗炭の苦しみ・苦悩の中で生きていて、訳も分からずただ無意味にワーワー大騒ぎし嘆き悲しんでいるだけでその根本原因に思い至らないのは事実である。この本を読んで、なるほどと思った人は、早く「一個半個」の方に入ってもらいたい、と思う。このように、突き放したいい方が多く、親切な説明がなく、禅・瞑想は、なかなか取っつきづらい。

禅自体の言葉ではないが仏教の言葉で、**一隅を照らす**、というのもある。この言葉は天台密教最澄の言葉らしいが、いい言葉なのでよく使われる。人はいくら小さい目立たない持ち場でも、それぞれの人がその持ち場持ち場で全力を尽くし努力し光を当て社会・世間に貢献出来るよう生ききれ、という事である。

人は偶然・たまたま・奇跡的にこの世に生を受け、短い期間であるが生きている（この世にちょっとだけお邪魔させてもらっている）。そのかたじけなく・有難き事に感謝し、限られた空間・時間でしか生きられないが、その範囲内で人が見ているとか人に認められる評価されるとかに関係なくその限られた持ち場で全力を尽くして生きていく、という事である。ただ自分の場合、せっかく稀な有難き生を受けているのに「一愚を晒（さら）す」だけに現在までなっ

てしまっているが、残念な事である。

　自分としては、禅の教義とか儀式には、禅僧になるわけでもなく、興味はなかったが、**瞑想自体**には、興味があった。禅の本を何冊か読んでみたが、分かったような分からないようなもやもやした気持ちになったので、そんなによいものなら、実際に体験してみようと思い実際に体験した事がある。

　禅宗には、日本では曹洞宗・臨済宗・黄檗宗とある。それぞれやり方に多少の違いがあるが、**只管打坐**（ひたすら座る、といわれているが、「ひたすら」は、まだ無理をして努力している感じがするので、努力感のない、ただ座る、と解したい）のほうがなじみやすく感じたので、曹洞宗の福井の永平寺、神奈川鶴見の総持寺（明治期に能登から鶴見に移った）に、それぞれ１週間か10日程座禅の作法を習いに泊まり込みで行った。永平寺に何も知らないで座りに行っても挫折する。永平寺では、説明・注意事項・法話・朝課等が基本的に正座で行われるので、椅子の生活に慣れ切った人は、正座に慣れておかないと、非常にきつい。また"我を取る"修行として、若い雲水から大声で怒鳴られる。何も知らないと、受け流せず我慢出来ず、自尊心を傷つけられ、そのまま下山してしまう人もいるので、注意が必要である。

　その後、毎朝家で１炷１年間位自分一人ですわった。１

炷（ちゅう）というのは、線香1本燃えるまでの時間で、大体30分から40分位である。何回か座禅（瞑想）をする時には、この間に、**経行**（きんひん、足のしびれを取るための歩き回り）を行う。線香を使う意味は、時間を計る以外に、まだ燃えていない深緑の部分は、未来を表し、既に燃えた灰色部分は過去を表し、赤黄色に今燃えている所が、現代で、ここに集中して生きていくしかない、という事を示している、ともいわれる。

　何をやるにもいえる事だと思うが、体で覚えるためには、毎日継続して・持続してやる事が必要である。体になじむまで・違和感努力感がなくなるまで・それをしないと気持ちが悪くなるまでには、時間がかかる。これに耐え切れず、多くの人はやめてしまう。瞑想も同じで、こんな何も得られそうになくただ座るというのは、時間の無駄で他に時間を有効に使いたい、こんな苦痛な事をやる意味があるのか、と思ってしまう。そこでやめてしまうのが普通であるが、悩み・雑念・ストレス・イライラ・不安・迷い等を去り・抜け、集中力をつけるには、心のコントロール法を身につける必要があると思い返して、我慢して瞑想を続けられた人のみが、次の境地に到達出来る。苦痛を感じなくなり、瞑想が体になじんできて、毎朝座らないと気持ちが悪いと感じるようになって、だんだんじわじわと効果が出てくる。

　何も知らない人に、いきなり「30〜40分じっと座っていろ」

といわれても、なかなか難しいと思う。座り方と心の持って行き方を知らないと出来ないと思う。

座り方

　足の組み方には、**結跏趺坐**（けっかふざ）があるが、足の短いとか組めない人は、**半跏趺坐**（はんかふざ）でもよい。ポイントは両膝をちゃんと地につける事である。そしてそのままでは、猫背になり姿勢が安定せず肺を圧迫し苦しくなるので、尻に敷きもの（座布）を敷く。正三角錐をイメージするとよいと思う。カメラの三脚のイメージでもよい。このような姿勢で座るのは、猫背では肺を圧迫し深い呼吸が出来ず呼吸が浅くなりそして呼吸が苦しくなり長時間座れないし、安定した動かない姿勢で座らないと身体が揺れて修正のため体を動かす事に心が奪われて、心が内心に集中出来ないからである（体重を三方に均等に分散させて落とす意味もある）。最初はきつい姿勢に思えるが、長時間（30分～40分位）安定して無理なく座るにはこれが理想の座り方なのだと理解して、慣れるまで我慢して座る必要がある。昔からの作法であるが、合理的理由があるのである（禅では、その事を理論・理屈で教えはしないが。永く座禅修行した禅僧の安定した座相を見ると、多くの人が、心が安定していてその座相のきれいな事に感動すると思う）。一般的に何をやるにも、正しい姿勢を保っていないと、体が痛くなっ

たりして、長続き出来ない（スポーツでも稽古事でも勉強でも同じ事である）。

　初心者が、座ると最初は足が痛い。慣れるまで時間がかかる。この段階では、とにかく痛さに徹する・集中する・痛さと一体となる事である。だんだん慣れてくると、足は痛くなくなってくる。何も知らない人は、足の痛さが延々と続くと思って、この段階で脱落する。

　次に目。つぶるのか開けておくのか。目は半眼といわれる。目はつぶらず、現実の視覚情報を入れながらの心の安定訓練であるので、目は半眼で、顎を引いて１メートル位前方を見るようにする。手もあっちこっち動かしていては、集中出来ない。安定した位置に長く置いておくために、**法界定印**という作法がある。

　何事にもいえると思うが、一度行動パターンを身につけてしまえば、慣れてしまえば、苦痛でも何でもなく呼吸するように普通にやれるようになる。ただ慣れるまでが大変である。現在の苦痛が永遠に続くように感じられ、多くの人がここでやめてしまう。ここを乗り越えて、楽になる事を経験した人は、他の事でも、最初の苦労は長く続かない、最初のヤマを越えるまで、辛抱しようと考えて、何にでも取り組めるようになる。瞑想習慣の最初のなじむまでの苦しみを乗り越えて、瞑想の姿勢を苦・苦行と感じず努力感なくただ呼吸するように普通に出来るようになれば、自信

がつき、色々な事に、体得するまで取り組めると思う。

心の持って行き方

　初心者が最初の足の痛さから解放された後、次に問題となってくるのが、雑念・妄想・煩悩がどんどんわいてくる事である。これこそが諸悪の根源なのだが、どうしたらよいか。曹洞宗では、連想しない・二の考えを継がない・そのままにしておく・ほったらかしにしておく、とする（臨済宗では、**数息観**といって、雑念が湧き出したら、自分の呼吸を数える事に集中し、雑念が湧く暇を与えないようにして、雑念が湧かないようにする。ここから更に進んで、心と体を忙しくして、やる事がいっぱいあり悩む暇がなくなったら、心に暇を与えなければ、あるいは他の事に集中すれば、雑念・悩みはなくなる、これで解決出来る、という人もいる）。心に悪さ・毒を流しているのは、こいつらだと思い取りあわずにいると、だんだん雑念・妄想・煩悩が消えていき、言葉概念のない世界に入る、鏡に映すように見たものをそのまま認識する世界に入れる（あたかも、薬缶・ケトルに水を入れ、お湯を沸かす時、最初は水・お湯の中の空気が膨張し泡となって出てくるが、だんだん空気がなくなって、泡が立たなくなるように、言葉概念に取りあわず・連想をせず、ほっておくと、何も出てこなくなる）。定に入る、ゾーンに入る（スポーツの世界ではこの

ようにいう）、三昧の世界、自意識が消え対象と一枚になる世界に入れるようになる。この訓練を積んでくると、この状態に座った瞬間すぐに入れるようになる。ここでは、ただ鏡のように認識するだけなので煩悩・雑念が湧きようがない。

禅では、**不思量底を思量する**、といういい方がある。物事・対象を事後判断・分別・知的判断を加えず、あえて意味を探り・意味を理解しようとせず、対象を瞬時にそのまま認識・理解する事である。人間の認識・理解には、見たり・感じたりした瞬間の理解があり、その次に時間をおいて・事後の知的区別・判断を加えた認識・理解がある。その知的区別判断を加える前の理解にとどまれ、というものである。

人間の認識・理解には、**一段的なものと二段的なもの**とがあり、一段的なものは、瞬時の対象をそのままに直接認識・理解するもの（**感覚器官認識**といってもよいと思う）で、二段的な認識・理解は、それに遅れて自分自身の内部にある、常識・自分自身の尺度・固定概念・偏見・思い込み・自分自身の色眼鏡を持ち出しての、言葉による分類・区別枠組み・価値判断・意味付け・美醜・好悪の評価・判断・イメージを通して対象を認識・理解するものである。一段の見方を通して二段目の見方・理解は起こるが、普通は、この二重の見方・二重の重なった見方の内、後者（二段の

認識・理解）が強調され、ここで認識・理解されたものを、現実の対象だと認識・理解してしまっている（対象の認識理解は、二段目の理解・認識する、それが当然で事実・真実だと普通の人は思っている）。一次認識は五感による瞬時即時の判断であるが、二次的判断は自己の頭の内部のコンピューターが、自己の内部に蓄積している色々な情報を参照して、判断評価するため、多少時間がかかる。

　一段目の理解・認識とは、自分の持っている言葉による区別・価値判断・評価を含まない、自分内部の予断・思い込みを排除し・価値・判断基準・尺度を持ち出さない、それ以前で対象を直接の認識をする、という事である。

　いい換えると、雑念・妄想・煩悩がない世界・言葉概念のない世界を知る・心を鏡のように使ってみる世界とは、認識には、一次認識と二次認識があり、二次認識を去り直接一次認識で認識する、という事である。不思量底を思量するとはこういう事である。禅に、主に臨済宗であるが、**公案**というものがある。これは要するに、一次認識・直接体験・認識理解に留まっているか、それとも二次認識の知性・論理・合理・分別知を持ち出し考え、その論理・合理性から来る矛盾に、悩み苦しんでいる状態かを、チェックするためのものである。例えば、**隻手の公案**というものがある。両手を素早く合わせると、パンと音がする。いずれの手から音が生じているのか、問うものである。禅では、

答えを教えないものであるが、あえて答えを考えてみる事にする。「えーとどっちだろーな。早く向こうの手に着いたほうだろうな。それはどっちかな」なんて考えているのは、自分の中にある差別・区別・分析・判断を持ち出して見ようとしているのである。その二次的見方・認識を取り払い、一次的認識で判断を加えない最初の生の直接の体験・理解で見るのである。言葉でいうのは難しいが、手が合わさった瞬間を「写真で鏡で」判断を加えないで直接認識し、鳴った音のまま生でそれ自体を直接認識する、という事である。

　お釈迦さんは、何を伝えたかったか、その「有難い教え」・「お悟り」とはいうが、その内容は、明確に示されていない（紹介者自体がその内容を分かっていないという事もあろうが）。その事を経典を調べああでもないこうでもないと解釈から導き出そうとする人々もいるが、その事が既に二次的認識に囚われているのである。お釈迦さんは、「**一次認識に留まれ、そうすれば悩み・苦悩・苦痛・苦労はなくなる**」といいたかった、少なくとも禅・瞑想の立場からは、そのようにいえる、と思う。お釈迦さんが108の煩悩を前頭葉を使っていちいち数えたとは、とても考えられない。

　このように考える事で、本で読んでもやもやしていた事と、実体験がつながった。そんな簡単な事か、と思われるかもしれないが、実際にはこれがなかなか難しいのである。訓練をしないと出来ない。

結局、私の瞑想体験からは、瞑想は雑念・妄想から離れ心を鏡のような状態にする事だと理解し、すぐにいつでもそのようになれるよう毎日すわった。心を鏡のようにし、言葉・概念・イメージを持ち出さない、鏡の上に雑念・妄想を乗せない訓練として、毎日座った。

　では、その事に何の意味があるのか、という事であるが、二次的見方・分別知を持ち出すから、色々な問題が生じるので、この見方を取っ払おう、そうすれば色々な苦悩はなくなる、とするものである。人間のように言葉・概念を使って色々悩まないであろう犬・猫が、あれこれ概念・言葉をもてあそんで苦しみ・悩みに悩んで悩み抜いて自殺した、という話は聞いた事がない。その意味では、犬猫は瞑想する必要はないであろう（多くの人は、言葉・概念を使う事の弊害に気がついていない。若い高校生位の人の自殺の現場を見た事がある。若い人がこの事を知っていれば、と悔やまれてならない。毎年多くの自殺者がいるが、多くの人にこの事に気づいてほしい）。ネット上の非難で悩む人も、スイッチを切ってその非難を脳の記憶に留めなければ・忘れれば（昔ロッキード事件で、偽証罪に問われるのを恐れて、「記憶にございません」というのが有名になったが、私の場合も、年のせいか、自分の不利益・不都合な事は全て忘れられるので、随分重宝している）、それでおしまい、

という人もいるがこれに通じる。人から侮辱・罵倒されようとも、カラスから頭上で「アホー、アホー」と叫ばれようとも（別にカラスは、日本語の意味を理解して叫んでいるとは思えない。自分がカラスが鳴くのを、人間の意味ある言葉とわざわざみなしてその意味を頭で理解・判断するから、「チキショー！　カラスの奴まで、俺の事をばかにしやがって」と腹が立つのである。単にカラスが鳴いていると、雑音処理・一次認識に留めておけば、別に腹は立たない。外国へ行って、現地の言葉で悪口をいわれていても、言葉が分からず、一次認識だけで雑音処理に留めておけば、二次認識で意味を理解しなければ、何かいっているな程度で、別段腹も立たない）、一次認識に留めて二次認識の意味を理解・判断しようとしなければ、別に逆上したり・悩んだり・心の平穏を失ったり・気にする事はない。カエルのつらに何とやら、である。

　常に思考しようとする、意味を考えようとする、合理・論理・理性的に考えようとする人間程、この事が分からない。「人間は考える葦である」といった人がいるが、「人間は、考える事も、弊害があるので考えない事も、出来る葦である」、または、哲学・非哲学する（言葉を使って考える・考えない）、言葉を使う・言葉を使わない、の両方が出来るのが、理想の人間ではなかろうか。

　人が何かをなしたり・成果をあげたり・成功したりする

と、必ずよくいわず人の行動成果にケチ・難癖をつけ・批判し・こき下ろし・悪口をいって人の足を引っ張る人がいる。力がなく非力で自分では何も出来ず、自分の劣等感・ねたみ・そねみ・やっかみ・せらい・欲求不満からくる（傍から見ると自分が優位に立ちたいというその人の本心心理が見え見えバレバレに読まれ見苦しさが分かるが、本人は気がついていない事が多い）事が多く、視野度量が狭く力不足で憐れむべき者の犬の遠吠え・負け惜しみ・引かれ者の小唄の類で、やった者勝ち・経験した者勝ちと考え、悔しかったら口先だけでガタガタいわず自分の力で実際やってみろ実行してみろ、と前向きでない非生産的な話にはまともに相手にしない（相手と同じ土俵に立ち相手をするから腹が立つ）・話を脳で雑音処理し、意味を解さない・言葉のない世界言葉に反応しない世界を体得する・忘れる・気にしない、そして取り合わないほうがいいと思う。

悪口・ネットによる誹謗中傷

　ネットの世界では、「ひがみ・やっかみ」・劣等感の裏返し・ストレス発散解消の為か、ネットでは誰でも簡単に発言・発信出来る為、匿名であることを隠れ蓑にし正々堂々でなく卑怯にも、面と向かってでは絶対言えない様な人としての品性を疑われる様な悪口・非難・罵倒・誹謗中傷を平気でする。（顔出し動画では、本人・責任所在がはっき

りする為流石にそんなにひどくはないが。非難されたほう
は、受け流す・相手にしない・取り合わない、で済むこと
であるが、人間が出来ていないとなかなか難しい。）言論
は人の足の引っ張り・攻撃で自己満足する様な非生産的・
後ろ向きなものにエネルギーを使うのではなく、せっかく
この世に稀なる生を受け貴重な時間も使えるのであれば、
問題があれば代替案を示す・別の見方解決法を示すとかもっ
と生産的・創造的で意味・価値のあるものに使われるべき
ものだと思う。自分では何のリスクも冒さず安全地帯にい
て何もせず何も出来ず、口先だけでただ人の事を非難めい
てギャーギャーいうが、自分でリスクをとって何か前向き
な価値のある事を自分で実際行動してみろ・やってみろ、
と言いたくなる。自由に責任を伴うのは全てに言えること
で、言論についても発信者の責任の所在を明らかに出来る・
発信者を特定出来る何らかの工夫は必要と思う。もっとも、
ネット社会・空間の問題は、その空間から出れば問題ない
が、ネット社会の住民は、そこから出ることは出来ないの
であろうか。

　ただいわれのない非難中傷を受けた場合でも、カッとな
り逆上しキレたり・むきになって反論・反撃したり・事を
荒立てたりするのは大人げなく、言っている者の品性が疑
われるだけなので、馬耳東風で取り合わず・まともに相手
にせず・受け流し・水に流し・恨まず忘れ去り・根に持た

ず・復讐しようなど考えず、自分自身の目先のやることに集中する・気を使うという事が、非難中傷を受けた側の品性ある態度ではなかろうか。自分が気にしなければ実害はないのだから、受け流しいつも心を鏡のようにしておれば、これは出来ると思う。確かこんな話もあった。昔ある禅僧が身寄りのない・行き場のない女を寺で引き取った。その後女は子を産んだ。周囲は「禅僧の子ではないか。禅僧のくせに」と噂し誹謗中傷した。禅僧は肯定も否定もせず心を乱しもせず、ただ黙ったままであった。時が経ち、子供の父親を名乗る男が母子を引き取りに現れた。禅僧はただ「ああそうか」とだけ言って、あたかも何もなかったかのように母子を送り出した。女の立場を考えてでもあったであろう、言い訳・弁明・反論・自己の正当性（今風に言えば、「じゃーDNA鑑定しようか」とか）をあえて主張しなかった、という事である。何か自ら独自に判断し行動する・成果を出すには、組織の歯車に安住・埋没している、あるいは単に口先だけで行動しない・出来ない人には分からないかもしれないが、何の指針指標もない道なき道を実際自分自身で行動し自分自身で切り開いていかねばならない。そして色々と解決し乗り越えていかなければならない要素・問題・課題が多数あり、知恵と勇気で１つ１つそれらを解決し乗り越えていかなければならない難しさ困難さがあるのである。

　また人が失敗したり不幸に陥ると、「ざまーみろ」と「人

の不幸を喜ぶ」・「他人の不幸は蜜の味」感情が生じる（そういえば、高校時代国語の教科書で、芥川龍之介の「鼻」を読んだ事がある。傍観者の利己主義がテーマだったと思う）。潜在意識の中で、自己優位性・自己存在意義・自尊心・プライドが傷つけられ、自己の地位・価値が低められたとして、「何であんな奴が」という感情が生じ、自己防衛のために多くの人に本能的に起こるものである（殆どの人は、自分が一番・自分が一番知恵があり偉いと自尊心を持っているので、人を説得する時も、自己防衛・自己保身の殻が取れている度量の大きい人は別として、そうでない普通の人の説得には、正面切って視野が狭い・論理性に欠ける・合理的でない・知識能力見識不足・知識判断力不足として、自己の正当性を主張し直接的に論破しても、感情的に反対され・憎まれ・うらまれ・嫌われてしまうので、自尊心を傷つけない方法で説得する必要がある。いかにもその人が初めからそう思っていた・知っていたと思わせるように、あからさまではなくそれとなく、御存じかとは思いますが、私が推測するに賢明なあなたならきっとそう思っていたと思いますが、とかいって自分が思いついた・自分が最初からそう思っていたと思わせて、説得するのが効果的である。目的は、自分の正当性・自己優越性を誇示する事ではなく、説得が目的だからである。自分を殺した相手の自尊心を傷つけずに目的を達する高度のテクニックでは

あるが）。誰かが成功しても、共に喜べる人は少なく、殆どの人は内心穏やかならず、「隣のうちに蔵がたちゃ、自分のうちには腹が立つ」と昔からよくいわれる程、よく思わない・やっかみ・ねたみ・そねみ・うらやみ・嫉妬の感情が生まれる事は、ごく自然な事である（ルサンチマンという言葉があるように、世界共通の感情であると思う）。

　このような場合も、自分自身が気にせず取りあわず放っておく一次処理・雑音処理しておけば、自分の心に何の問題も生じない。

　ネット上の匿名での誹謗中傷で、神経が鈍でしぶとくなく繊細で、誹謗中傷内容を真に受けまともに相手にし、言葉による攻撃・口撃に対する柔道の「受け身」のような訓練ができておらず、対処法を知らず・分からず、気にして悩み苦しみ耐えきれず自殺する人もいるが、前述の対処法を知り対処出来れば、言語のない世界に入る訓練が出来ていれば、不幸な結果は避けられるのではないか、と思う。

　禅・瞑想は、教義・戒律を覚える事でもなく、何かを求め・特定の何かを信じる事・祈る事でもない。心の持ち方を知り・訓練によって一定の心の状態を体得する事、すぐに心をその状態に持っていける事を目指すものである。自己の心というもののコントロール法であり、言葉のない世界を知る・大脳新皮質前頭前野を使わない、予断・雑念を排除し・分別知を去り、言葉・理性的判断・悪いイメージ

を使わないための、その前の世界に帰る・留まる、煩悩・雑念に煩わされない健康な脳に戻る、二次的認識を離れ一次的認識で直接体験・認識・理解する状態に留まっておくための訓練である。そしてこれは、単に本や人の話を聞いて知る知識では足りず、訓練による体得が必要である。

　ただし、一次認識といっても、脳の判断が全然働かないかというと、そうではない。心理学で**錯視**というのがある。例えば、二本の全く同じ長さの平行線を書く。これに矢印に見える補助線を引いたりすると、同じ長さだと思っても、長さが違って見える（脳の経験習性による判断ミスである）。更に**映画・テレビ・動画・パラパラ漫画**がある。これらは、1秒間に24枚（更に精度をあげるにはもっとだろうが）の静止画像を時間をおいて連続して人間の目に見せている。これで動きのあるものと錯覚させ利用している（逆にいうと、全ての情報を脳に入れても脳は処理しきれず、ある程度問題ない程度で制限しているともいえる。コンピューターの画面でも、人間の目の識別範囲の弱い所は、情報を省略化する事もある）。

　要するに、一次認識といえども、脳の判断があり、事実を完全にそのまま認識しているわけではないので全て正しい真実である事にはならない事に注意する必要がある。一次認識といえども脳の判断ミスもありうる。だから、実際に見たり・聞いたから真実だ、とは限らない、脳がそのように

判断した、というのが正確であろう。

　以上要するに、心のトラブル・それによる弊害を避けるには、心を変化する対象にいつもつけていく（残心しない、既に済んでしまって無意味な事に意識を残さない。将来を不安がらない）、心を鏡としたら自らその鏡を揺らさない（平常心）、鏡の上に余計なもの（言葉・概念・雑念）を乗せない（ワーキングメモリーに余計なものを持ち出さない）、そしてこれらは単に知識では足りず訓練による体得が必要である、という事である。いうのは簡単であるが、体得が難しい。

　禅・瞑想の人は、一次認識に留まれ、そうすれば言語・言葉をもてあそんでいる事から生ずる、苦痛・苦しみ・苦悩から遠ざかっていられる、というが、現代の言語を使った合理・理性・論理的世界では通用しないのではないか、とも思われる。知識・分別を使って考える事は迷いの元凶・悩み苦しみ苦悩の元凶として、分別しない鏡のような一次認識の世界を持つ事では、現代の社会を生き抜く事は出来ないのではないか（禅・瞑想の人は、一次認識の世界に留まれ、というが、現実の社会ではそれだけでは生きて行けない、この点どうしたらいいか、禅・瞑想の人は、誰も言及していない）。人類が現代のように発展・繁栄出来たのは、他の動物と違い前頭葉で言語・理性的・合理的・論理的・倫理的判断・思考・区別・評価をしての認識の結果（分別

知の結果であり、二次認識で区別・判断・仕分けした結果）ではないか、目標を立て情報を収集し判断・決断・実行していかないと生きていけない・生活していけない、前頭葉・知力を使い続けるしかない、とも思われる。

　しかし、物事には、メリットとデメリットがあるものである。新皮質前頭前野を使い、言葉・論理・合理・イメージを使って、知的な判断・洞察で決定・行動するよさもあるが、欠点・問題もあるのである。オールオアーナッシングではいかないのである。物事の一面しか捉えられない・考えられないのは、メリットだけを思いデメリットに思い至らず、その結果その対策が考えられなくなる。いつまでたっても悩み苦労から抜け出られないのは、クラムジー（不器用）・要領が悪いのである。道具（この場合脳という道具）には、使うメリットとデメリットがあるのである。道具は、アクセルとブレーキでコントロールしなければならない。心のコントロール法、アクセルとブレーキとは何か。アクセルとは、前頭葉を使って、言語・論理を使って合理的に知的に精神活動を行っていく事である。ブレーキとは、それを使う弊害が出てきた時、その活動をやめる事・スイッチを切る事である。自分の側の価値判断・評価を通して対象を見る事をやめ、直接・じかに対象を認識する事（一次認識のフェーズ・世界に戻る事）である。スイッチをつけたり消したりして、心の場面・フェーズを切り替えなけれ

ばいけない、頭の切り替えが必要なのである。心のアクセルとブレーキをうまく使い分けるスキルを身につける事は、生きていくうえで、絶大な効果がある。普通の人は、その事を知らず、一生涯・死ぬまで、ああでもないこうでもないと、悩み続けている。最悪の場合、自ら命を絶つ事もある。

仏教では、自己の心の弊害・暴走を知りそれをコントロール出来る者を**覚者**といい、その根源を知らず・気づかずにただそれに振り回され常に不安・苦痛・苦悩・迷い・悩みの中にいる者・煩悩の中にいる者を、**無明・凡夫**（解決策を何も知らず死ぬまで不安を持ち・悩み・苦しみ・迷っている人が殆どである。落ち着き安心感を持って生きている人は少ない）という。心のコントロールの観点からいうと、人には３つの段階があると思う。①心のコントロールの事が何も分からない無明の段階　②残心するな現在に集中せよ・心を揺らすな平常心で・心を鏡にし余計なものを持ち込むな、が頭で理解出来る分かっている段階　③ただ頭で分かっているだけでなく、訓練によって体得し、それが日々の生活に活かせる現れる段階　の３つである。

新聞に昔から悩み事相談という記事があった。長い間見ていると、殆どその内容は変わらない。心・脳の過剰反応か暴走が原因で本人がその事に気がついていない事が多い。これだけ技術進歩が進んだ世の中なのに、自分の心についてはまだ闇で、自分の脳のコントロール方法が共通認識常

識として皆に持たれていないのは残念である。

瞑想の効果

　要は、分別知の弊害を避けられる、という事である。イライラ・ストレスから解放され、概念・言葉・情念の脳内ジャングルの中をあてもなくさまよったり瞑想でなく迷走しないので言葉の堂々巡り、雑念が消え、妄想・空想、言葉による迷い・不安感・プレッシャー・恐怖感・後悔・無念さ・過去へのこだわり、劣等感・優越感から解放され消える。人前で自分をよく見せようとあがったり、萎縮したり、悪いイメージに囚われなくなる。思い込み・予断・煩悩・雑念・妄想に煩わされない、健康な脳を取り戻せる。雑念・自己意識が消え、自己を忘れ、対象と一枚になる・一体になる・そのものになりきる、没頭出来るようになる。

　こういう状態の結果、集中力は増し、いわゆる三昧（スポーツでいうゾーンに入る）の境地に入れる。一番のメリットは、ごちゃごちゃ迷わず・考えず、一瞬で対象と一枚になり現在に集中し、判断・決断・行動出来るようになる事である。

　また、言葉のない世界・鏡の世界の境地に入り、自然と一体化すると、孤独感・寂しさがなくなる。よく齢を取り、共に同時代を過ごした話の通じる友人・知人・同期・仲間がいなくなり、あるいは長年連れ添った伴侶がいなくなった時、寂しい・わびしい・つらい、孤立感・孤独感を感じ

ると人はいう（自己修養が出来ていない、と突っぱねたい
い方をすれば、それまでだが）。釈迦は、「犀の角のように
ただ一人歩め」と言っているが、社会性が強調される為か
あまり引用されない。人間皆一人で生まれ一人で全くの例
外もなく死んでいく身である。１人でも孤独感を感じず生
きている限り平気でこの世を生きて行きたい。

　しかし、これは言葉を話す人間のみを友・仲間と捉えて
いるからであろう。瞑想をして、自己を含めて、天地一体
の世界・世界は全てつながっている世界・言葉のない世界
を体得していれば、言葉を使う人間のみが友・仲間ではな
い、周りの生き物・石ころに至るまで全て自分の延長・自
分の一部また自分は全体の一部であり、自分と同じものあ
るいは友・仲間である、と感じる。そうすると友だちが多
すぎて、寂しい・孤独を感じているどころではない、つき
あいに忙しくなる。昔誰かが、「人類は皆兄弟」、といって
いたが、兄弟を何も同じ言葉をしゃべる人間に限る必要は
ない、了見が狭いのではないか、森羅万象皆兄弟ではない
か、と思う（ペットを飼っている人は、ペットを家畜と思っ
ている人はいなくて、自分の家族・兄弟・仲間・友だちと
感じていると思われるので、仲間を広く考える考え方は、
多少分かるのではないかと思う）。そうすると、自分は、
自然から独立・孤立・遊離した存在ではない、多くの友・
仲間に囲まれていると気づく。多くの友とコミュニケーショ

ン（言葉ではないが）を取れるし、寂しさ・孤独感・孤立感を感じる事はない、と思えるようになる。そして一人でいても、大自然の中での絶対的安心感を持てるようになる。

　幸福感が話題になる時、人は社会的動物で社会性が必要、人と人とのコミュニケーション・人とのつながりが必要という。しかし、コミュニケーションの範囲・幅を広げて、自然とのコミュニケーションがあれば、人と群れていようがいまいが問題なく、幸福感に影響しないと思う（人とのつながり・社会性を強調する人たちは、人とのつながり・社会性を強調するが、それが望めない・望めなくなった人・一人の人を、考えていない・救えていない。人の代わりにペットを飼えという人もいるが、もし自分が先に死んだらペットはどうなるのか、それはあまりにも人間本位のご都合主義ではないか、と思う）。

　この世界観からは、孤立・独立した自分がまずいて、対象は自己と違ったもの、思考・支配の対象、という二元論を採らないのである（この意味では、一元論である）。ここから、エゴを離れ、無私という考えも出てくる（日本語は主語がなく状況説明的だといわれるが、この辺が影響しているかもしれない）。日本語で、孤立・孤独というと、否定的価値判断を含んでいる。孤立・孤独は、否定的価値判断を含まない、客観的事実として、**個在**といい換えたほうがいいのではないか、と思う。

世界認識・世界観としても、この世は原子・分子から出来ている（化学の世界では、実際このように考えている。物理の世界では、更にもっと細かく、電子・原子核・陽子・中性子、更にはクゥオークとかがあるが、地球上の通常・日常・一般的場合は、化学の世界の原子・分子の世界で考えれば十分足りると思う）。自分はたまたま何かの縁で偶然今の瞬間原子分子の集まりである人間であるが、やがてばらばらになりまたもとの原子分子に戻り、また他の物質・存在になっていく（集合・離散の繰り返し）。海の波を見ていると盛り上がり形を作ってまたもとに戻りまた別の形を作っていく。この世もそれと同じくその繰り返しである。あたかもレゴブロック（積み木）で、一時的に人間として組み立てられたものが解体され、そのレゴブロックで、また別の存在に組み立てられていくように。人間の生と死という側面から見ると、人は一人で生まれやがて一人で死んでいく。これは広い海から見ると、自分の存在は、ある瞬間の集合離散を繰り返す波の盛り上がりであり、自分はそこで形・意識を持つが、ほんの限られた部分の一瞬の出来事・変化でしかなく、時期がくればやがてもとに戻っていく、そういう存在である（別のいい方をすると、全てが変化している中で・流動している中で、一時的・宇宙時間でいうとほんの一瞬、固有の統一性を保とうとする存在であり、死の瞬間から統一性は崩れ・崩壊していく存在である。

自己を固定して考えるのではなく、自己は流れる川の川面に映る一瞬の形を持つ影、と考える事も出来る)。

　これは厳然たる事実で、自分がどう思おうと、変えようがない。その事より、今この時生命が輝いているこの瞬間に何が出来るか何を思うか、に集中したほうがよいと思う。死ぬ時がきたら、ああでもないこうでもないといったり・恐怖感を持たず、全体自然のもとの姿に戻っていくのだという大安心感を持って、さっと死んでいきたい。

　岐阜の郡上八幡かどこかのお寺さんが、「お前も死ぬぞ!」と、門前の掲示板に書いて、皆がドキッとし、話題になった事があるが、普通の人は、大体漠然といつかは死ぬだろうな、と思っているが現実感はない。それで、死ぬ直前になって不安・恐怖で慌てふためく。自分の中で死との折り合いがついていなくて、覚悟なくあたふたする。往生際が悪いとは、この事である。人生観が変わるのは、一度死にかけて、電気ショック等で蘇生した人位である。人間生まれた瞬間、死刑判決を受けている。ただ執行が猶予されているだけである。20年先か30年先か分からないが、でも確実に執行される。死と死を見越した生き方、それもまた素養の一つであろう。社会は死を忌み嫌い隠すので、自分自身で、死の覚悟を決めるのがなかなか難しい。

　このような世界観を持つと、長時間日本語の全く聞こえ

ない環境の中にあっても、パソコン・携帯で常に人と連絡を取り合わなくても、長時間人と話さなくとも別に何という事もない（人間社会にどっぷり浸かっていてそれのみが世界と感じていると、同時代を共にした話が合う・分かる人がいなくなり自分一人になると、孤独感・寂しさを感じるであろうが。田舎で人里離れた所で一人暮らししている人は、人間社会にどっぷり浸かっている世間・一般の人が寂しいだろうなと想像する程には、寂しさを感じていないようである）。人と群れていなくとも孤独感・寂しさは全く感じない。海外一人旅行では、これが役に立っている。この世界観では、海外一人旅行でも別に寂しさ・孤独感は感じないし、人間社会から離れ一人になって暮らしている人でも自然・全体との一体感があれば寂しさ・孤独感はなくなり、また全ての人が将来必ず経験する究極の一人旅ともいえる片道切符の旅行でも恐怖心を持たない心の準備としても、役に立つと思う。

　最近企業が企業研修として、禅・瞑想を取り入れる所が多い。この場合宗教とは関係がない。その目的は、知的活動のストレス解消以外に、既存の固定的・硬直的思考回路・思考パラダイムから離れ・自由になり、新たな概念発想の可能性を見出すため、であろう。「現状否定」とか口でいっても、既存のシステム内で考え・処理している人間に、単に言葉だけで「現状否定」等といっても、仕事が進まない・

処理出来ない（現在あるシステムを最大限効率的に運用する事が仕事になっている）、という事になってしまう。そのため、仕事からいったん離れ、研修としてやっているのであろう。効用がなければ、研修に採用されないと思うが、実際効用があるのであろう、採用している所が多い。しかし、企業のトップ・指導者に、この事についての理解がなく、研修は団結心の醸成と知識の刷り込みと考えていると、禅・瞑想研修は時間の無駄・費用対効果に見合わないものとして、採用はされないであろう。

　要は、心がけについては、心を環境変化・動きにそのままついていかせる、そして心を鏡だとすると鏡を何があっても揺らさないという事と、言葉のない・雑念・妄想のない心の世界を知り・心をそのように使う事すなわち心を鏡のように使い一次認識にとどまらせる・鏡に余計な雑念を乗せない、という事である。そしてその効用は、―――。分かる人には分かるだろうが、人生の根本難問の解決にもなる、という事である。

仏教（特に禅）で言っている本質的なこと（人間の苦悩対策として）

　仏教（特に禅）で言っている根本的なことは、次の2つではないか、と思っている。

① 対象に関して、自分も含め森羅万象・万物は固定的でな

く常に変化しているという事を理解する事。

② 自己の心に関して、行住坐臥何があっても心を取り乱さ
　ず・気が動転せず常に心を正常に鏡のように保つ事・コ
　ントロールされた心を持つ事（悩み・苦悩に対して）。

この二つだと思っている。

① について

　全ての事・森羅万象は、常に変化しており、これは客観
的事実なので自分の心で変化しない様押し止めよう・抵
抗しようとしても無駄である。これは事実認識・知の問
題・事実として知っておくべき問題である。言葉で言え
ば、無常・万物流転・諸行無常・盛者必衰会者定離など
である。変化することを感情的に悲しがる・大騒ぎする
人もいるが、これは事実の問題でどうしようもない。我々
に出来る事は、ただその事を認められないと思うことな
く、嘆いたり・悔んだり・後悔したり・残念がったりせず、
事実として素直に無駄な抵抗せずそのまま認め・受け入
れ・積極的に関与せずただ静かに眺めやり過ごす・認容・
理解するしか方法対策が無い。覆水を盆に返そうと心の
中でしない。「臍（ほぞ）を噛む」という言葉がある。
中国の故事・逸話の書物の中にある言葉で、自分の臍（へ
そ）は身体を折っても噛むことは出来ない事から、やろ
うとしても出来ない事である。手が打てなくなってどう
しようもなくなった事を今更感情的に残念がったり後悔

（過去の失敗・事故を冷静に分析し将来に活かそうとする反省は必要であるが）しても仕方がない。どうしようもなくなった事を悔んだり・嘆いたりしても無意味でむしろ害があるという事で、前述した事と同じ意味である。自分でどうしようもないことに抗い心を乱すことなく、心をコントロールしなければならない。（変化に対応する・ついて行く心を身につける。）ただ変化があり問題が生じれば、冷静に次の対策は考え対応しなければならない。その際冷静に落ち着いて心の中で大慌て・大騒ぎせず、感情的にならず事態を突き放し客観視して対処すべきである。映画やテレビで大事件が起こった時、よく俳優が目を大きく開き動揺し恐れおののき大騒ぎするが、あれは一般受けする大げさな演出表現で、実際あのようにやったら冷静な判断で対応出来ない。判断・決断の達人・人生の達人だったら決してあのようにはしないと思う。製作者のレベルが疑われる。無心・剣道八段者の心構えを調べてもらいたいものである。昔の映画は、いかに困難な場面でも感情を押し殺し冷静に対応しようとしたかを描いたものが多かったような気がするが。（個人的には、物事・対象を突き放し客観的に冷静に感情に邪魔されず正確に捉える訓練は、デッサンをしたり・字を正確にきれいに書いたり・写経をしたりすることで身につくと思っている。これをやると心が静まり落ち着き集中力もつく。）

② について

　苦しみ・苦悩・嘆き悲しみの原因たる事柄を心に持ち込まない・取り上げない・思わない事（**平常心・不動心・禅定・定・正見・心の正常安定**）。又自分の苦しみ・悩み・孤独感を聞いてほしい・知ってほしい・分かってほしいと人に同情・慰め・共感・分かち合い・癒しを求める者もいるが、全ては自分一人の自分自身の心の問題であり人に期待し・甘え・頼るものではない。他者依存（仏依存も含め）でなく、自身の心を自分自身でセルフコントロール・制御出来る（メンタルコントロール）事が必要である。苦しみ・苦悩・悲しみを人が感じるのは、自己の心にそれらを持ち出すからで、それらを自己の短期メモリーに持ち出さない・考えない・思わない事である。自分の心に湧いてくる雑念・妄想・悪感情・不安を静め、堂々巡りの考え、刺激反応・刺激反応を繰り返すのを止め心を静め、自分の心を鏡の様にすることである。鏡は、過去も未来も映さずただ今現在を映すのみである。その上言葉・感情も映さない・持ち出さない。そしてこの事は、単に知的に知る・知的理解だけでは足りずスポーツ・武道のように座学だけでは足りず、禅の解説書を単に読んでわかった様な気にならず、自分の主体的行動・訓練・実践により「**言葉のない世界の体得**」が必要（人に聞いたり書物を読んで単に知るだけでは不十分で実際・実践

的には役に立たない。）である。その訓練方法として、日本では昔から禅・瞑想が確立されておりそれを実践すべきである。実際に体験もしない者が、口先だけで禅・瞑想についてあーだこーだと言っても無意味である。時々永平寺の雲水修行の映像を見ることがあるが、製作者が禅の本質を分かっていない為だろうか、最も基本的で重要なのは心の訓練なのにただ外形的な事だけでその本質たる「心」に迫りきれていない気がした。

私はこの様に理解している。

仏教（特に禅）は他の宗教と違い自分自身・個人の心のコントロールを説いたもので、他の宗教の様な神・宗教指導者の特定の言葉のあれを信じろこれを信じろとか（これは簡単で手っ取り早いが）、自己・人間を超越した存在を崇拝し全面依存しろ・帰依しろとか言うものではないのが特徴である。生・老・病・死・孤独感とかその他の苦悩、そんなことに悩まない・苦悩しない・何があっても驚き気が動転し・苦しみ・嘆き・深く悲しむ事無く、それを超越し常に・何があってもいついかなる時でも「平常心・不動心」を持つ、という事である。

自分にごく近い人が死んで（自分もその中に含まれていくが）、嘆き悲しむ・現実が受け入れられず苦しむ人がいる。しかし、人の死は当然の事・当たり前の事（有史以来今まで死なずに生き残った人はいない）であり現実を淡々と受

け入れるしかない。変化は当然の事として受け入れるしかない。これを自分の心の中で現状は永遠に続くものだとして押しとどめよう・抵抗しようとするから問題なのである。自分の心の問題である。そして苦しみ・苦悩の原因を自分の心に持ち込むな、平常心を保て・心を鏡の様にしておけ、という事になる。解決にならないことを堂々巡りでいつまでも心に持ち出して悩まない。ただ言葉で「平常心・不動心」を持つと言うのは簡単だが、この体得が難しい。これが分かっていても容易に出来れば苦労しないが、出来ないから苦労するのである。（心の訓練法については、本書の別の所で、その実践法（禅・瞑想法）を詳しく昔から行われている作法として紹介しているので、自分で見つけて見てください。人に頼りきりにならず、自己の主体的行動関与が無いと何事も身につかないので。）

釈迦は何を見出したのか。「因果律」を見出したのだという人もいるが、そんなことで苦しみから救われるのか、どうもしっくりこない・腑に落ちない。「第二の矢を受けず」の方が多少分かりやすい。何があっても・どんなことがあっても、その変化を当然・必然と認め受け入れ（**最初の矢への処し方**）、それによって自分自身の心を取り乱すな・心を混乱させるな・心を動転させるな・心の平静を保て・平常心・不動心を保て（**第二の矢を受けない事**）、という事である。人間が苦悩・苦しみを感じるのは、自分で自分

の心に苦悩・苦しみを生じさせるからである。心に苦悩・苦しみを生じさせなければ、苦悩し苦しむことはない。（これを因果律と言えば言えなくもないが。）苦悩・苦しみを生じさせない、と言っても無理に抑圧して生じさせないという事ではなく、自分の心を鏡のようにしておれば、苦悩・苦しみはおのずと心に生じてこない。ただし、心をこのような状態に保つ為には訓練が必要になる。

　禅・瞑想のエッセンスを訓練・修行によって体得し、日頃の態度・言動にそれがにじみ出て来て人格変容が起こって初めて効果が表れてくる。（単なる知識で終わっている人も多いが。禅で**公案**があるのは、真に体得しているか否かを色々な角度から点検する為であろう。）

　原始仏教のこの事特に**平常心の習得**には単なる知識・言葉の習得ではダメで訓練・修行（瞑想、釈迦も他の苦行はやめたが瞑想はしている。）が必要・体で覚えることが必要で、「心を整える」（調心）には、外形・形（呼吸・腹式呼吸（調息）、姿勢を正しくする（調身））から入ればいいのだが、「平常心」・「マインドコントロール」は形が無く・目に見えない為、一般人の理解・訓練・実行・体得は難しい為、その後の仏教の諸派・流派はもっと具体的に分かりやすく、呪文・お題目・ただ特定の言葉を唱えろ・特定の「行」をやれ・こう考えろ・こう信じろ等、あれをやれこれをやれば救われるとしている。（その結果、形・外形・

形式にのみ注意が向かい、その本来の大事な本質の「**平常心の獲得・保持**」に注意が向けられなくなってしまっている。)

　中国の玄奘三蔵法師はインドから大量の経典を持ち帰り翻訳したと言われるが、果たしてその必要があったのであろうか。面壁九年の達磨大師が多くの経典を中国に持ち込んだなど聞いたことが無い。ただ心のコントロール法・訓練法（現代風に言えばメンタル・トレーニング法）として瞑想（メディテーション）・座禅を中国に伝えただけである。経典を読み理性的にあーだこーだということ自体、迷いであり悟りから遠ざかるという事であろう。大きな寺にある仏像を観ると良い。山門にある寺を守る為の人を威嚇するような姿と異なり、仏像は喜怒哀楽の感情を越えたコントロールされた心・整えられた心の状態での平穏・柔和・安定・平常心を表している（この事を知らないで傍目から見ると表情が無い・乏しいと感じるかもしれないが。単に崇拝・崇めの対象としてみるのでは足りない。）。

　日本では、主に葬式等で「**お経**」が唱えられている。（寺では朝課としても行われている。）合理的説明が無いので、誰も意味が分からず・意味を考えておらず行われている。何の意味があるのか無意味ではないか、ただ昔からの単なる習慣・儀式で行われているだけなのであろうか。意味の分からないものをただ有難がってやっている（今回お布施

を多くしたのでお経を長くやってもらっているとかも考えず）と考えるのではなく、臍下丹田に力を入れ長く息を吐き続けるという独自の呼吸（腹式呼吸）の仕方に音を乗せて、いくら悲しいことがあっても・何があっても動じない・不動心・平常心を持つ・心を取り乱さず平静さを保つ・心をコントロールする実践を示しているそして実際に効果がある、と考えられ人生の重大事に昔から連綿として続いているのだと思う。（意味が分かるように仏教の教えについて分かりやすく普通に話をする場合は、「法話」として別にある。法話では、変化する・無常の話が多く、メンタルヘルス・平常心の話は言葉では難しく体得しないと理解しにくい・分かりにくい為かあまりしない気がする。）スポーツ選手・人前で話をする者等が、ドキドキする・緊張する・落ち着かない時、深呼吸をし臍下丹田に力を入れゆっくり吐き出すと気が鎮まる・集中が出来る・落ち着きを取り戻す、とよく言われるが、体験的に分かっているのであろう。

　初期・原始仏教（釈迦生誕の地の雰囲気を感じる為、ネパールのインド国境に近いルンビニーまでわざわざ一人で行ったことがある。）は、偶像崇拝は意味がない、としていた。理想・指針・拠り所は、自己の外に求めるものではなく、自己の内に求めるものだとしていた。**では現代の仏像をどう考えるのか。**仏教は個人個人の心の在り方・持ち様を説いたものである。仏像は、誰でもなりうる（自分で

もなりうる）「覚者・目覚めた人」・心が平常な人・心が整えられた人は、どの様な顔立ち・姿になるのかを個々人に参考になるように示している、と考えればいいのである。決して個々人から離れ超越した崇拝すべき対象・神ではない。誰でもなれる覚者（釈迦はその一人で我々の先輩・同志・仲間でその理想）となった人の理想的な精神状態ではどのような顔の表情・姿・形になるかを表しているだけだと考えればいいと思う。訓練して瞑想し平常心を獲得・体得している人の姿・心の訓練をして心を整え何があっても平常心でいる誰でもなりうる理想の姿（何があっても困惑しない・気が動転せず・驚かない・慌てない・焦らない・狼狽えない・ジタバタしない・心を取り乱さない・ギャーギャー言わない、柔和で穏やかで・落ち着き・冷静で・愁いわずらいの心を持たない、理想的な精神状態を保っている人の姿）と考えればいいと思う。偶像崇拝を禁じる他の宗教からの批判に対しては、いやあれ（初期の仏像）は、どこにでもいる個々の普通の一般人が誰でもなれる理想の精神状態の姿・形がどうなるかの例示で、具体的に存在する我々人間を表し決して人間存在を離れ・超越した崇拝（他の宗教では神と言われる）すべき対象を表したものではない、それとは関係のないごく普通のどこにでもいる人間の瞑想状態のものと説明すればよく、バーミヤン遺跡のように破壊の対象ではなかった、と説明出来ると思う。

仏教で言う心の問題は、心の悩み・苦しみ・苦悩の解決法の問題であるが、**心のコントロール問題**は別の側面からも重要である。心のコントロールに関して、規律心を持ち・心を強くする・鍛える・鍛錬する・訓練しないと、歯止めのかからない・タガがはずれた生活では、勉強でも仕事でも十分な成果を挙げられない。また物事をあいまいルーズ・規律に対しいい加減ずぼらに済ます心の癖・だらけた弱い心・抑制が効かない心だと、自己コントロール能力（やろうと思えば出来るが、あえてやらない力）・自制心・自律心が身についておらず、自己の本能・欲望（本能・欲望のまま・流されるのは本能・欲望の奴隷状態）・いろいろな誘惑に弱く打ち勝てず、悪習・悪癖・酒タバコ薬物ギャンブル依存等の中毒・反倫理行動・犯罪などに巻き込まれ或いは抜け出せなくなってしまう。重大問題が起こってからでは遅いので、凛とした態度でしっかりした心で「心が弱い・アタマが弱い」にならぬよう注意して心の訓練をしておく必要がある。法に触れ刑事施設に収容されている人は、自制心・自律心が訓練されておらず心が弱い人が多いのではなかろうか。また出来損ないの権力者は、裸の王様・大将で自制心のない抑制の効かない自己コントロール出来ない歯止めのないやりたい放題で何をやっても許されると勘違いし、結局は不祥事を起こしたり自滅する例もどこの社会・世界でも見られる。社会的影響力・権力を持っている

人のスキャンダルが時々話題になるが、ちやほやされ・おだてられ・よいしょされ、人間が出来ておらず驕り高ぶり放漫で慢心があり自己コントロール能力が鍛えられていない事から来る結果だと思う。（あまりよく分からないが、脳による自己コントロールが難しい・苦手な人は、空手の寸止めを練習して抑制を体で覚えるのはどうであろうか。）自己コントロール能力が備わっていれば、ハゲタカ・スキャンダル週刊誌のターゲット・餌食になる事は少ないと思う。弱く引き締まってなくだらけた自制・自律心のない心はその人の顔に出て来るので、見る人が見れば一瞬でわかるので隠せない。（目に見えず可視化出来ないが重要な心のコントロールの問題は、十分に意識されて訓練されることが少ない。）自制・自律心を欠き教養・素養・品位の無い者（ゲス）が、社会的地位を得あるいは権力を得てその馬脚を現し大問題になる事がよくある。この観点からの理想人は、物事を広く多く知りバランス感覚があり、自律・自制力のある人、という事になろう。心のコントロールに関して、私は誓いを立て実行する二つの訓練が役に立つと思っている。一つ目は、勉強でも運動でも**毎日必ず絶対にやるものを決め毎日実行する**、二つ目は自分の好きなものの中から**タブーを決め絶対にやらない・好きなことを目の前にし絶対に手を出さない訓練をする事**（犬の訓練で言うと「待て」）である。好きな食べ物・アルコールなど一度決めたら絶対

に食べない・飲まない、とするのである。誘惑に負けない訓練を自分でするのである。これで誘惑に打ち勝ち意思を鍛えることが出来ると思う。躾がうまくなされておらず、何の不自由なく自分の気の向くままに育てられ大事にされ・ちやほやされ・甘やかされ・我がまま放題やりたい放題し放題・好き勝手・「精神的野獣」で、金の制約が無ければ欲望・欲求のままに行動し我慢辛抱が出来ずだらけた生活で生きてきたのであれば、是非自分を律する訓練を自分自身でやる必要がある、と思う。

体について

　次に、**体**について。心・体・技・経験の内の、体についてである。具体的には、**食事・栄養**と**運動**についてである。**食事・栄養**について、無関心で、食欲を満たせば足りる、空腹を満たせば足りる、旨いもの・美味しいものが食べられればいい、として食事・栄養について、無関心な人もいる。でも、長い目で見ると、そういう人は、健康を害したり、早死にしたりで、人間としての長く機能的な活動を、阻害されてしまっている場合が多い。大航海時代の先人たちの、食事・栄養の知識もなく、冷蔵庫もなく、限られた保存食の食事で長い航海をし、脚気や壊血病で命を落としていった経験を、我々は自分事として生かしていくべきである。人間活動の前提なのであるが、毎日持続的に注意を払っていないと、だんだんと時間がたった後でつけが回ってくる。症状が出てからでは遅く、突然症状が出る場合もあるのでそうなる前に注意して対策を取っておく必要がある。

　自分の心について無知であると、心のバランスを崩し・ストレスを制御出来ず、体調を崩し正常な安定した生活を送れなくなるのと同様、食事・栄養・運動についても、無知であると、自由な活動が出来ず、体が不自由になり、病気になり、或いは寿命を全うせず命を失う事にもなる。高

血圧を放置しており、突然脳卒中で半身不随となり二度と体の自由を取り戻せなくなり日常生活も不自由になってしまった人も数多く見てきた。糖尿病に関して無知で血糖値コントロールを怠り、血管が破壊され、失明や足の切断をし、また病気を苦に自殺をした人も知っている。全ての事の大前提なのであるが、見逃されがちなので、再確認の意味で、考えておきたい。

食事・栄養について

　快適な心地よい旅・人生にするためには、常日頃から体を健康に保つため、食事・栄養にも注意を払わなければならない。病気になりやすい・健康に害がある、とされるものは避け、それでも完全に防げなく不幸にも病気・ケガになる事もあろうが、少なくともその確率を下げる努力は必要だと思う。人生長生きする事自体が目的ではないが、最後まで、自由な体で活動的で、ピンピンコロリでありたい（食事・栄養に気をつける事は、人生は生き抜きサバイバル・ゲームとすると、健康で病気にならずより長く生き抜くために、必要不可欠な前提である）。

　人間の**体・組織**は、鋼鉄・コンクリート・ジュラルミン・炭素繊維のような頑丈な半永久的な素材で出来ていない（一部サイボーグ化した組織を持つ人は、その部分は別であるが）。生物である人間は、自然の素材で出来ており、生き

ている間時間差はあっても素材が入れ替わっており（代謝・物質交代）、常に補給・補充していないと、組織が弱くなってしまったり（虚弱・フレイル）、エネルギー不足になったりで、生存・動き・旅が出来なくなってしまう。体は、主に脂肪・筋肉・骨・血液・水分で出来ており、この生成に必要な物質としては、脂肪・タンパク質・カルシウム・水があり、**体・組織強化維持のため、**この補充・補給が必要である。

　身体を丈夫に保つためには、筋肉・骨の形成に欠かせない、良質のたんぱく質・カルシウムを摂る必要がある。良質なたんぱく質として、出来るだけ赤肉よりも魚（刺身だけでなく安価なちりめん・イリコ等でもよいと思う）・植物性のタンパク質から摂りたい。カルシウムもちゃんと摂らないと、骨粗しょう症になったり、ちょっとした事で骨折・圧迫骨折したりで、体が弱くなるので、刺身・イリコ・魚粉等で普段からちゃんと摂っておく必要がある。

　また体温を保ったり筋肉を動かしたり活動・思考するためにも**エネルギー**がいる。このエネルギーを、直接自然から取り入れる能力を持つという仙人のような人もたまにいると聞くが、普通の人はこの能力はなく、食物から取り入れなければならない。糖質・脂質も必要となる。

　更に、これら以外に、**体の調子を整える・潤滑油・触媒・調整のような機能を持つ物質**も必要である。

人間には、大きく分けて、上記3種類（組織形成維持・エネルギー・触媒調整、の機能を持つ物質）を生きている限り補給し続ける必要がある。

　世界を歩いていると、食文化で**長寿食**と**短命食**（こんな言葉があるか知らないが。比較のための造語である）がある。**長寿食**は、コーカサス山脈の南側・ジョージア辺りと地中海辺り（地中海食）で食べられている食事である。ジョージアでは、ワインとヨーグルトが有名である。一方の地中海食は、植物性のオリーブオイル・ワイン、野菜・果物・未精製穀物（加工の少ない全粒粉等）、魚（日本では、日本人の寿命が延びた事を考えると、肉・乳製品を全然摂らないのは問題だろうが）、という特徴を持つ（魚・野菜・ナッツとフルーツ（果物）・オリーブオイルで、覚え方は色々あろうが、（オレハ、）「**オ・サ・ナ・（い）・ナー**」（オ＝オリーブオイル、サ＝魚、ナ＝ナッツとフルーツ（果物）、ナー＝菜（な）＝野菜、（俺は、「<u>幼</u>（い）<u>なー</u>」！）でどうだろうか）。ちなみに、私は最近海外に出た時、地中海食を意識して、ホテルの朝食では、①オリーブオイルをかけた野菜サラダ　②無漂白穀物（全粒粉パンか玄米）・フルーツ・ナッツ入りの牛乳をかけたシリアル　③魚　④ヨーグルト　⑤錠剤のナットウキナーゼを摂っている。

　一方短命食では、日本では、精製された白米（外側の栄養をはぎ取っている）・魚の多食、野菜不足、塩漬け食品（主

に冷蔵庫がなかった時代の保存食）、とこれらが重なった
ものとされている。

　世界でも、油で揚げた食品（油も動物性油の飽和脂肪酸
（低温で固まる）が血管を詰まらせる問題で、植物性油（オ
リーブオイル等）の不飽和脂肪酸がよいとされている。価
格が安く世界中で多く使われているパーム椰子から採れる
パーム油が植物性だが動物性油に近く、問題となっている）、
塩漬け食品、肉の多食、野菜不足、が問題という事である。

　要するに、２つの対比で明らかになった事は、動物由来
より植物由来の食品を多く摂る（組織を作るタンパク質も
動物性より植物性で摂る、飽和脂肪酸を避ける）、塩分を
多く摂らない、塩害を防ぐために野菜・果物フルーツを多
く摂る、抗酸化食品（ワイン・オリーブオイル等）を多く
摂る、加工のない未精製のもの（栄養を削り取った白米（精
米）はアクマイで玄米（ブラウンライス、今は食べやすく
炊ける）・小麦等では全粒粉（ホール・グレイン）等）を
食べる、腸内環境を整えるため発酵食品を食べる、という
事になろうか。

　前述のように、人間は食べないわけにはいかないので、
健康に害がある食品を避けながら、体の組成・エネルギー・
調整に必要な物質を食物から、まんべんなく偏りなく、取
り入れる必要がある。ただ食事量が少なすぎる・粗食だと、
栄養失調・虚弱（フレイル）となり、反対に多すぎる（過

食）と、肥満となり体に悪い。「少なすぎず、多すぎず」は、コントロールが難しい。

　ただ「まんべんなく・偏りなく」と思っているだけでは足りず、具体的にチェックリストで、飛行機のパイロットが飛行前にチェックリストでチェックするように、チェックするとよい、と思う。有名な地中海食ピラミッドというものがあるので、これを使ってみるとよいと思う。

　日本で生活する日本人の場合、日本やその居住地域で採れる特有の栄養食品がある、安く容易に手に入りやすい食材がある、特有の昔からの調理法・食べ方・食文化を持っている、その地域の人が特有の体が吸収出来る酵素を持っている、等の理由で、日本人に適したチェックリストがあるのでこれを使うとよいと思う。

　語呂あわせで、「孫は優しいよ！」というのがある。これから、「ま・ご・は・や・さ・し・い・よ」で食品を見ていく。

「ま」は、**豆類**である。動物性たんぱくより、植物性たんぱくである。**納豆**は、植物性たんぱくの他、発酵性食品で、血栓を溶かすといわれており、安価なので、積極的に摂りたい（あまり海外では見かけないので、ナットウキナーゼの錠剤を、海外旅行では持って行って、飲んでいる）。

「ご」は、**ゴマ（胡麻）・ナッツ類**である。胡麻は、活性酸

素の働きを抑える抗酸化物質があるらしい。そして、ゴマ油は、オリーブオイル同様不飽和脂肪酸で、動物性由来の低温で固まる飽和脂肪酸の油より、血管内で固まりにくく体によい（**オリーブオイル**も、日本では、地中海地方のように安くはないが、国内販売されてきており、摂ったほうがいい）。動物性油（肉類に含まれる）・植物性となっているが中間のパーム油に注意。スナック（間食）には、甘い菓子パン・パーム油で揚げたものより、ナッツ類がいい。

「**は**」は、「は」は「わ」で「**わかめ**」である。わかめは、**海藻の象徴・代表**で、食べられる海藻なら何でもよい。わかめ・ひじき・あおさ・昆布・天草（寒天）等がある。海藻は、脂質が少なく、ミネラル・食物繊維が豊富である（日本人は、海藻を食べるイグアナ同様、海藻を分解出来る酵素を持っているらしく、海藻・ノリを習慣的に食べる。海藻を食べる習慣のない英語文化圏では、海藻にあまり関心がないため・食用にしないためか、細かく注意・関心を向けずseaweed（海の雑草）と十把一絡げにして、捉えており、それを細分化して、細かく分類して、日本語のようにそれに対応する、わかめ・ひじき・あおさ・昆布・天草（寒天）等の単語を持っていない）。

「**や**」は、**野菜（フルーツ含む）**である。野菜の効用は、

まだ分かっていないものも多い（がん予防にはなると
いわれている）が、しかし、野菜を摂らなかった大航
海時代の船乗りが、ビタミンＣ不足で多く死亡した事、
塩漬け食品を多く摂り野菜不足の地域の人々が短命（た
ぶん野菜は塩害防止）である事を考えると（大航海時
代の船乗りは、野菜を摂らず、冷凍・冷蔵食品がなかっ
た時代の保存食の塩漬け食品だけで、二重の意味で健
康によくなかった）、多く摂ったほうがいい。日本人は、
野菜・サラダ・フルーツ（塩分（ナトリウム）が多い
と、塩分濃度を低くするため・濃度を一定にするため、
血管内に水分を多く取り込み、高血圧になり血管を圧
迫し、血液中に糖が多いと血管を傷めるのと同様、血
管を傷める。欠陥ある血管になってしまう。腎臓が悪
い人以外は、これらに含まれるカリウムは、塩分（ナ
トリウム）を排出する作用があるらしく、食べたほう
がいい）を食べる量が少ない気がする。

　塩分摂取量を少なくすると血圧が下がるという統計
的相関関係があるとされる。魚に海水魚と淡水魚がい
る。淡水魚は海水の中で生きられない。塩分排出に問
題があるのではなかろうか。しかしまたうなぎのよう
ないずれでも生きられる魚もいる。海水魚やうなぎの
ような魚は、塩分排泄システムを持っているのではな
いか。もしこのシステムを見つけ出し、人に応用出来

れば、高血圧対策の薬が出来そうであるが、どうであろうか。

「さ」は、**魚**である。刺身・煮魚だけでなく、カルシウム補給のため、ちりめんじゃこ・イリコのような小魚も骨ごと（魚粉のふりかけもいい）。肉より魚である。肉は飽和脂肪酸（低温で固まり、血栓の原因となり、循環器系の病気を引き起こす）を含み、魚は不飽和脂肪酸である。日本食は、カルシウム・油脂が不足（血管が、欠陥となり弱くなる）するといわれるが、カルシウムはこれで摂れる。ただし、塩分に注意し、塩漬けより生・刺身で摂ったほうがいいと思う。塩漬けの魚を食べすぎるとよくない。

「し」は、**椎茸**でキノコの代表である。低カロリー・食物繊維・ビタミン・ミネラル等を含む。そして最近は、キノコ類は、体の抵抗力をアップし免疫力を高めるとしても、注目されている。

「い」は、**イモ類**である。**根菜類**（地下茎類も含む）は、エネルギー源のでんぷんを多く含むが、食物繊維・ミネラル等も含む。サツマイモ・ジャガイモ・里芋・こんにゃく・長芋等が手に入りやすい。

「よ」は、**ヨーグルト**（発酵食品）である。昔からコーカサス地方の人々は、ヨーグルトをよく食べ、長寿であるし、腸内細菌を整える、という事で注目されている（農

耕民で、牧畜民でなかった日本人にヨーグルトを食べる習慣はなかったが、最近は容易に手に入る。動物性食品を食べるのを避ける人には、植物性ヨーグルトもある。私は、海外に出た時、食あたり・食中毒を避けるために、朝たべる。ブルーベリー（北米で健康によいとされている）があればこれを入れて、よく食べる。日本特有の納豆等の発酵食品でもよい）。

　以上が、日本式の、まんべんなく・偏りなく・抜けなく、トータルで栄養を摂るためのチェックリストである。食卓のマットに貼りつけたり手帳に貼りつけたりして、チェックリストを活用すればいいのではなかろうか。チェックリスト付き食卓マットが販売されればよいと思うのだが。

　食事量は昔から「腹八分」がよいといわれる。なぜかと思い色々調べてみると、代謝・エネルギーへの転換・酸化を穏やかにし、体に有害過剰な活性酸素の発生を抑える、という事らしい。代謝が活発になれば激しい運動同様酸素を多く使いそれに伴って多くの病気の原因となる活性酸素も多く生じるという事であろうか。哺乳類では心拍数の多い小さな動物程短命であるが、これも代謝速度が速く有害活性酸素発生が多くなる事が原因ではなかろうか。更に餌の量を減らすと長生きするようになる事は、動物実験で知られている。いずれにせよ、成人の小食は健康によいという事である（ロシアに行ったら、日本語が分かり小食の事

の重大性が分かるのかアメリカ人の過食・大食に反対してか皆「腹小（ハラショウ）・腹小」とかしきりにいっていた。過剰な活性酸素が原因だとすると植物由来のビタミンC・ポリフェノール・カテキン等の抗酸化物質も有効ではないかと思う）。根拠・理由がはっきりしないでも昔から経験上よいといわれるもので重要なものは採り入れたほうがよいと思う。食べ方の習慣も口の中で味わってゆっくりではなく早く丸のみに近い「早食い」の食べ方のほうが脳の満腹中枢への伝達が遅くなり結果として食べる量も多くなり、肥満・カロリーオーバーになりやすいのではないかと思う。なぜ減量・減食がよいのかの本質を真剣に考えるようになってから自分でも心から危機感を覚え、食習慣を変え減量・減食が出来た（単に表面的な知識でなく、心から事の重大性に気づかないと、なかなか行動変容は起こらない）。

　現役でエネルギッシュに活動している政治家等が、突然脳卒中で倒れた、という話もよく聞いた。食事の時に、いつも「俺カツ丼！」といっていた政治家が、脳卒中で倒れた、という話も聞いた。なまじ健康で活動的な人が、突然病に倒れる、という事がよくある。一病息災といって、一つ位、病気があると健康に注意するが、病気がない・エネルギッシュで健康不安を感じていない健康に自信があると、無知・無頓着・無関心なのか、誰も注意しないのか・注意しても聞かないのか、突然急に脳卒中等で死んでしまうか、ある

いは体が不自由になって一生取り返しのつかない体になってしまう。体が不自由になって後悔しても取り返しがつかない遅いのである。日頃から食生活には健康で問題なくても十分注意しておく必要がある。人間活動の基本中の基本、体の問題、食事・栄養に十分注意配慮し食生活で生かしていないと、活動・旅行どころではなくなる（前述のように、食事・栄養による健康維持も、人生サバイバル・ゲームの、重大な要素である）。

　知り合いが、若い内科医と血糖値・血圧の事で喧嘩した、と話していた。話を聞いてみると、若い内科医が、顔もろくに見ずにデータだけ見て、生意気にも上から目線で命令口調でああしろこうしろといったらしい。私は、医者を変えたら、とアドバイスした。若い医大しか出ていない人生経験もなく他の要素も分からない知らない人間が、人生経験も豊富な見識もある人間に、何事かと思った。今どき内科臨床医が持っている知識位、本やネットで容易に調べられる。内科医の生活習慣病の指導は、医者が自己の優越的地位を示す・教え諭すのが目的ではなく、患者の自尊心・プライドを傷つける事なく、患者自身が思いついた・自らの意思で思いつき実行した、と思わせるヒントを与える立場に徹すべきだと思う。生活習慣病の生活指導は、単に知識を与える事ではなく、本人の意思で自分で実行したと思わせる・そのように仕向けるスキルを発揮するのがポイン

トである、と思う。単なる知識は、医者からでなくても、容易に手に入る。ネット時代、単なる知識の伝達は、手術するでもない内科医の仕事ではない。ひとりひとりの人間・患者に向き合って、本人の意思を尊重し食生活習慣・行動実践のヒントを与える、本人自ら気づいて実行したと思わせるようそれとなくアドバイスを与える役割・黒子の役割・コーチに徹するべきだと思う（最終的に決意し実行するのは、本人なのだから）。

血糖値対策

（目からウロコ・コロンブスの卵的知恵を使った問題・課題解決策の応用実践・辛くいやな気持でなく明るく楽しくストレスフリーな解決法）

血糖値対策の食生活は、前に述べた食生活注意とは異なった対策・実践が必要となる。

なんとなく喉が渇き体・足がだるい感じで身体の調子がよくなく病院に行って、血液検査・診察の結果医者に血糖値が高いと言われる。こんな経験のある人はいないであろうか？　内科医は血液検査の結果を見て、「**ヘモグロビンa1c**が高い。血液中のヘモグロビンと糖の結びつき比率が高く、それは血液中の糖の滞留が多いこと。血液中に糖が多いと、今は何でもなく痛くもかゆくもなくとも糖が血管を傷つけ、放置しておくと**合併症**で最悪失明・足の切断・

人工透析などの結果を招く。回避対策としては、血液中の**糖の滞留を減らす**ことで、糖の入りを減らし出を多く（細胞への取り込み）することで、食事で糖分をとるのを制限し、運動をして糖の消費量を多くすることである。」との説明を受けるかもしれない。（もっとも患者数が多く丁寧な対応が出来ない場合は、医者もあまり話・説明もせず薬の処方箋だけ出す場合が多いかもしれない。）

「**食事制限・運動しろ**」と言われても、今までの長い生活習慣の中で、どの程度食事を制限し運動すればいいのか、しかもそれを永遠に死ぬまで意識し・注意・コントロールし続けなければならないのかと思うと、たぶん血糖値が高いと言われた多くの人は、どうしていいか分からずストレスになり気が重く悲観し憂鬱で悶々とした生活を送っているのではないかと思う。（他の事情も重なってか、高血糖値を苦にし、自ら命を絶った人も知っている。）

　ここでも、この本のテーマの一つである、「**生きる為の問題解決力**」が試されてくる。

　私は暇で退屈しのぎに海外100カ国以上世界各地を一人で旅してきた。その為世界中の人々の生存基本の食生活も見聞きしてきた。そこで血糖値対策となりうる食生活は無いかを考えてみた。（狭い範囲に一生定着し、世界の食生活を知らないと考えられない、と思うが。）

　まず、**農耕民**は比較的緯度の低い暖かい所に定住し植物・

穀物（米・小麦・さらに暖かい所ではサトウキビ加工品も）を育て食べる。寒く食用に出来る植物が育たない北方の**狩猟採集民**（個人的にはシベリアのトナカイと暮らす**ネネツ族**・北極圏の**イヌイット**をイメージしている。）は移動しながら肉・魚類などをとって食べる。（現在では小麦なども入ってくるであろうが昔はそこにあるもので生活していた。）つまり糖類・穀類が摂れない環境下でその環境下で摂れるものを食べて生活している。確かに穀物摂取のほうがエネルギー摂取効率が良く穀物栽培が出来る所では、穀物を栽培しそれによって人類は繁栄している。（小麦・米などの一年草は皆冬には自身は枯れるが、子孫の為に実（み）に多くの栄養・エネルギー源・糖分を蓄え残している。それを人間が横取りしているのが貯蔵にも適した穀類・穀物で、効率の良い人間のエネルギー源となっている。）しかしエネルギーを得る為の糖質のとりすぎが人体に悪影響を与えているのである。血糖値が高く問題ある人は、農耕民から狩猟採集民となり狩猟採集民になり切って植物・穀類のない環境での食物を探し食べればいいと思う。狩猟採集民は、寒い所に住んでおり穀物ましてやサトウキビなどはとれない。糖質を貯めこみそれをエネルギー・子孫への栄養にしようとするものは少ないので、その制限の問題は存在しない。肉・魚（加えてナッツ・キノコ）などしか食用に出来ずこれらを探し求めて食べるしかない。つまり**狩猟**

採集民の食生活（タンパク質中心）に切り替えればいいのである。（日本的に言えば、**弥生人から縄文人の食生活と言った所であろう。**）人類も米（稲作は中国南部が起源）・小麦（コーカサス・メソポタミアが起源）を栽培し定住し主食とする（農業革命）までは、狩猟採集生活をしてきた長い歴史がある。狩猟採集生活では何が食物として手に入るかを考えて、スーパーなどで食物探しをすればいいのである。穀物・糖質・甘いもので溢れかえった食品の中から、穀物・糖質・甘いものをこれらは危険だ・地雷として避け、**肉・魚**（乳製品・植物たんぱく・野菜・キノコ・ナッツをこれに加える。）に変えればいいのである。狩猟採集民の食物ハンターになりきって、食物採集をすればいいのである。

　食生活を、今まで通りの食生活習慣に我慢・制限・抑制・多少の変更・修正を加えるのではなく、ドラスチックに根本的に転換・パラダイム（思考の枠組み）シフト・フェイズシフト（場面環境転換・移動）をすればいいのである。

　この事の何がいいかと言うと、従来の穀物中心の食生活の多少の修正・我慢・抑制ではないので、**制限がなくストレスなく楽しく食物探しが出来長く続けられる事**である。

　従来の食生活での、穀物取得の我慢・制限・節制・抑制では、いつも注意・気にしていなければならずプレッシャーとなり無理な我慢で辛く心が委縮し面白くなく、長く続くと心が折れ・気分的にいやになり・気分が滅入り・憂鬱・

重苦しく・息苦しくなる。いやなネガティブな気分では、ストレスになり毎日が面白く・快活陽気・自由で楽しくは過ごせない。制限・抑制・コントロールを意識せず「**心の欲する所に従えども（意識せず・無理せず・努力せず結果的に）矩を踰えず**」が精神衛生上良い。「年をとったら気にせずやりたい放題でいい」と言っている本も見かけたが、やはり、食事に関しても我慢・忍耐・制限・節制・禁止は、圧迫感・圧力感・閉塞感・重苦しさ・息苦しさがあり、自由な精神を妨げ・**憂鬱**・ストレスとなり精神衛生上よくない・辛くて楽しくない・面白くない・我慢は長続きしない、という事を言っているのだと思う。

　狩猟採集民の食生活を自ら楽しくやる気を持ち**実践する**事である。何事も人に言われ仕方なく・いやいや・しぶしぶ・やりたくないがやむ得ずにやる（人からやれと言われればやる気になれない）のでは面白くない。自分自身で意味・意義・正当性・納得出来る理由・自らを説得出来る理由を見出し、やる気を出し自らの意思（内発的動機付け）で自ら受け身でなく積極的に本気でやることである。医者の話も単に事実を告げるだけ・権威ぶり優越的な地位を誇示し（選挙の時の選挙民に対する態度を除いて、偉そうに威張り散らし尊大な態度をとる何を勘違いしているか知らないが政治家にも多く見られる。政策決定・立法はその地位に由来し、政治家個人に由来するものではない。）、高飛

車で上から目線で説教調で話す（我々が金を払っているのに生意気に感じる）のではなく、「心」ある説得をしないと、相手の心に届く・心に触れる・心に沁みる・琴線に触れる・感動を呼ぶ説得をしないと、感動し納得し自ら進んで行動変容を起こすことは出来ないと思う。

　私の場合血糖値がこの実践で、短期間で劇的に下がった。（HbA1c が7.3から6.2の標準値へ下がった。標準基準範囲は、4.6〜6.2である。おまけに痩せる努力もしていないのに体重が6キロも落ち、久しぶりに会った人は皆一様に痩せたと言った。）血糖値は一度上がると死ぬまで下がらないと言われているがそんなことはない。従来の食生活をそのままにしての制限・我慢ではなく、抜本的・根本的・ドラスティックにフェイズを変えきれば、リセット出来ればそれは出来る。糖分（穀類）の「甘い誘惑」（糖類・穀類依存症はアルコール・薬物依存症の様なもので脱却は難しいが）は毒として断ち切り・摂らない・食べないで、野菜・豆類・卵・乳製品・魚・肉の生活にする。こうすれば、美味しくてなかなか脱却できない**「糖質依存症・中毒」**から逃れられる。大盛白メシを食べている人を見ても、別に食べたいとは思わなくなる。この様な「狩猟民食生活」へのシフトで健康上問題ないかであるが、人間は昔からそのような生活をしてきたわけでむしろ農耕生活の方が歴史上期間が短いし、自分の場合1年以上続けているが今のとこ

ろ体調不良・変化もなく普通に生活している。（時々アタマが悪いと家人に言われることもあるが、これは別問題であろう。）食材探しを楽しみ何の制限もなくストレスなく今の食生活を続けている。また最近、血糖値が高くそれを抑えようと体内インスリン量が増えると、アルツハイマー認知症の原因と言われるアミロイドβが分解されにくくなり脳内に蓄積され、アルツハイマー型認知症が引き起こされると言われており、この面からも糖質を避ける必要がある。野球人の知り合いには、食事に関しては、分かり易く「捕手に徹しろ」と言っている。盗塁（糖類）を阻止しろ、という事である。私は糖質を避け空腹を避ける為スナックとして、スティック状のニンジン・キュウリなどもよく食べている。（運動は、暑い・寒い・雨が降る・風が吹くとか言い訳せず、太陽が東の空から昇らないことがあっても、千日回峰行の期間を越えて、日課・朝のお勤めとして20年以上毎日歩いている。効果は実際運動をやっていない者が口先だけで効果を言っても説得力はないが、実際やっていると体感出来る。）家人が管理栄養士で博士号を持ち大学で栄養の教員（教授）をやっているので、自分自身も食事・栄養に関し、無知で無茶をやっているとは思っていない。血糖値が高いと言われている人は、騙されたと思ってやる価値はあるのではないかと思う。

　コーヒー屋に行って、「砂糖は要りますか？」と聞かれ

た時も、"甘い誘惑"に乗らずに「さーどーかな。砂糖・糖分は当分とりません。我々の世代は無党派世代ですから。」と言って断っている。人生に潤い・楽しみを！　余裕をもって・余裕がないと出来ないが、自分を突き放し・客観視しての笑い・ウイット・ユーモアの要素（しかも一銭の金もかからない）も人生に必要である。

　新聞記事によると、統計解析の結果、知識レベルの高い人・学歴レベルの高い人の方がより長生きするらしい。それはそうだと思う。知識レベルの高い・意識高い系の人は、自分自身の健康に関する知識・情報についても、意識が狭い範囲に閉じてなくて広がり・関心を持ち・多くの情報を養魚場の魚のように与えられた餌（情報）しか採らないのでなく・言葉語彙知識が豊富で本が容易に読め、与えられた情報・教科書を処理するだけで精一杯・手一杯・アップアップしている・余裕が無いレベルではなく、受け身ではなく自ら積極的自発的に調べ・収集し、それを実行・実践しているはずで、健康格差があるのは当然と言えば当然の話である。自分自身の健康に無頓着・無関心であった人（健康に自信があり今までに一度も大病をしたことが無い人に多くまさに一病息災である。）で、もし仮に長生きしたければ、ここに書いている事をきっかけに、自分で調べ・実践・実行すればいいと思う。健康に関する無茶・無知無策・無関心・不摂生のつけは、必ず後になって支払われる・

落とし前をつけさせられる事になり、厳しい・酷な事を言うが自業自得である。

ピロリ菌（ピロリ菌除去）・胃がん対策

　ピロリ菌の保菌者は、胃がんになる確率が高いことが最近分かってきた。胃がん予防の為に、胃にピロリ菌がいないか一度検査をした方がいい。比較的簡単な罹患検査で分かる。保菌であっても抗生物質服用による除菌が簡単に出来、一度除去すると再度の感染はないと言われる。（不安であれば、何年か後に再検査すればいいと思う。大概は一回でピロリ菌はコロリと無くなる。）胃がん対策として、容易に出来るので、ピロリ菌駆除をしておいた方がいい。

　食事については、日ごろから偏らない食事を心がける事であるが、特に海外に出た時、食事に付随・関連して、**病気**（細菌・ウイルス）にも気をつけなければならない。水は、現地の生水を現地の人は平気で飲んでいても、煮沸するかペットボトルで売っている水を飲むようにする（ペットボトルの水も、貧しい国では、ボトルだけで中は現地の水という場合もあるので、完全に工場から出荷された水か開封されていない容器か確かめる必要がある）。歯を磨く時も、水道の水を使わないようにする。飲み水は注意しても水道水で、うがい・歯磨きをして、下痢をする事があるので注意する必要がある。現地のホテルでの野菜サラダも現地の

水で水洗いしている場合もあるので、注意が必要である。西洋人が泊まるホテルは、それなりの注意がされているが、現地の人しか泊まらず、現地の人には何でもなくとも、腸内細菌が異なるためか、旅行中の外国人が下痢をする場合がある。また中近東・中央アジアのスーク・市場で、フルーツ・ナッツ等の試食・現地の人が食べる食事があるが、これにも、細菌がいて腹をこわす場合があるので、現地の人が平気で飲食していても口にしない事である。火を通した食事かパックの野菜ジュースを飲むほうがいい。口にするものに注意しないと、旅行を台無しにする。ヨーロッパは、そうでもないが、他の地域では十分注意する必要がある。日本の感覚で気を緩め、中央アジア・東南アジア・韓国・台湾で生水・水道水を飲んだり・うがいしたり・歯を磨いたりすると、腹をこわす場合がある。外国で生魚を食べるのも危ない。日本のように生食用に衛生管理されていないので、氷の上に新鮮そうに並べてあっても生食は予想されていないので、必ず油で揚げるか焼くか煮るかしないと危ない。何回か危ない目にあった事がある。

　牛・馬・羊等は、草を食べて消化し・エネルギーに変え、生きている。更に野生のハゲタカ・ハイエナ等は、腐りかかった肉を食べても平気である。人間の消化器官・免疫体制はそこまでは対応出来ていないので、煮たり焼いたりして繊

維をやわらげ、細菌・ウイルスを殺して、食するしかない（時々オオカミと共に生活しオオカミと同じものを生で食べたとかいう人がいるが、その免疫システムは、どうなっていたのか気になる。普通の人間では、病気になってしまうと思うのだが）。環境に急にはなじめない旅行者は、自分のいつも住んでいる所の食習慣で旅をしないと、免疫システムの問題を生じると思う。少なくとも自分の場合、現地では火を通したものしか食べず、衛生状態の悪い食堂等では食べないようにしている（免疫機能が発達していないという事のあかしでもあるが。あまりにもキレイキレイしすぎてしまうと、これまた自己の免疫機能が働く場をなくし、あたかも外国の侵害に備える軍隊が自国民を攻撃するようなもので、正常組織を攻撃するのでこれまた問題であるが）。

　インドやネパールでは、しょっちゅう皆手をあわせて「生捨て」とかいっている。「そうか、生のものは、ほかさな、あかんのやな」と一人合点し、海外では生のものには手を出さない事にしている。

　細菌・ウイルスという、目に見えない存在を媒介する動植物にも気をつけなければいけないが、毒のある植物・攻撃してくる動物にも気をつけなくてはならない。団体旅行はあまり危険はないが、個人旅行は自ら危険の責任を負うので、注意が必要である。暖かい地方では、蚊（マラリア媒介）・ノミ・南京虫、蛇・毒グモ・サソリ、野犬（犬に

噛まれる傷害以外に狂犬病媒介の危険もある。オーストラリアには、野生のディンゴとかもいる）等に注意する必要がある。野犬に噛まれ、狂犬病にかかると治療法がない。日本ではあまり問題はないが、フィリピンで犬に噛まれた旅行者が狂犬病に感染したという話があった。国によっては、野犬が大通りに群れでいる所もあった。アルバニアの首都ティラナのメーンストリートで野犬の群れが寝そべっていた。地元の人は平気で犬のそばを歩いていたが、犬に噛まれた経験のある自分としては、タクシー移動に切り替えた。バ（ヴァ）ンクーバーのロブソン・ストリートを散歩していた時、ホテルの支配人に、スタンレー・パークを朝早く歩かないようにいわれた。コヨーテ等の野生動物が餌を求めて朝方出てくるので危ないという事（攻撃の傷害以外に病原菌の媒介）であった。攻撃してくる動物は、人間以外にも、目に見えないもの（ウイルス・細菌）・比較的小さいもの（ダニ・ノミ・南京虫等）・大きなもの（野犬等）があるが、近づかないようにしたい（当然の事ながら、野生動物には触れない）。人があまり行かない所には、近づかないようにしないと、強盗等の人以外の危険にも出くわす恐れがあるので注意が必要である。

タバコについて

口にする嗜好品のタバコは、大航海時代コロンブス交換

によって、アメリカ（新世界・新大陸）から世界中に広まった。日本には、南蛮人によってもたらされた（当時は、キセル・タバコが一般で、紙巻きタバコは、工場で製造・製品化されたため、もっと後である（自分で刻んだタバコの葉を巻く方法もあったが）。キセルといえば、キセル乗車は、ここからきている。タバコを詰める所と吸い口は金属で、中間は竹や木で出来ているため、中間は金を使ってない、中間は金を払っていない、という事からの言葉である）。16世紀の事で、世界全体の歴史上では、比較的新しい嗜好習慣である。日本の軍隊でも、恩賜タバコとかがあったが、当時はまだタバコの危険性は認識されていなかった（タバコは、遺伝子を傷つけ複製異常を起こし細胞をがん化する確率が高まるらしい）。キューバ・ハバナの葉巻工場を見学した事がある。大きなタバコの葉っぱに、刻んだタバコの葉っぱを、丸く包んで、太い葉巻を、手作りしていた。キューバ特産の主要な輸出品なのであろう、立派な木の箱に詰められていた。中東・イスラム圏に行くと、水タバコ（シーシャ）というものがある。タバコの煙をフィルターのように水にくぐらせ吸うもので、そのため大きな装置が必要になる。スークの中に、喫茶店ならぬ喫煙店があり、男性の大人が水タバコを吸っているのに出くわす。アラブの免税店でもシーシャ用のタバコの葉が売られている。カタール・ドーハの空港免税店で今まで見た事のないものが

売られていたので、「これは何ですか」、と免税店の人に聞いたら、「シーシャの葉」、と教えてくれた。最近、無煙タバコ、というものを目にするようになった。周囲がタバコの煙を気にするのを避けて、吸っているようである（煙は出ないが、飛行機の中では、吸う事は禁止されている）。

　私は、タバコは健康統計上健康によくない、といわれているし、何よりニコチン中毒になるとニコチンの奴隷になって自分の自由意思が奪われているようで、上記いずれの態様のタバコも吸わない（タバコは、健康によくない、がんの原因となる、と十分分かっている医者の中にも喫煙している人がいる。頭で分かっていても、中毒になっていて、体が欲しそれをコントロール出来ないという事であろうか）。タバコを吸う人は、12〜13時間の海外旅行の飛行時間どう耐えているのであろうか。日本では、税・タバコ産業を守るため、「健康のため、吸いすぎには注意しましょう」程度の事が、箱に書かれているが、海外では、「タバコはあなたを殺す」とか、「喫煙は、深刻に貴方と周りの人（間接喫煙の事）を害する」、「喫煙は、肺がんの原因となる」、「喫煙は、皮膚の老化を速める」とか、パッケージに書かれ販売されている（健康上の問題があってタバコの価格が高く設定されていて、一本一本売っている所もある。そんなに、タバコが健康に悪いなら、売らなければいいのに、と思うが）。

　更に国によっては、健康な人の肺と喫煙者の肺をビジュ

アルに解剖写真で、比べて表示している所もある、と聞いた。日本では、喫煙者の肺の解剖写真（肺の壁がタールで塗られたように真っ黒）は、医者の診察室にたまに貼られているのを見かける程度である。

　若い人がタバコに手をつけるのは、好奇心・大人への背伸び・大人への反抗・通常のコースに乗り切れていない落ちこぼれの反抗・アウトロー半グレの証明・暗黙裡に勉強・運動とか他で示せない自己の存在意義を反抗的にタバコで示す、とかが最初の動機だと思うが、確率統計的にタバコの害が明らかになっているので、興味・エネルギーを他のものに向けたほうがいいと思う。やろうと思えば、自分で探す努力をすれば、やる事は無限にある。

　欧米ビジネス界では、最近喫煙者は、単に嗜好の問題・自身の健康の問題・間接喫煙で他人に及ぼす影響だけでなく、自己コントロール能力の問題で、自己コントロール能力が試され、これだけ有害性が実証されているのにまだやめられない、自己コントロール出来ない能力のないダメな奴、と評価されるという。

　口にする嗜好品としては、タバコに次いで、**酒**。赤ワイン（ポリフェノールに抗酸化作用がある）を少量たしなむ程度ならいいが、酒の奴隷（アル中）になって、破滅的人生を送る人もいる（最近は少なくなったが）ので、酒に振り回されないようにしなければいけない。酒席（食事も同

様）を共にすると、心理的に互いの自己防衛機能が弱まるので、話しやすくなり、昔からノミュニケーションは、インフォーマル・コミュニケーション手段として、よく使われている。メリット・デメリットを知り、程度をわきまえる事が、ここでも必要になってくる。酒は、上記健康面・アル中問題以外に、海外一人旅で特に注意する必要がある。海外旅行で、国際線の飛行機に乗ると、イスラム系の航空会社でも、大抵ただで酒が飲める（LCCとか有料の所もあろうが）。ただ経験上、地上より酔いやすいように感じる。原因は、低酸素状態でアルコール分解が遅くなり血中にアルコールが留まり、低気圧で毛細血管まで拡張し血液循環がよくなり体全体に回るため、と考えられる。飲みすぎに注意が必要である。西洋人でずーっと飛行時間中飲んでいる人を見かけた事がある。アルコール分解酵素の違いだろうか、驚いた事がある。また海外では、知り合った人と酒場であるいは家について行って、酒を飲む事はトラブルのもととなるので、注意したい（途中で睡眠薬を盛られたりする事もあるので、注意したい。旅行者と分かって、向こうから近づいてくる・声をかけてくる場合は、何か利益を得ようとしているので、注意が必要である。安全な日本で過ごしていると、人を信用しすぎてしまうので、この点でも、海外一人旅では、判断力を養う必要がある）。

　健康で、案外見落とされがちなのが、**歯の健康**である。

口の中・歯を清潔に保っていないと歯槽膿漏となる。口臭がひどくなり口が臭く人に嫌な思いをさせる以外に、菌が全身に回り様々な病気を引き起こす、特に最近歯周病と認知症の関係が明らかとなり、歯周病によって認知症の原因物質が脳に蓄積し記憶障害を引き起こす、といわれている。健康を保つために案外見落とされがちなポイントである。虫歯は完全に治療し、メンテナンス（歯磨き）をしなければならない（前述のように、海外では、歯磨きの際に水に注意する必要があるが。そういえば、**海外旅行保険**では、特約がない限り、虫歯治療は免責（損害保険会社が支払い責任を免れる）であった）。

　人間活動の基本中の基本・大前提の、食事の次は、運動である。

運動について

　海外旅行に行っても、普段歩き慣れていないと、1時間も歩くと疲れてしまう。基礎体力の増強・維持、筋肉・循環器系を鍛えておく事が必要となる。そこで、私の場合、**散歩**というか**ウォーキング**というか、旅行に備えて毎朝歩いている。5～6キロ位だが、もう20年位毎日歩いている。晴れの日も雨の日も雪の日も、海外でも毎朝歩いている。雨の日は、普通の人はあまり歩かないが、私はむしろ好ん

で歩く。上は帽子、雨具、下は靴までゴアテックス生地・アウトドア用なので、雨にぬれず（防水）・蒸れず（透湿）、ひんやりとして快適だからである（寒い冬の日の散歩には、背中に使い捨てカイロを貼って歩いている。使い捨てカイロは、冬の寒いモンゴル等の北の国を冬に旅行する時にも使っている）。ウォーキングが、私にとっていいと思える事は、金もかからず一人で出来る事、毎日同じコースを歩いているので室内のウォーキングマシンで歩くのと違い途中でやめるわけにいかず、必ず帰り着くまで一定の距離を確実に歩く事である。勉強・読書・運動・習い事、何についてもいえる事だと思うが、長く続けるためには、行動をいちいち考える事なく、儀式化・習慣化・形式化・パターン化するといいと思う。毎日意思決定してやろうとすると、やりたくないと思ったり、気分が乗らないので、やめるという事が起こる。気分が向こうが向くまいが、とりあえず毎日儀式化・習慣化して、行動する。そうすると長く続けられる。

　ウォーキングも20年以上人を見ていると、殆どの人が、長続きしない（例外的に長い期間毎日見かける人、生活の一部になっている人もいるが）。最初は努力してやろうとするが、健康によいと分かっていても、体は痛くなり・疲れるので、やめる合理的理由・正当化理由を見つけて、やめてしまう。暑い寒い、といいわけをいって歩かない人も

いるが、私の場合、太陽が照りつけ暑い時も毎朝、帽子を
かぶり首に濡れタオルをかけ、日焼け止めを塗って、ペッ
トボトルの水を持って、木陰・日陰のコースを選んで歩い
ている。瞑想もそうであるが、長く続けて体の痛みがなく
なり、体に違和感がなくなり、頑張り感・努力感がなくな
り、それをしないと気持ちが悪くなるまでには、時間がか
かる。ウォーキングも、「ヨシ、イクゾー」と決心して、
力んで勇んでわざわざ号令をかけて行うようなものではな
く、普段意識せずにしている呼吸をするようなもの、何も
気負ってやるものではなくただ淡々とやるもの、特段努力
してするようなものではないと思え、普通に出来るように
なるまでには、時間がかかる。「三日坊主」という言葉が
ある。出家して坊主になったが修行が厳しく3日で還俗し
たという所からくるが、「長く続けると最初の苦しみはな
くなる、時間はかかるが苦しみがなくなったその先に別世
界がある」、という体験をした事がないから途中でやめる
のである。何でもいいが、小さな成功体験を持っている事
は、重要である（私の場合、ボールペン習字を毎日一人で
1カ月やった事、独学で受験勉強を1年やれ成果を出せた
事、瞑想を一人で1年間続けられた事の体験が大きい、と
思う。それで、今のように、特段の努力感もなく、ただ呼
吸をするように、体が歩く事に適応して、20年間ただ毎朝
歩いている）。また、私の場合散歩中は考え事をしないので、

瞑想しているのと同じで、前頭葉を使わないので、ストレス解消にもなっている。言葉では嘘はつけても、体は嘘をつけない。思いつきで、2〜3日やっただけでは筋肉痛だけだが、長い期間習慣として歩いていると、体つき・筋肉量が違ってくるので、体を見ればすぐに分かる。私は、嘘と坊主の頭は「ゆわない」ので、ぜひ見てもらいたいものである。

　体を長い時間動かす**目的**の一つは、前述のように、**体力維持、筋肉筋力増強・維持、循環器の機能増強・保持のため**である。高齢者で外に出て運動しなくなると、筋肉量が落ちフレイル（虚弱）となり、寝たきりになってしまう危険性がある。若い時から運動習慣を身につけておくと、年を取っても体が慣れており運動の習慣は続けられる。毎日1時間以上は、時間がない・時間がもったいない・時間が取れない・そんな暇はない、と思う人もいるかもしれないが、時間は作らないと出来ないし、運動しないで結局運動不足で、体を壊したり・寝たきりになったりする事を考えると、長い目で見ると時間を取ったほうがいいと思う。足は健康のバロメーターで、歩けなくなると、体力がなくなり、動けなくなり、何も出来なくなってしまう。黒塗りの高級車で移動している高級官僚・政治家・大企業の重役の人たち、動く棺桶といわれる車移動で、歩く事を忘れた状態で健康上大丈夫かな、と心配になる。講演会にも時々行

くが、講師の歩き方がよぼよぼで、体がぶよぶよしている
のを、時々見かける（全員ではないが）。運動していないな、
歩いていないな、お迎えが近いな、と心配になる。毎日の
生活のシステムの中に歩く事を組み込むといいと思う。冬
雪に閉ざされたりや環境に制約され、思うように散歩が出
来ない人も、室内でのウォーキングマシンや自転車こぎ、
トレーニングジム・体育館・温水プールでの運動等、筋肉・
循環器系を維持・鍛えるため、毎日継続して運動したほう
がいいと思う。体を動かす習慣を持っていないと、長い目
で見ると、動くのが面倒になり動かなくなり、旅をしよう
とする気持ちも起こってこなくなると思う。体力がないと、
気持ち気力にも影響し積極的な気持ちがなくなってしまう。

　歩く事のもう一つの目的は、意識・無意識に、体を従わ
せる・体を動かせる訓練のためである（自分の思い通り・
意志通りに体を自由に動かせる訓練、小脳を鍛える訓練、
といってもいいと思う）。よく学生や社会人で、なかなか
起きられなくて遅刻する、という人がいる。意思・気力に
従って身体を動かす・体を従わせる基礎訓練が出来ていな
いのである。訓練していないとだんだん体を動かす事が億
劫になり、思っても体がいう事をきかない・動けない状態
になってくる。それで、ますます体を動かさない・外に出
ない、体力もなくなる（筋力がなくなる・循環器系も弱く

なる）。という事で、負のスパイラルに陥る。引きこもりの人・部屋に閉じこもったままの人も、毎日散歩して、社会的活動の前提として、自分の意思に従って自由に体を動かせるよう・屋外の活動がめんどくさくならないよう基礎訓練をすべきと思う。このため私の場合、旅行・旅の準備として、基礎条件として、意に従って自由に体を動かせるよう、旅がめんどくさく感じられないよう、ウォーキングで基礎訓練をしている（旅は、ただ机上・書斎に閉じこもっての学者・作家・文筆家・評論家と違い、屋外活動・行動を伴い、実際に肉体活動が伴うからである）。

　軍隊では、行進訓練をするが、あれは号令に、意識・無意識に体を瞬時に反応・行動させるためにやっていると思う。軍隊・スポーツ・武道では、意識を越え無意識に体が瞬時に反応するまで訓練している。

　現代人は、言葉・理性万能（大脳新皮質・前頭葉を使っている）で、これのみ重視しており、人間の根源的な生きる力・生命力を養う訓練・運動訓練（小脳に当たる部分の訓練）を軽視しているのではないだろうか（スポーツしかやっていない人は運動訓練しかやってなくて、これはこれでトータルバランスとしての社会的知識・判断力の点で、これまた問題ではあるが）。頭と体のバランスを考え、双方の訓練が必要だとし、日常生活の中で実際にこのように意識して実行している人は、意外と少ない。体を訓練によって鍛

えてないと、自由に動けず、人間の自由を失う。自由に何でも一人で出来るように・自分で判断出来るように習慣づけていないと、着替えまで人に頼っているような生活をしていると、長生き出来ない、ともいわれている。

　散歩の目的は、身体機能の向上・維持なので、手の運動も同時に加えたほうがいいと思う。散歩している人を見ると、足を動かす事に集中して、意図的に手を動かしている人をあまり見かけない。グー・チョキ・パー・指折りを、歩行中継続して行っている人をあまり見かけない（手を大きく振って歩いている人はよく見かけるが）。世の中を見ていると、手仕事をしている、音楽家・芸術家・作家等は、認知症になりにくく長生きするように思う。散歩には、手の運動も同時に採り入れたい。散歩に手の運動を採り入れると、頭がすっきりとするように感じられる。それと私の場合、海外旅行をするので、海外旅行のスタイルで体力をつける目的でも歩く。海外で歩くスタイルと同じく、予行演習として前にはポシェット、背中には本等である程度重くしたバッグを背負って負荷をかけて歩く（徳川家康の「人の一生は重荷を背負うて遠き道を行くがごとし」をまさに重いリュックを背負うて実践している）。

　ウォーキングは、金もかからず、それ故フィットネス・ジムのようなビジネス・産業にならずそれ故宣伝もされていないが、日光浴にもなり、またストレス解消・免疫力アッ

プにも効果がある、また認知症・うつ病対策にもなる、といわれる。最近、ビタミンD（骨の形成に重要）と免疫力の関係も注目されている。日光に当たっている人と当たっていない人を統計的に分析してみると、相関関係があり、日光に当たっていない人の死亡率が高い事が分かったらしい。日光に当たってビタミンDを生成して、その血中濃度が高いと免疫力が高まるらしい。屋外で散歩・ウォーキングする事は、この面でも健康にいいという事である。

　私の場合、新型コロナウイルス禍でも歩いた。「不要不急の外出は避けましょう」と市のスピーカーから流れてきた。しかしおかしいのではないか。伝染・感染は人から人にするものである。外出が問題なのではなく、人に不接触がポイントなので、３密どころか全く人に出会わない不接触での散歩・不接触でのドライブ・人に出会わないような山歩き等は構わないはずである。標語的には、「stay home」でなく「stay alone」、「群れるな、散れ」であるべきだったと思う。日本のいわゆる「マンション」やウサギ小屋・犬小屋・ブロイラーのケージのような住宅等で、長期間家に閉じこもれ（昔からの「ひきこもり」の人には、俺らは今更いわれなくとも昔からやっている、といわれそうだが）といわれても、ストレスはたまるし、運動不足で、体力・免疫力は弱まるのではないか、と思った（足をケガして、動けなくて病院に20日位入院した事があるが、体力

が極端に落ちた経験がある)。それで、外出を控えろといわれていても、人のいない公園・緑地帯を相変わらず何もなかったように歩いていた。顔見知りの亀(いつも挨拶しているので逃げない。バ亀またきたか、と思われているかもしれないが)・カラスや野鳩に挨拶し、友だちの桜やその後のアメリカからきたハナミズキ・つつじ・さつき・アジサイ・カンナ・サルスベリ等が時期ごとにいつもの場所で花を咲かせて迎えてくれていたが、人とはあまり出会わなかった。案の定、ある医学会が、家の周りを人に接せず歩くのは、健康によい、とコメントを出した。標語を趣旨も考えないで、ただ表面的・形式的に「家から出ない事」と考えると、ストレス運動不足解消のための散歩にも支障が出て、おかしな事になる。

　外の雪道や氷道で歩く時、十分に注意する必要がある。雪道に慣れていなくて年に何回か雪が降るような雪道を歩く場合は、歩幅を狭くして歩く等注意が必要である。私は、雪が降った日に坂道で転んで、右足の皿を割って動けなくなり、そのまま入院し手術で足の皿の骨を固めた経験がある。またアイスランドの氷道で転び、腰椎圧迫骨折で動けなくなり、回復し歩けるまで、かなり時間がかかった経験もある。

　寒さ暑さ対策についてであるが、寒さについては、防寒着・使い捨てカイロ等で対応出来る(セルビアのベオグラー

アイスランド

ドからオーストリーのウイーンまで、冬の寒い中列車で行った事がある。同じ列車に乗る現地の女子学生が待ち時間の間ホームで寒そうにしていたので、持ち合わせの日本の使い捨てカイロを使い方を示して「使ってください」といってあげたら、たいそう喜んでもらえた事があった。冬に寒い国に行く時もカイロと重ね着対応で衣類をあまり持たず助かっている）。寒い冬の朝歩く時は、帽子はもちろん首・襟から熱が漏れないように、スポーツタオルを首に巻いている。マフラーでもいいのであるが、汗・汚れでもすぐに洗える、スポーツタオルをいつも使っている。問題は暑さである。私は、雨が降っても槍が降っても（長い年月歩い

ているがいまだ槍が降ってきたのを見た事はないが）歩く
ので、暑い時でも歩く。真夏の暑い日、水で濡らした長め
のタオル（スポーツタオル）を、頭や首を覆うようにかけ（暑
さ対策は、人間に本来備わっている発汗のシステムでは足
りず更に気化熱を奪わせるため）、その上から濡れたつば
の広い帽子をかぶり、ペットボトルの水を持って歩く（凍っ
たペットボトルを、首につけたり脇に挟んで、大きい血管
の血液を冷やしながら、溶けたらその水を飲みながら、歩
く事もある）。これでかなり暑さ対策になっている（真夏
のマラソンも、道路への打ち水・ミスト以外でも、濡れ帽
子濡れタオルもかなり有効ではなかろうか）。最近真夏は、
日本でも35度から40度の高温になる事があり、ウォーキン
グ以外でも、部屋の中でも熱中症対策が必要になる。最近
高齢者が熱中症で死亡する例が多くなってきている。対策
は、体を冷やす事である。室内では、クーラーがあれば、
クーラーを利用する。クーラーが効かない・ない・停電で
使えない場合は、水シャワー・水風呂（アフリカのカバは
昼間は水に浸かっており、夜に活動する）に入る、バケツ・
たらいに水を張り、足をつけ、体を冷やす。部屋の外に打
ち水をする（熱帯地方でもスコールの後は涼しくなる）、
濡れたバスタオルを背中にかけ後ろから扇風機を回す、濡
れたスポーツタオルを頭からかける（この場合、タオルは
単なる汗拭きではなく、気化熱を奪う機能を持たせている）、

扇風機の後ろに椅子等を置き水を含んだバスタオルを垂ら
して扇風機の風を冷やす、暑くて眠れぬ夜は水に濡らした
タオルを腹・胸に置いて寝る、等をして、水が蒸発する時
の気化熱を奪う事を応用するといいと思う。私が、屋外で
水が蒸発する時の気化熱を奪う事を利用するようになった
のは、ポーランドのクラクフからウクライナのキーウまで
バスで、移動していた時の事である。東ヨーロッパ南部の
夏は非常に暑く（現地の人は、暑さに慣れていても、いき
なりそこへ行った旅行者は、暑さに慣れるのに時間がかか
る。日本でも、梅雨が明け真夏日になると、暑さに慣れる

まで時間がかかる）、バスは冷房もなかった。そこで、トイレ休憩の時、大きなペットボトルの水を２本買ってきて、タオルにかけて濡らし、頭からかけて、暑さをしのいだ。ヨーロッパ大陸は、比較的乾燥していて日本の夏のようにジメジメしておらず、濡れタオルを頭にかけていても不快でなくすぐ乾いたので、何回も水に濡らした。これ以降、屋外で暑さに耐えられなくなった時、多少上着は濡れるが、濡れたタオルを頭・首からかけ水をたらしその上に帽子をかぶり、「水もしたたるいい男」になって、暑さ対策をしている。標語的にいうと、「熱中症は知恵で乗り切り、仕事・趣味・遊びに、熱中しよう！」という事になる。

　見方によっては、ここでも知恵サバイバル術が試されている。ここで、問題をクリアー出来なかったものは、生き残れなくて、ゲームオーバーとなってしまう。それにしても、近年夏になると、高齢者が熱中症で死亡する事が多くなってきた。知恵を使って自分なりの暑さ対策を身につけてほしいと思う。

　毎日歩くにも工夫がいる。暑い夏は出来るだけ木陰のある道を選んで歩き帽子をかぶり濡れタオルを首に巻き凍ったペットボトルを持つ、冬はカイロを背中に貼り日の当たる道を歩き、雪・氷の道は避け、雨の日は帽子から靴までゴアテックス生地の雨具を身につけ、上り坂は逆ハの字で足の指先側を開いて歩く等色々工夫して歩いている。

暑い夏朝歩いていると、コンクリート・アスファルト舗装の上で、ミミズが干からびて死んでいるのをよく見かける。もしミミズに言葉が分かれば、教えてあげたかった。「一般に液体の物質は、気体になる時、気化熱を……、だから、水辺に行っておけば、……」、と。

技について

　心・体の次の技について。旅の技で問題にしたいのは、英語とカメラである。

英語学習

　今や英語が世界語となっている。世界の広い範囲をイギリスが支配した事、その後のアメリカ支配があって使われていた範囲が広く、世界の経済・文化を主導した事、イギリス・アメリカに抑圧・支配的でない自由のバックボーンがある事、文法・単語の変化が簡単な事、新しい最先端の概念が英語で出来ている事、等があって、今やヨーロッパ・旧ソ連圏でも英語が通じる（日本語は、感情表現・状況説明語で、論理的でなく、論理を進めて書くには英語のほうがいいという人もいる。日本人で、学術論文等はいきなり英語で書く人も多い）。英語学習の目標は、聞く・読む、話す・書くが自由に出来るようになる事、受信・発信が自由に出来るようになる事だと思う（これは、母国語でもなかなか難しいが）。英語が出来るようになるとは、私は「一日中英語の本が読めるか・会話が出来るか」ではないかと思う。自分の脳に英語脳を作り、脳に英語のネットワークを作り、そこから日本語のネットワークに出たりせず、英

語のネットワーク内で完結出来るようになる事（ここで情報を取ったり・考えたり・発信したり出来るようになる事で、ある程度のレベルに達したら、英英辞典を引け、といわれるのは、こういう事であると思う）だと思う。

　暇があっても金がない、金があっても暇がない、金・暇出来ても体力ない英語が出来ない、と海外一人旅のハードルは色々とある。英語も日本人にとって言語の体系（文法・単語の類似性）が似通ったものではない（日本語と）ので、なかなか習得が難しい。そして、前述のような、ただ瞑想していても、英語が使えるようにはならない。日本で暮らす、普通の日本人は、英語が使えなくとも、普通に生きていけるので、生活必要言語でなく普段では必要性がなく、自ら積極的・主体的に・意識的に英語を勉強しないと、習得は難しい。

　そこで私の英語学習法を紹介してみたい。

　私は、九州の片田舎、今となっては、限界集落・崩壊集落となり、列車は現在一日一往復しかこないような所で生まれ育ったので、当然英語を話す外国人等見た事もなかった。英語は当然独学で勉強するしかなかった。

　私は大学受験で、一浪した。その時は、予備校にも行かず家庭教師にもつかず、受験勉強も、独学・独力で一人で勉強した。勉強も全て与えられてこれをやれ・あれをやれ、

といわれると、やらされている感じがあり面白くない。自分でどうやったらいいかを自分でやり方を考え創意工夫して自分が主導権を持って積極的に学習したほうが、楽しく面白い。

　勉強は、何のためにするのか。若い時に勉強する意味は、今思えば、色々な事を知る事自体が面白い楽しいと思える人と分からなくてつらい苦しいと感じる人に分かれるが、人に褒められるためや人との競争で打ち勝つため（これだと褒める人・競争相手がいなくなるとやらなくなる）ではなく、若いうちはよく分からないが、ちゃんと広く基礎勉強・自己学習をしておかないと、広く自由に考える事が出来ず自分の視野・意識・認識力・理解力・共感力が広がらず、周りをうまく認識理解出来ず世界が広がらず、将来の自分のやりたい事・自分の可能性を狭めてしまう事になるのではないか、という事である。また自分の興味・好奇心だけだと、自分の興味・関心以外は勉強せず、結果的に自分の世界・範囲を狭めてしまう。要は「自分の将来への可能性の備えのため」に若いうちは苦しくとも勉強しておく必要があるのである。これが分からないと、目的が分からず苦しくて逃げ・逃避の姿勢となり勉強しなくなり、年を取って後悔する事になる。また多くの事を知りトータルバランスを身につけ、自己の可能性を広め限定せず狭めないという以外に、生涯にわたって勉強・学習する意味は、よ

り具体的・実践的で、色んな場面で出くわす問題解決での多くの切り口・問題解決の手段・道具を自分自身で持つ・身につける、という事であろう。他人任せではなく自己決断を迫られる時、どれだけ本質を見極め解決法を自分自身で持ち探せ判断出来るかが勝負になる。ここで常に学んでいると、変化対応力・問題解決力が問われる時よりよい判断が出来るようになる、と思う。ここに勉強する意義があると思う。

　まず前提として、字を書く事から始めた。高校まであまり勉強せず字を書くのが苦手だったので、毎日朝起きて硬筆習字の上にトレース紙を置き、１カ月位毎日なぞった。これで字を書く違和感はなくなった。

　英語については、まず単語を毎日５ページ繰り返し覚えた（本を２冊買って、１冊をばらばらにし、何冊かにし、１冊をやり終え次に進んだ。こうすると達成感が出て勉強が出来た）。自分では、ピラミッド学習（最初の底辺部分はやる事が多いが、だんだんやる事が少なくなる）と名づけて記憶出来た単語にどんどんバッテンをつけてそこは見ないようにして、何回も繰り返した。更にどうしても覚えられないものは、手で書いて覚えた。手で何回も書いていると、手が覚えているという状態になる。字はいつも書いていないと書けなくなる（そして私は、**記憶**とは、脳内神経ネットワークを作る事だと考えている。**反復**とコンピュー

ターではないので関連・類似・対比・反対事項を考え、意味を理解し、一緒にまとめて覚え、多くのフック・引き出し・芋づる式に引き出せる手掛かりを作っておく事だと思っている。例えば、アツ・ランダムに書いてみると、右は、右手は箸を持つ手（右利きの場合）、木・林・森・姦しい、瓜に爪あり爪に爪なし、栗と粟は木になるのが栗（くり）で穀物で米に近いのが粟（あわ）、「左ヒラメに右カレイ」（「ひ」がつくほうが同じ）、西向く士（さむらい）小の月（2・4・6・9・11月は31日までない短い月）、昔の左大臣・右大臣どちらが格上かは、皇帝・天皇が南向きに座り、陰陽道からその太陽が出る東側・左側・向かって右側が格上、だから左大臣のほうが格上、紛らわしい似たような字の鳥取県と島根県はどちらが上かは、飛ぶ鳥が上で島が下と覚える、四国の室戸岬と足摺岬は足のほうが下、北方領土（4島）は「箸（で）食え」（はぼまい・しこたん、くなしり・えとろふ）、ルート5の覚え方「富士山麓オーム鳴く」（二次元を一次元で表すとこうなると思うが、これは単なる語呂あわせではなく、現実に起こった）、等例をあげるときりがないが）。丸暗記しようとすると、覚えづらく、長く保持出来ない。心理学の記憶テストは、わざわざ無意味綴りにして、検査している。裏を返せば、意味があれば覚えられる、という事である。記憶のコツをつかんでいる人は、多くの事を覚え保持しているが、何の関連もなくただ孤立

的に丸暗記している人は、記憶量が少なく応用が利かない。また丸暗記している人は、横のつながり・体系的・全体的知識がないため、関連知識・体系知識を持っている人・博識な人が絶対いわない・間違わない、とんでもない事を口にする事がある。そのうえ真に理解していないので、応用が利かない。

英語の長文読解は、出題問題を、何が主語で何が動詞で何が目的語かを文法・品詞の知識を使いながら、読んでいった（最初は、主語・動詞・目的語に印をつけて）。単語の海の中から、何が重要で何がその条件づけ説明語・修飾語か、文の構造はどうなっているのか、を探していった。後で分かったが、これは**帰納**という事であった。多くの事実の中からその本質を探る・要約する・共通法則ルールを見出す・一言でいう、ポイントを見つけるという訓練であった。

帰納的に考える、とはどういう事かというと、具体的事実の中から、抽象化・一般化して考える、ポイントを考える・要約して考える・事実全体に妥当する共通点法則を考える、という事である（これは全体が分かっていないと出来ないが）。これが出来ないで単に事実を知っているだけでは、意味を見出し説明が出来ない、要約・まとめが出来ない、一言でいえない、要するに、がいえない、知った事の応用が出来ない、という事になる。有名な例として、アスペルガー症候群（注意が広く全体に向かず、関心の方向

に特にこだわりを持つ人々）の中で、写真的記憶力を持つ人々がいる。一度見た景色を正確に記憶出来る、電話帳のような膨大な数を覚え正確に再生出来る、人々がいる（関心・注意が日常生活に向かわず、他の人の介助がなければ日常生活も出来ない人もいる）。事実のレベルに意識が止まっていて、事実を越えた抽象的・一般的な話が出来ない、抽象化・一般化が出来ない、事実を絵で覚え頭の中でそれを編集出来ない、知のピラミッド・知の立体構造（事実→抽象化→更に上位概念での抽象化）が構築出来ないのである。帰納的に考えるとは、まさにこの反対で、知のピラミッド・知の立体構造を構築する事である。背後の本質を見る・要約する・短い言葉でいう・まとめる、何をいいたいかを一言でいう、とはこういう事である。

英語の長文読解は、単語・文法の知識が不足ながら、文の構造を理解していく、何が要素で何が枝葉かを見極めていく作業であった。国語も多くの本を読み、何がいいたいか、要約するとどういう事か、一言でいうと何か、を考えながら読んだり書いたりしていった。

中学・高校時代、まじめな生徒で、分からない英語の単語を全て辞書で引いてくるが、意味が取れない、という事があった。複雑な文章になると、大量の英単語の中、品詞の知識を借りて、文の構造が立体的に理解出来ていないと、全く理解出来ない。最初は、ＳＶＯ（Ｃ）と、鉛筆で単語

の下に書いていく。だんだん単語の知識（イディオムの知識も含む）と文法の知識を同時に頭の中で使いながら、暗号解読のように英文を読んでいく。ここで、要約する力・本質を見る力・まとめる力が身についてきた。

　この結果、全国模試で入賞し、英語・国語で偏差値72であった。偏差値72というのは、全受験者の試験の得点分布がお椀・鉢を伏せたような形になる（中央の平均値辺りの得点分布が多くだんだん上下に行くにつれて少なくなる）が、その上位1.4％位である。イメージとして、100人に1.4人、平均的な進学校の50人クラスに1人か2人といった所である。偏差値自体にこだわり、単なる手段が目的化してしまい、学ぶ内容に注意がいかなくなる（極端な話内容はどうでもよくなり、偏差値をあげるために受験テクニックに走り出す）のは問題だが、一応の独学に成果があったとはいえると思う。自分で価値があったと思えるのは、教師も家庭教師もチューターもコーチもいなくて、予備校・クラムスクールにも行かず、自分でやり方を創意工夫し、毎日持続して行い、自己学習を自分でコントロール出来た、そして一定の成果を出し得た、という事である。独学のため、単なる結論の丸暗記・詰め込みではなく、何だろう・どうなっているのだろう・なぜだろうという好奇心・探求心を持ち得た事、集中力・持続力の訓練になった事、帰納的・演繹的に考えられる訓練になった事、物事を考える前提た

る知識を得た事等、今から考えると重要な事を身につけられた事である。そして受け身で与えられたものを、ただ何も考えずいわれたままにやる、その勉強でなかった事である。この事は、その後の問題解決に役に立った。問題点を自ら見つけ出しその解決方法・手段を自ら考え実行し解決していく、受動的学習・指示待ち学習でなく積極学習は、人の指示がなくとも出来るので、面白く、学校を離れて生涯死ぬまで・棺桶の蓋が閉じられ焼かれるまで出来そうなので、随分役に立つ（指示待ち学習では、問題も与えられた課題しか解決しようとせず、自ら問題課題を見つけ出し、解決しようとする力がつかない。まるでまかれた餌しか取ろうとしない養魚場の魚のようである。）。

　そして、帰納（induce）的に考える（多くの情報の中から、要するに何か、何が本質か、一言でいうと何か、要約すると何か、ポイントは何か、結局何か、共通していえる法則・ルールは何か、背後の本質に何があるか、を常に考える）習慣は、人の話を聞いたり、本を読んだりする時、随分役に立った。大学の講義以来講演会等では必ずノートを取った。レジュメに書いてあるのでノートを取らなくていいですという人もいたが、ノートを取った。話を一字一句書いているわけではなく、話を聞きながら要約し大切な所を書き取っているのである。こうすると集中力がつき90分（大人の集中力は90分が限界らしい）はあっという間にすぎ、

後でノートを見ると話を思い出し、要約を書く事で、要約する訓練になった。この訓練を受けていない人の、話や書いたものは、具体的事実・思いの平面的羅列、だらだら取りとめのない・いつ終わるとも知れない話となり、抽象・具体の立体構造のない話で、表現者の頭の中が整理されていない・まとまっていない、時間だけをかけている・要領を得ない・疲れる話・意味のない話だ、と思うようになった。

　抽象と具体（アブストラクトとコンクリート）という話で思い出すのは、ある柔道家に天皇陛下が話しかけた時の話で、「柔道で色々とお骨折りの事もあったでしょう」と天皇陛下に問われたのに対し、「はいそれはもう、大変な事もありましたが、皆様のお力添えで何とかこれまでやってこられました」程度の模範解答で答えると思いきや、緊張してか、「はい、昨年も骨折しました」と答え、天皇陛下も微笑まれた、という話があった。色々とあった具体的事実をふまえて、それを越えて一般化・共通化していえる、帰納していえる、抽象化していえる事、抽象的レベルの話として尋ねられているのに対し、それに対し、具体的レベル・事実レベルで、暗黙の前提の話の土俵を外して、返答しているのである。抽象・具体の問題が分かっていて、そのうえで、わざと話の土俵を外したひねった返答をした普通に答えたのでは面白くなくユーモアで答えた、というのであれば、それはそれで、心の余裕を感じられるおもしろ

い話であった、と思われるが（純情・純粋なスポーツ選手が、そこまでひねた・穿った見方・返答はしなかったと思うが）。

　抽象と具体の問題で、あまりにも単純化して、具体的事実を離れ、抽象的な事を覚えておくと、命の危険を生ずる事がある。よく幼稚園・小学校の先生が、信号機を見て、「はい青になりました。渡りましょう」とかいっている。子供が「青、渡る」と単純に具体的状況を無視して抽象的に覚えてしまうと危険である。信号が青で、ダンプが左折してきているのに、そのまま渡ろうとして巻き込まれて事故にあったり、信号が青になるのを待ち構えて、青になった途端徒競走のように走り出して、信号を無視・見逃して（高齢運転者で意識を失っての場合もある）走ってくる車にひかれて、命を落とす、という事もある。大人は子供に、多少難しくても、「信号青」＋「具体的に周囲の状況の安全を確認して」と、抽象に具体的状況を加味して、二重の条件で教えなければならない（信号青は、十分条件ではない）。自動車の運転手が悪いでは済まされない、子供が死んでしまったら取り返しがつかない、重大な問題である。

　旅を多く経験した者からの、抽象と具体の問題は、経験した事のない・実際を見た事のない人間は、二次情報・机上の妄想・抽象的な話に終始し、経験した事のある人間は、細部を具体的・詳細に話せといわれれば話せる、という点に表れる、と考えている。

「白川夜船」という言葉がある。その意味は、知りもしないのに、知ったかぶりをする、という事である。他にも説明はあるが、京都の東山に白川（ここの砂は、これをまくと雑草が生えず、京都のお寺さんの庭園等に重宝されるらしい）という、飛び越えようと思えば飛び越えられそうな小さな川がある。旅自慢をする人に、誰かが京都の白川に行った事があるかと聞いた所、その人は、「ああ、行った事はあるが、ただちょうど夜に船で渡ったので、寝ていて覚えていない」と答えた、という話からきている（「一寸法師が、椀の船か笹船ででも、渡ったのかな?」なんて、突っ込まれそうな話である）。事実を知らないのに知ったかぶりをすると、馬脚が現れる。人に話をする時に注意したい。

　帰納をもっと科学的に厳密に行う手法として、実験手法と統計手法がある。実験手法は、ある条件・事実が整えば、明確な因果関係を持って、何時でも・誰がやっても・何回やっても必ず同じ結果になる、というものである（これが出来なければ、明確な因果関係を持った結果・法則とはいえず、実験結果は否定される）。統計手法というのは、実験が難しい・出来ない場合、大量のデータから、因果関係は不明確だが、確率・統計的に相関関係を見出そうとするものである（もちろん、実験手法でも実験前に、あたりをつける、という意味で、使われる場合もある）。

　帰納という考え方と逆の考え方もある。演繹（deduce）

である。これは、法則・ルールを、具体的事例に合わせて、合理的・論理的思考で当てはめ、判断・決断するというものである。英文法のルールを考えながら英語の具体的長文を解釈していく、英文を文法を考えながら作文する、法律の規範を具体的事例に当てはめ結論を出す等がこれに当たる。

　ただし、この帰納と演繹というメタ知識（個別具体的な事実に関する知識でなく、一般的な考え方に関する知識）も万能ではない。全く新しい事を考える時・創造的に作り出す時は、この考え方は有効に機能しない。既存の思考からの飛躍が必要になる。

　英文長文解釈には、帰納（要点は何か、一言でいうと）と演繹（英文法ルールを考えながら単語を見て具体的英文の意味を理解する）を駆使しながら、読んでいく事が必要になる。これらは、全ての知的思考・作業に不可欠な事で、長文英文解釈でその実際の訓練となる（帰納と演繹の問題は、具体から抽象・一般化へあるいはその反対（抽象から具体へ）、思考の立体構造・ピラミッド構造での、方向としての、ボトムアップとトップダウンといっていいかもしれない）。英語の長文読解を通じて、私は知的作業に必要な帰納と演繹を実際に訓練していた。

今思う英語学習

　私の考える英語の勉強法は、発音・文法・単語（語彙）・

多読の順に、学習する事である。（最近大学の研究で、言語習得には音からが基本という事が明らかになった。）

　普通の人は、英語の勉強は、即効的にTOEICで成績をあげる事だとして、TOEIC向けの受験対策本をつぶしている人が多い。しかし、それではストーリーがなく面白くなく内容が身につかず、長く続かないのではないかと思う。ただのコミュニケーションをはかるためでなく、知の訓練・帰納演繹法の訓練としても生かせる文章の読み込み（英語だけの長文読み込み）も採用したほうがいいと思う。知の訓練・帰納演繹法というのは、前に述べたように、何が本質か・要するに何か・結局の所いえる事・要約する事と、ルール・法則・英文法を使って単語の中へ当てはめ意味をくみ取っていく・理解する事である。これは色々な場面で役に立つ。そして英語は単なる記号ではなく、背後に事実文化歴史があるので、英語の文を出来るだけ読んだほうがいいと思う。英米人の書いた文章を読むと、英米人の思考、考え方、行動様式も分かってくる。試験対策本に多くの時間をかけるのはもったいないと思う。急がば回れ、といわれるが英語学習にも生かしたい。

　まず**発音**。英語は、日本語にない発音を持っていて、これが出来ないと、相手のいっている事が理解出来ず、また相手にこちらのいっている事が通じない、という事になる。日本語は、音が比較的単純・限られていて（そのため同音

異義語が多く、文字を見なければ意味が確定出来ない場合がある。顔なじみの大学生に、「シュウカツ終わったの?」と聞いた時、「はい終わりました」というので、「よかったな、実は俺も、シュウカツやってんだ」というと、「え!」というので、「いや終わりのほうの」と答えておいた)、しかも必ず子音の次に母音がくる構造になっている。そのため、英語が速く聞き取れない、話せばブロークン・イングリッシュならぬ、ブロック・イングリッシュになってしまい理解されない、という事になってしまう。THの発音thank youも、「三球」から「選球」(何も野球にこだわる事もないが)になったが、肝心の上下の歯で舌を噛み空気がそこから抜ける・漏れる音が聞こえてこない。FとかVの音もBと区別されていない。

　カナダで親しくなったカナダ人から、日本人はF・Vの発音が出来ず、ヴァンクーヴァー(Vancouver、カナダ・ブリティッシュコロンビア州の都市、イギリス人のこの地域を探検した探検家の名に由来、州都ではない。州都はVancouver島の女王の名を採ったVictoria)がいえず、VがBになっている、といわれた。上歯で下唇を噛んで息を出す音が聞こえてこない、といわれた。Nも鼻から抜ける音になっていないで、私もよく矯正された(反対に英語ネイティブは、日本語の「ん」の発音が苦手)。

　これらは、日本語にない音で、最初は戸惑い無理に日本

語的にいいなおそうとしたりするが、音を何度も何度も聞いて、最初の頭の痛さ・苦痛を乗り越えて、慣れてくると、何でもなくなる。要は慣れで、自分で使えるようになれば、聞こえるようになり、別に日本人が劣っていて全然出来ないという事ではなく、何という事はない（小さい子供はそうではないが、日本語だけを長年使っている大人は類似の日本語の音・発音が障害になって、なかなか英語の発音が出来ない。この事は、日本語が出来る中国・韓国の人が、母言語に引きずられいつまでたっても、「百円」が「白煙」、「自分」が「恥分」になったりするのと同じである）。従って、多くを聞いて多く発音し慣れれば、何という事もなくなる、取り立てて問題にする程の事もなくなる。全ての技術についていえる事だが、身につけてしまえば何という事もなくなる。ただ身につけるまでが大変で、頭が痛くなる・違和感を感じる・ぎこちなくなるが、そこを我慢し・越えると自分のものとなり、当たり前の・普通のものとなってくる。

　従って、まず多くの英語の音を聞いて、発音をし、慣れて平気になる所まで、意識しないでも出来るようになる必要がある（今は違うであろうが、昔の高校の英語の先生。個別の音の発音は出来たが、文章を読むと、全く日本語的発音になっていた。実際に使っていなかったためであろう。高校英語授業には、違和感があった）。

　全く自分にとってなじみのない言葉・単語をどうやって

自分のものにしていくか。私の場合は、わら半紙に何度も何度も書いて覚えた。高校の世界史でカタカナの覚えにくい個人名・単語が出てくるのでいやになり、結局なじみやすい日本史で受験し、世界史は何も勉強していないので、いまだに世界史は分からない、という人がいるが、分からない単語を何回も何回も手で書けば、その単語が自分の中に内在化し、違和感がなくなる。時間はかかるが、自分はこの方法がよいと今でも思っている。なじみのない言葉が多いので世界史はやらないでは、意識の拡大ははかれない。

　ここで英語の**数の数え方・温度・長さ**について見てみる。英語圏で必要になってくる事がある。英語の数の数え方は、実際は簡単なのだが日本人は日本語の数の数え方を知っているが故に混乱する（特に日常よく使う千や万の辺りで）。日本語は４桁ブロック、英語は３桁ブロックと考えておけば、すっきりと理解出来る。日本語の場合は、本来４桁ごとにコンマ・カンマ・区切りを打って行けば読みやすい。日本語では、まず何千何百何十何といういい方を覚え、次のブロックでは後ろに万をつける。次のブロックの後ろに億、次に兆・京と続いていく（もっと大きな数は10の何乗といういい方が便利である）。４桁ずつコンマ・カンマ・区切りがあれば、読みやすいのだが日本語でも３桁ずつコンマ・カンマ・区切りに統一されているので、読みにくい。英語の場合は簡単である。３桁ブロックずつな

ので、何百何十何といういい方を覚え、次のブロックの後ろに thousand、次のブロックに million、billion、trillion とつけていく。慣れると日本語の読み方よりシンプルで簡単である。だから、日本語で10万を英語で何というかというと、３桁区切りの数字を頭に思い浮かべながら、ワンハンドレッド・サウザンドと読めばよいのである。１万はテン・サウザンドである。

温度に関しても、C（セルシアス・摂氏）とF（フォ（ァ）ーレンハイト・華氏）があり、英米でFが使われ、ぴんとこない。Cの考え方・発想の根本は、大体氷が水になる温度を０度、沸騰して水が蒸気になる温度を100度とし100分している。一方Fは、当時の最低温度を０度とし、人間の体温を100度とした（現在では、正確ではないが）。転換の正確な数式もあるが、61°Fが16℃、82°Fが28℃（数字の逆転）、０℃が32°Fで人間の適温の21℃が70°F体温よりちょっと高い38℃が100°Fと大体覚えておけばよいであろう。

英語圏でよく出てくるヤード・ポンド法の長さ・距離について。１インチが2.54センチで、12インチが１フィート（feet は foot の複数形で連想出来るが足の長さの約30センチ）。ゴルフをする人は分かると思うが、１ヤードは３フィートで約91センチ（足の長さの約３倍）である。１マイルは、約1.6キロと覚えておけばよいと思う。

次に**文法**。日本語は助詞をつければ、単語の位置でたらめでも、意味は分かるが、英語の場合は、単語の位置で意味が決められるので、文の構造を知っていないと、意味が理解出来ない。いくら単語を調べても、並列的に単語を並べても、意味が分からない。個別具体的な単語の知識でなく、それを越えた単語間の配列の法則知識・文法・メタ知識も同時に知らないと理解出来ない。そして、どれが要素（それなくしては、文が成り立たない）か、どれが枝葉で詳細な説明語・修飾語・形容語か、を見極める作業が必要になってくる。

　日本語は、主語がない場合が多く、「英語のまず主語を」、になじめない。日本語は状況説明的（英語でいう、There is, There are）で、まず主語を定め主体的に何かを突き進めていくという言語でないからであろう。日本語・日本では、我をとおすという事が、奥ゆかしく感じられず、全体の調和を乱す、目立ちすぎる、と感じられるから、という事も一因であろう（例外的に、英語でも主語が分からない時・あいまいな時・隠したい時・際立たせたくない時、受動態を使う事もあるが）。

　それはともかく、**5文型**をまず理解する。

　SVOCと略号が出てくるが、Sは主語でsubjectの略、Vは動詞でverbの略、Oは目的語でobjectの略、Cは補語でcomplementの略で補う言葉・説明語である。

最初は、主語（S）動詞（V）の形。英語では、まず主語を立てなければいけない。主語については、名詞の前に置かれる、定冠詞（the）か不定冠詞（a）かがまず問題になる。theは相手方もそれが分かっているその、という意味（thatの意味）で、aは相手方にもまだ分かっていない特定されない一般的なそれ（the）以外（可算名詞の単数形の場合）という事である。英語は、日本語ではあいまいだが、名詞が数で数えられるかどうかを問題にする。まとまりがあって数えられる物（可算名詞）は、単数か複数かで区別する。まとまりは、単に見た目ではなく、英語の文化・習慣によって独特の捉え方（言語によって世界・対象の切り口が異なる）があるので、注意が必要になる。英語では、主語の簡単な説明・条件づけ・修飾は、前からだが、長い場合は後からの説明が多い（日本語は、前から説明・修飾が多い。「あのー、そこのお嬢さん、あ！　昔の、杖がないと転びますよ」という後ろから条件限定づける表現は、日本語ではあまりしない）。

　SVの形は、動詞が自動詞である。**自動詞**というのは、主語自体の動作・状態を説明する動詞である。立つ・座る・寝るという動作は、対象・目的を必要としない主語自体の行動である。よく説明に、目的語を取るかどうか、目的語を取る動詞は他動詞、目的語を取らない動詞は自動詞で、自動詞の場合文が続く時は前置詞が必要（最初にgo to ト

ラベルで問題にしたように)、とある。しかしこれでは、動詞自体から自動詞か他動詞か分からないし、文章を作る時に判断出来ない。見る・作るとかいう動詞(他動詞)は、主語と対象があって、その関係での主語の動作・状態の説明で、対象がなければ、説明が出来ない動詞である。その意味で、目的・対象が必要な動詞が他動詞なのである。動詞自体の意味から、自動詞と他動詞は分かれるのである。目的語を取るかどうかで決めるより最初の動詞自体の意味から自動詞・他動詞を判断しなければならない。最初の動詞を決め、それが主語自体の動作・状態の説明で目的語を必要としないなら自動詞、目的語がないと、主語と対象の関係が説明出来ない時は、目的語を考える、その時の動詞が他動詞となる。ただし、動詞が自動詞と他動詞で完全に分かれるわけではなく、自動詞の場合もあり他動詞でもある場合があるので、注意が必要である。辞書を引けば、自・他となっている。

次に、主語(S)動詞(V)補語(C)の形。S=Cが成り立つ関係、CはSの説明語である。be動詞の場合は分かるが、一般動詞でも使われる。look seem soundとかである。これは、SVOC の省略形ではないか、と思う。表現者の感覚・知覚が当然の事として、含まれているからである。純粋・純客観的なS=Cではなく、O=Cを表現者が知覚・感覚したSVOCを、省略して、SV(一般動詞)Cの

形にしたのだと思う。

　次に、もっとも一般的な、主語（S）動詞（V）目的語（O）の形。動詞は、他動詞で主語の行動・状態を対象・目的との関係で説明するものである（目的語とセットでなければ、主語の行為・状態を説明出来ない）。前に述べたように、同一の動詞が自動詞になったり他動詞になったりする場合があるので、その動詞の意味が、目的語を必要とするのかしないのか、目的語がないと説明出来ないのかどうか、で考えていかなければならない。

　主語（S）動詞（V）目的語Ⅰ（O）目的語Ⅱ（O）の形。

　日本語に訳せば、〜に（目的語Ⅰ）〜を（目的語Ⅱ）とされる場合である（二重目的語を取る場合）。この形式は、動詞が限られており、give　show　tell　ask等である（よく目的語の入れ替えで問題となる）。

　主語（S）動詞（V）目的語（O）補語（C）の形。

　目的語（O）＝補語（C）の関係である。動詞は、believe　make等である。

　それ以外に覚えておくとよいのは、別の観点から、SVOVの形である。最後のV（verb）は動詞の原形である。なかなか日本語にないので、知らないと理解出来ない。一つの文に動詞が二つあり、混乱する。SとOは主体である。SがどれだけOに関与するかによって、分かれる。

　①Sが全く関与しないでただ知覚・感覚している・分かっ

ている場合。最初のＶの例としてsee

②ＳがＯの行動を許す・放置する・認める場合（少し関与）。最初のＶの例として permit　allow等

③ＯをＳの意思に従わせる場合（使役動詞）。have(あまり強くない強制)　make（強制・非強制を問わずとにかくさせる）

何がいいたいかというと、要は、文法も何も考えずただ頭から丸暗記せず、ただ何型文型か等形式的な事に終始せず、なぜそうなるのか、背後に何があるか、本質は何か、を自分の頭で再構成する姿勢が大事であるという事である。長文を読む中で、単語の海の中から、何が本質か大切かを帰納（induce）する事、本質を見極める訓練である。この訓練は、単に英語だけでなく、色々な場面で役に立つ。

次に単語（語彙）

日本で英語の必要なく暮らしている、英語が出来ないと生きていけないという事もない日本人は、英語のネイティブではないので、意図的に自ら積極的に単語を学ばないと、単語が身につかない。日本で暮らしていると問題ないが英語圏で例えば「フリーズ」を知らないと命を落とす事もある。熱帯圏の地域ではその発想はないと思うが、本来寒い地域だった英語圏での単語「フリーズ」の意味「凍りつく・固まる」の発想（冷蔵庫にあるフリーザーは日本語になっ

ているかもしれない）から「動くな・止まれ」の意味になり、これを知らず「フリーズ」といわれたのに無視して警官に近づき射殺されたという悲惨な事故もあった。単語の意味は、知らないといくら考えても瞑想しても逆立ちしても、出てこない（これは日本語でも同じで、日常生活で出てこない抽象的な言葉・専門用語・特殊分野の言葉は、意図的に学習して身につけないと分かったり・使えるようにはならない。ただ漢字の偏旁のように接尾接頭語の理解、ラテン語ギリシャ語の知識があれば、多少楽になると思うが）。少しずつ潰していって毎日学び自分のものにしていくしかない。単語本・単語カード（単語カードを買ってきて、覚える全体を可視化・見える化・有形化し、知っている・覚えた単語を蒸れない指サックをうまく使いながら、リングからどんどん外し捨てだんだん少なくなって行く、覚えきらない単語のみを何回も何回も見ていくのは、ことの外快感であり、ゲーム感覚で覚えられやりやすい。単語カードは、裏に例文付きがよい。用法が分かり、神経回路・ネットワークが出来、例文と一緒に覚えやすいからである。移動中・空き時間に見られるように、リングに通した単語カードを持ち歩くとよい）・覚えにくいものを自分で書いた単語ノート等で、毎日習慣的につぶし覚えていくしかない（今の高校生を見ていると、単語本の最初のほうで挫折している人が多い。単語本を何回も何回もやって、本が2倍位の

厚さになっている人をあまり見かけない。スポーツでは、基本動作を体に覚え込ませるまで繰り返し繰り返し反復練習するのに、英語学習ではこれがなされていないように感じる）。しかし、覚えた所を消し込んで行けば、最初は大変だがだんだん楽になってくる。私の場合は、単語帳を2冊買ってきて、一冊を50ページ位ずつばらばらにし、5〜6冊にし、自分で表紙・カバー（今では100円ショップのクリアーファイル）をつけホッチキスで留め、毎日朝起きて5ページ何回も何回も読んで覚えていった。間違わない所はバッテンをして、見る所を少なくしていった。少ないページの本にしておくと、やり終えた達成感が出て、次の冊にも取り組みやすい。何回も間違える単語は印をつけ、何回も見直す。最後には、間違った単語を何回も書き覚える。最近の高校生を見ていると、単語帳に何の細工もせず、最初のAから暗記用の赤い下敷きを使って覚えていこうとしているが、最初のほうで挫折している。細分化して、少しずつ狭い範囲を何回も何回も読んだり印をつけ書いたりして、取り組む事をやっていない。細分化して狭い範囲をクリアーすると、達成感の喜びを味わえる。自分独自の単語攻略法を編み出し、継続して実行し、攻略してほしい。英語は、文法・単語の一部だけ知っていても、歯が立たない。全体が分かって瞬時に出てこなければ、役に立たない。ある程度単語力がついてくると、分からない単語は、前後

の関係で推理出来るようになる。すぐに辞書を引かず、予測推理・語源を考えながら、最後に辞書で確認するとよい。これは日本語で本を読む時にもいえる事である。分からない、すぐに辞書を引くのでなく、予測・推理しながら、最後に辞書で確認する癖をつけると、単語が身につく（全くの白紙の状態では、こうも行かないが）。

　単語も、語源・意味を全く知らず、ただ片っ端から暗記しようとしても、よくない。こんな話があった。日本人は、海外で「マクドナルド」と抑揚・アクセントもなく・平坦・フラットにいう。通じないし笑われた、という。これは、一般の日本人が「マク」の意味を知らないからである。Mac のゲール語（ケルト語・アイルランド語。アングロ・サクソンに追われてアイルランドに渡ったケルトの人々の言葉。だからその名で、アイルランド移民の子孫と推察出来る。ポテイトウ・ファミンの時大挙してアメリカに渡ってきた移民の子孫かな、と推測出来る）の意味は、息子である。誰々の息子の意味である（英語の頭につくFitz も同様に、アイルランド系の息子を表す接頭辞、後ろにつくがJr. のような意味のもの）。だから、Mac 誰々、なのである。従って、マック・ドナルドでそれを速くいっても平坦・フラット・日本語的な「マクドナルド」にはならない。同じ事は、マッカーサー（マック・アーサー）・マクナマラ（マック・ナマラ）・マックイーン・マックレガー・

マックダニエル等にもいえる。また日本人の意味を知らず
に勘違いで、思いつくのは、日本語化している「ヘッド・
クオーター」である。軍隊用語で、トップ・指導部の居住
する所の複数想定の意味（クオーターといっても、四分の
一の意味ではない）で「ヘッド・クオーターズ」なのにそ
うなっていない。

　ともあれ、殆どの人は、自分なりのやり方を工夫し、攻
略出来ていない。何でもそうだが、最初が一番大変で、自
分の方法を確立し、毎日継続してやれば、慣れてきてそん
なに大変でなくなる。スポーツをする人は、野球で毎日千
回素振りをする、レスリングで毎日千回スクワットをする、
等あるのに、英語の基礎単語を覚えるのに、同じように体
で覚えるまで、基礎訓練を毎日毎日やるというのは、あま
り聞かない。何でも基礎が大事なので、やるべきである。
英語が出来ない出来ないと嘆く前に、英米人は誰でも英語
が出来るのだから、英単語学習法を自分なりに確立して、
徹底的に覚えるべきである。

　また英単語を覚える時、日本語の概念に逐一対応するも
のではない事に注意が必要である。霧・鉄とかは、対応す
る語が一つではない。「ちょっときて！」といわれて、「I
am coming!」には、ちょっと違和感がある（場面としては、
お母さんが子供に呼びかけていて、子供がお母さんに返事
をしていて、それを聞いている自分は、子供の所にいる、

という場合）。自分の所にくる、でなく話し手の所へ行く、という意味なので、日本語の「くる」と異なるので戸惑う。

　歴史認識があると、事実から離れて単なる記号として丸暗記するより、事実に結びつけ・関連づけて覚えられるので、単語も覚えやすい（ラテン語・ギリシャ語等の、語源を知る事も同様）。

　アメリカ大統領に呼びかける時、何というか。あれだけアメリカ国内だけでなく世界的に権力を持っていても、Mr. President である。Your Majesty　Your Highness とか何とかいわない。他の独裁国家で、こんな事をいったら、不敬罪で即処刑されそうないい方である。なぜそうなったかというと、イギリスからの独立戦争の時、アメリカ現地独立軍の総司令官だったジョージ・ワシントンが、初代大統領になった時（1789年、同年は、フランスではフランス革命の年）、何と呼んだらいいか尋ねられた時、「Mr. President」でいいと答えたためである（「お前ら、頭が高い！俺にもっと敬意を示して呼べ！」とか、どこかの独裁国家の最高権力者がいうような事をいわなかった）。以降アメリカ大統領は、このように呼ばれる。You に対応する昔の日本語は、身分制度の厳しかった中国の影響を受けて、様々ないい方がある。今の平等社会では少し奇異ではあるが、高貴な人（やんごとなき人）を直接名前では呼ばず、順に、陛下、殿下、閣下、更に宮（御屋、みや）（様）、殿（様）、

お館（様）、貴殿、そして貴下、足下等がある。ここで要するに・一般的にいえる事は、直接には相手の事も指さない（名前を直接いわない・呼ばない）、もっとも尊い人・身分の高い人は、宮殿があってその下に長い階段があって、その下を見る。その次の人は、住まう建物の下を見る。更に次は、建物自体を指して、相手をいう。その次は、相手の足元を見て相手の事をいう、という事である（もっとも、だんだんと具体的意味を離れて、抽象化され敬意を表す言葉だけの問題になってしまったが）。天皇家・皇族のいい方や、戦国大名・江戸時代の藩主・現代のお笑いの大御所等を、敬意を持って「殿」とか呼んでいたが、本来の意味まで考えている人が、どれだけいるであろうか。

　殆どの相手を、youで済ませられる英語は自由・平等で、使いやすいが、身分が高くて（自分でそう思っているらしい人）身分に固執する人・特権意識を持ち平等に扱われたくない人には、不満を持たれそうである。中にはいまだに特権意識を持った日本の外交官もいて、昔の明治憲法下では天皇の官吏だったが、現在は国民主権下の国民のパブリック・サーバント（公僕）なのに、「閣下と呼べ、閣下と！」（自分は天皇の官吏であり、お前ら下々のものと身分が違う、というエリート意識の潜在意識があるのであろうか）と威張り散らしている海外現地駐在外交官（国民からの税金で普通の公務員より特別高い金をもらっているらしい）もい

る、という話も聞いた事がある。

多読

　何にも知識として役に立たない・知識の連続性・関連性を欠く・知識として支離滅裂な・系統的体系的でない、ただ単に試験のための、対策本で勉強するより、やさしいストーリーのある本を多く読んだほうが、英語に慣れ・ネイティブの思考に慣れ・楽しく・英語のバックボーン・歴史的背景が見え、役に立つと思う。大学受験の時は、なかなかそうはいかないと思うが、それを離れて長く英語学習を一人で続けるには、楽しくなければ続かない。何とかポッター等の空想妄想本を読むより、国の歴史や人の人生を流れ・物語で理解出来る本・伝記本等のほうがいいと思う。

　私の場合は、英語の多読勉強として、やさしい英語の世界史・アメリカ史・イギリス史、英語で書かれた伝記15冊位、を繰り返し読んだ。これらは、旅をする時に随分役に立った（一時期、英語の伝記・歴史書を、ある時期、朝起きると毎朝「儀式」として、読んだ事がある）。英語の本を多く読むのに慣れてくると、時間を忘れ思考の流れ・場面が浮かぶだけになり、英語を読んでいるという意識がなくなる。

　アメリカ史を知らないと、誤解したり・よく分からない事がある（何にも知らなければ、誤解のしようもないが）。アメリカ史を英語で読んでいると、アメリカ史を知らない

単に出来事の名前人物名しか知らない普通の日本人の誤解に気がつく。

　例えば、**アメリカの独立戦争**。これは最初からアメリカの独立を目指していたものではなかった。そもそもアメリカのイギリスからの独立は、北米植民地を巡るイギリスとフランスの戦争（7年戦争・フレンチインディアン戦争。フランスは敗れて、フランスはカナダから撤退したが、あまり知られていないが、ニューファンドランド島の南の小さな島々は、現在もフランス領で、フランス北米進出の痕跡を残している）に由来する。イギリスは、フランスに勝利したが、その戦費を巡って、イギリスは受益者負担、すなわちアメリカ植民地をフランスから守ってあげたのだから当然植民地アメリカ負担・植民地人の税負担、一方アメリカ植民地側は、代表なければ租税なしで、代表をイギリス議会に送らせろ、の対立だった（そもそも、イギリス植民地というが、我々はイギリスから征服されて植民地になったわけではない、我々の自由意思でここへきたのだ、という意識があって、普通の植民地扱いされたくない、という意識がアメリカ人にはあった）。アメリカ植民地の反乱中（独立戦争中）だんだん要求はエスカレートし、独立を要求するまでになったが、決して初めからの独立要求ではなかった。ボストン郊外のレキシントン・コンコルドの戦い（1775年）で、アメリカのミニッツマン（民兵、ほんの数分で準

備出来るという事から）と植民地反乱分子の武器を探しに行ったレッドコート・ロブスターバック（当時の英軍。当時銃の硝煙で敵味方が区別出来なくなるのを恐れ赤い服を着せ黒ひもで結んでいた）が衝突し、これが独立戦争の端緒となったが、その当時はイギリス本国に対する課税反発だけで、独立しようとまでは思っていなかったのである。

　アメリカ・コーヒーを知っているだろうか。薄いコーヒーである。ボストンに移住してきたイギリス人（すぐにアメリカ人になった）は、イギリスで紅茶を飲む習慣をそのままボストンに持ち込んだ。紅茶を買おうとしたが、イギリスから高い税金をかけられ、高くてやむなくコーヒーを紅茶に似せて紅茶の代わりに飲んだ。紅茶に似せてコーヒーを飲んだために、今でもその伝統が残る薄いコーヒーなのである。当時紅茶と税に関しては、有名なボストン茶会事件（1773年）があった。紅茶には関税がかけられていたが、東インド会社には、会社救済のため、税を有利にし安い価格で有利に紅茶を販売出来た。これに怒ったボストン市民が、インデアンに変装して、ボストンに停泊していた、東インド会社の船の紅茶箱を、海に投げ込んだ事件である。ボストンの人々は、ジョークで、「あれは、船上でティー・パーティをやったのだ」といった。これは、茶税に抗議する行動で、独立戦争の原因の一つとなった。

　コーヒーに関していえば、独立戦争時のアメリカ・コー

ヒーを前提にして、その後濃い西海岸（ウエスト・コースト）コーヒーが出てきて、世界中にチェーン展開して、濃い現代版「アメリカン・コーヒー」となっている。

1776年7月4日のアメリカの**独立記念日**（セブンティーン　セブンティ　シックス　ジュライ　フォース）。独立記念日という言葉に引きずられて、この時にアメリカはイギリスから独立した、と誤解して思っている人がいる。1776年7月4日は、独立宣言がなされた日である。しかし、この時はまだ独立戦争中の事で、反乱植民地アメリカの一方的な宣言で、まだ独立出来るかどうか分からない時の事であった。アメリカの独立戦争中の独立宣言は、当時のイギリス本国から見れば、植民地アメリカの反乱・独立分子の寝言・戯言だ、という事であったであろう。トマス・ジェファーソンやベンジャミン・フランクリンらの独立宣言起草者たちは、独立に失敗すれば、自分たちは縛り首になる事を覚悟で、独立宣言を書いたのである。正式にアメリカがイギリスから独立したのは、1783年のパリ条約によってである。

植民地アメリカのイギリスからの独立といっても、今のアメリカのアラスカ・ハワイを含めた領土の全部ではない。最初の独立の地域は、アパラチア山脈の東側・大西洋側の最初の13州とパリ条約で獲得したミシシピー川の東側であ

る。その後領土は次々と拡大し現在ハワイまで拡大している。アメリカ国旗の**ダ・スターズ・アンド・ストライプス**のスターズは、だんだんと増えていった現在の50州を星で表し、ストライプス（横縞模様）は、最初の東部独立13州を表す。（スターズには、もう一つ日本も加えて51にしてもいいのではないか、ワシントンのいいなりなので、と思う人もいるかもしれない。ちなみに、**アメリカ国歌**は、イギリスとの独立戦争後の2回目の1812年の戦争の時、イギリス艦隊の猛攻の後夜が明けて尚も星条旗がマクヘンリー砦に掲げられていて感銘を受けアメリカに対する愛国心が沸きあがってきた、という事を題材にした歌詞である。）

フランス革命とアメリカの独立戦争はどちらが先か

アメリカの独立戦争の時、若きフランスの貴族ラファイエットは、フランスへの援助要請のためアメリカから渡仏した、ベンジャミン・フランクリンに共鳴し、周囲の反対を押し切ってアメリカに渡り、ジョージ・ワシントンの独立軍に加入・従軍した。バレー・フォージの苦難を乗り越え、ヨークタウンの戦いでアメリカ独立軍の勝利を決定づけ（独立軍・アメリカ大陸軍の勝利の潮目となったのは、クリスマスの晩、氷結したデラウエア川を小舟で渡り、油断していたヘシアン（ドイツの傭兵部隊）のキャンプを急

襲し、勝利した時である。有名な絵画がある）フランスに戻り、フランス革命（1789年7月14日）を主導し、フランス人権宣言を起草した（当然の事ながら、自由・平等・幸福追求権のアメリカの独立宣言の基本的人権思想の知識が前提になっている）。

一連の流れは、アメリカのフランスからのルイジアナ購入にも関係している。アメリカのイギリスからの独立→フランス革命→革命の影響を受けフランス植民地ハイチの反乱・独立運動（ハイチの独立は、中南米・ラテンアメリカの西洋植民地からの独立運動のトリガー（引き金）・端緒となった）→フランスのハイチ反乱鎮圧のための戦費調達の必要性→第3代大統領ジェファーソンの時（1803年）フランスのナポレオンからのニューオーリンズ・ルイジアナ（ミシシッピ川の西側、現在のルイジアナ州よりは広く、現在のルイジアナ州の名は、その当時の名残）の格安購入でアメリカの領土拡大、アメリカの西部開拓と続いていく。

南北戦争についての誤解

リンカーンは、初めから奴隷解放を目指して、南北戦争を戦ったわけではない。奴隷制度反対論者のリンカーンが大統領になった時、奴隷制度を肯定していた南部の州が、連邦から次々と離脱していった。リンカーンは、連邦制を維持するため・アメリカの分裂を阻止するため・南北別々

の国になる事を防ぐために、南部離脱分離諸州と戦ったのである（1861年4月12日南軍による、チャールストン近郊の北軍のサムター要塞（独立戦争の英雄サムター将軍由来）砲撃事件が端緒）。北軍には、奴隷制度肯定州も含まれていた（ロンドンの金融資本が、アメリカを分裂させ・支配権を回復しようとして、南部支援した、という話もある）。

　また、1863年1月1日の奴隷解放令で、全ての奴隷が解放されたわけではない。ここにも誤解がある。奴隷解放令は、反乱南部諸州に対するものでしかも大統領令・行政命令であった（戦略上南部内部での奴隷の反乱により南軍の力を弱める狙いがあったと思われる）。ここが分からないと、スピルバーグ監督の「リンカーン」の映画が理解出来ない。この映画では南北戦争の戦闘シーンはなく、リンカーンの議会工作だけである。これは、奴隷廃止を全州にまで広げて憲法保障・憲法修正条項で保障しようとする、そのための議会工作であった。

　アメリカの奴隷制は、1865年憲法修正13条で、廃止となったが、その後も南部では、黒人差別法・ジムクロウ法として実質差別が依然残った（これが残ったのは、リンカーン暗殺後の次のジョンソン大統領が南部に同情的で、解放奴隷の処遇を各州に任せた事が大きい。差別の例として、水飲み場・トイレ・バス座席・ホテル等は別々、不合理な選挙資格制限等があった）。この差別が解消されるのは、第

二次大戦後、公民権運動が起こり、1960年代ケネディそして次のジョンソン大統領時代に、政治的（投票権）・社会的差別が禁止される法律が出来てからである。しかし法律で平等を宣言した（形式的平等）からといって、実質的差別がなくなったわけではない。その後、**アファーマティブ・アクション（肯定出来る劣位者優遇措置。最近もう十分実質的に平等になったと判断されたのか一般的にではないがある優遇措置についてアメリカ最高裁の違憲判決が出た。）**といって、マイノリティ（少数派）に大学入試等で下駄履かせ措置（優遇措置）が行われた（不平等な立場に置かれている者には、形式的には不平等でも優遇的地位を保証してやらないと、いわゆる「下駄履かせ」をしないと、実質的平等にはなれない。そのための優遇措置であった。しかし、そもそも黒人として生まれてくると、抜け難い社会環境・構造の中で種々の制約があり、スタートラインの平等が確保されておらず、構造的差別が依然として存在する）。

　ただこの事を、多数派が逆差別では（多数派を不利に扱っている）、と問題にした。現在でも、アフリカン・アメリカン（黒人）差別は、多数派の潜在意識の中に残っており、時々その処遇を巡って、社会問題化する。

南北戦争終結・奴隷解放とジャズ・プレスリー

　ジャズは元々アフリカからアメリカに連れてこられた黒

人奴隷の音楽に由来する。**南北戦争終結とこのジャズにど
のような関係があるか**というと、南北戦争終結によって軍
で使っていた号令・士気を鼓舞する為の**軍楽隊の楽器**（進
軍・行軍で移動しながらの演奏に適する吹奏・打楽器が中
心）が**放出**された事、奴隷制度下では徒党を組み集団で
集まって楽器を演奏し・歌を歌う事は奴隷反乱の恐れがあ
るとして禁止されていたのが1865年の憲法修正13条で奴
隷解放・奴隷制度廃止となり**集団で楽器演奏・歌う事の規
制が無くなった事**（奴隷制度下ではせいぜい黒人は黒人教
会で魂の救済を求めて歌を歌う（ゴスペルの原形）事くら
いしか出来なかった。）である。この2つの要素が相重なっ
てアメリカ南部ミシシッピー川河口に近い**ニューオリンズ**
（かってフランス領ルイジアナの首府でフランスのオルレ
アン公のオルレアンから名付けられ新しいオルレアンでヌー
ヴェル・オルレアン、英語読みでニューオリンズ）で**ジャ
ズ**（元々は、黒人奴隷だった黒人の抑圧からの魂の解放・
魂の叫びであった。）が生まれた。その後**第一次大戦への
アメリカ参戦**（1917年）でニューオリンズがヨーロッパへ
兵員・軍需品を運ぶ重要な**軍港**となり、**エンターテインメ
ント**が禁止となったので、ジャズ演奏者はやむなくミシシ
ピー川を遡り、川沿いの**メンフィス・セントルイス**などの
港町で演奏しこれがだんだんとが広がりさらに全米・世界
中にまで広まっていった。

そしてジャズは、当初アメリカの白人社会では黒人音楽で下品な音楽とされていた（白人社会では白人音楽だった。）が、プレスリーがメンフィスで黒人音楽と白人音楽との融合をはかり、洗練されたアメリカの音楽としてその地位を確立していった。

　ジャズは、日本では今までにない新鮮な自由なアメリカの音楽として受け入れられたが、実はこのような歴史的背景があったのである。

　ジャズは、独特のリズムで感情・情緒・心魂の叫びをそのまま直接・素直に表現する傾向があるのに対し、日本の能（庶民文化の伝統の歌舞伎と異なり武士の文化）・お経とか（何も知らないとただ眠くなるだけだが）は、いかなる時にも・何があっても・予想外でも驚かず「平常心」（やせ我慢・強がりでなく「火もまた涼し」）でコントロールされた心静められた心（平常心を保つ為にあまり意味を考えないで、吐く息を長くする呼吸をしこれに音を乗せるやり方をする。）を主眼として表現し（感情を押し殺し平然としている様にも見える。）、感情をこめて・感情をそのまま直接ストレートに表すことは、粗野で下品だという事が大前提としてあるのではないか、と私は思っている。

オバマ黒人大統領に対する誤解

　オバマ大統領は、黒人初のアメリカ大統領と思っている

人が多い。オバマ大統領について書いた本を読んでみると、誤解である事に気づく。黒人といっても、お父さんは、黒人奴隷の子孫ではなく、アフリカ・ケニアからハワイ大学へ留学してきたイスラム教徒である。お母さんは、白人のキリスト教徒で、両親はハワイ大学で、学生結婚をしている。お父さんは、東海岸のハーバード大学に奨学金が取れて、ハーバードに行く事になったが、旅費が1人分しか出ず、お母さんとオバマは、ハワイに残った。お父さんが、ケニアに帰る時、一緒に帰る事を呼びかけたが、お母さんがイスラム教徒の一夫多妻である事に反対し、ケニアに行かず両親は離婚した。お母さんが、インドネシア留学生と再婚し、留学生本国呼び戻しがあったため、お母さんとインドネシアのジャカルタに行った。しかしお母さんは、そこでもオバマに個人的に英語教育を施した。そのままでは、アメリカ人としてのアイデンティティ・教育を受ける機会は失われるとして、その後ハワイにいるお母さん方の祖父母に預けられた。そこで、アメリカ白人の学校に通い、大学は西海岸の学校から東海岸のコロンビア大学に転校し、ニューヨーク・シカゴで働いた後、ハーバード・ロースクールに入った。これから分かるように、殆どアメリカ黒人の文化環境になく、白人の文化環境の中で育ち、白人のエリート教育を受けている。単にDNAの半分を、ケニアの黒人のムスリム留学生だったお父さんから、受け継いでいるに

すぎない（本人が黒人である事を売りにしたにせよ、文化環境は純白人である）。単純に、黒人奴隷の先祖を持つ、ハーフの黒人大統領ではないのである。南部ジョージア州アトランタのバプティスト教会の、I have a dream で有名な公民権運動のキング牧師とは、バックグラウンドが全く違うのである。

カリフォルニア金鉱発見の誤解

　先日、ある本にどんな事が書いてあるかと読んでいたら、1849年にアメリカで金鉱が発見された、と書いてあった。アメリカ史を多少でも読んでいると、「フォーティーナイナーズ」からの誤解であると、すぐに分かった。1848年アメリカとメキシコとの戦争で、アメリカがカリフォルニアを獲得したちょうどその年に、カリフォルニアで金・金鉱が発見された。今のように飛行機があるわけでもなく、タイムラグがあり1849年にどっとカリフォルニアに金鉱掘が押し寄せ、カリフォルニア開発のきっかけとなった。その金鉱掘の人々の事を、「フォーティーナイナーズ」と呼ぶのであり、金鉱発見は、49年でなく48年なのである。情報量が少なく中途半端に知っていると、誤解する事が多い。

　以上のように、英語の本を多く読んで、歴史・流れを読み・関連性を理解して・関連性の中で、英語の学習をする

ほうが、長く続けられ興味を持て楽しいし役に立つと思う
（もっともいいのは、英語圏の大学でちゃんと4年位勉強
するのが、一番いいと思うが。現地で働いても、日常レベ
ルの英語をこえて、抽象的な事・本が読めるレベルになる
には、それなりの教育・勉強が必要である。自分も留学し
たいが、時間がない）。

　旅行者としての技としては、英語の次に、カメラを取り
あげたい。

カメラ

　なぜカメラか、というと、私は海外旅行をする時、いつ
もカメラを持って行っていて、後でどんな国だったか、を
振り返るには、カメラで映像を持っていると便利で、その
ため私にとってカメラは、旅に欠かせないものとなってい
るからである。ビデオ・動画という手もあるが、百カ国以
上の国々を、瞬時に短時間で振り返るには、写真のほうが
適している。ビデオ・動画では、振り返りに時間がかかり
すぎる。画像・ビジュアルの世界でも、帰納化・要約化の
話・集約化・要するにどうだったかの話はあるのである。
何枚かの写真でその場所その国を代表させる事が出来るの
である。写真もアナログ・フィルム写真から電子・デジタ
ル写真になって、安価で劣化せず、コンピューターの外づ

けディスク、特にSSDに入れておけば、写真が何千枚・何万枚あっても、国別に整理しておけば、瞬時に素早く再生出来るので便利である（コンピューターのマウスをカチカチやれば、スライドショウより早く見れる。写真を全てプリントアウトして管理していると、こうはいかないと思うが）。

　何の知識もなくただオートで撮る事も出来るが、写真のプロの知識・スキルとはいかなくとも、知識があると、単なる旅行者の瞬間的に撮影するスナップ写真でも、写真撮影上のよくある問題を解決出来る。カメラを扱うには、多少の知識があったほうがいい。

　カメラを専門に扱うビジュアル系の人は、感覚的なためか論理的・体系的・統一的・全体的にカメラの知識・扱いをあまり説明してないので、私の理解している範囲で、説明をしてみたい（旅でスナップ写真を撮る人には、参考になると思う）。カメラもアナログ・フィルム時代からデジタル時代に大きく変化しており、カメラの構造もカメラ・フィルムも産業も大きく変わっている。カメラの構造とその説明も光学的機械的メカニズムとコンピュータープログラムの説明に各種取り扱い説明書はなっている。

二眼と一眼レフそしてミラーレス

　二眼カメラとは、被写体の範囲等を決めるために覗く所と、実際に撮影のために光を入れる所が異なるカメラであ

る。昔、縦・上下に2つレンズがついたカメラがあった。フィルムは1回光を当てるとダメになってしまうので撮影のため光を当てる所と画角焦点露出等を測定確定する所を別にしていた。しかしこのカメラは、レンズを含め同じような装置を2つ作る必要があり、またカメラの装置がどうしても大きくなりがちであった。更にこれはファインダーを覗いた時のフレームと実際写した写真が異なる問題があった。特に近くを撮る時に問題となった。そのため考え出されたのが、**一眼レフカメラ**である。これは、ファインダーで見るフレームと実際の写真が同じになるように工夫されたカメラである（装置も小さくなった）。どうしたかというと、レンズとフィルム（フィルム自体は、昔のモノクロからカラーが一般的になった）の間に鏡を置き（フィルムカメラのフィルムは、いったん光を当ててしまうと、もう使えなくなってしまうので）、光を何回か反射（reflex、英語読みだと、リフレックスであろうが、写真は日本にドイツから入ってきたので、ドイツ語読み的に「レフ」といわれている）させファインダー（カメラの撮影者の目で覗く所）に送り、そこから画角・焦点・露出等を決めさせる。撮影の瞬間鏡をあげすぐに閉じ、フィルムに一度だけ瞬間的に光を当てる。このような光学的構造であるので、画像を反射させるためにカメラ上部に箱状の出っ張りがあり、撮影の時鏡が反転するため「パシャッ」という音がする（構

造上、カメラがどうしても大きくなりがち）。

　ミラーレスというのは、この鏡のついていないカメラである。フィルムと違い、デジタルカメラの撮像素子（光信号をデジタル・電気信号に変える所で、フィルムカメラのフィルムに相当する）は、1回光が当たったからダメになるというものではなく、長く光が当たっていても、いつ電気信号に変え写真に取り込むかだけが問題なので、わざわざ光を別の所に導く必要はなくなった。これでフィルムカメラのように複雑な構造を取る必要がなくなり、構造が簡単になった。

フィルムカメラとデジタルカメラ

　一眼のフィルムカメラ（最初は映画の35ミリフィルムのきれっぱしを使い、それが転用されたため、フィルムカメラの画角サイズも35ミリが標準となったとされる）は、前述のようにフィルムの感光を避けるため、光を別の場所に誘導し、覗き窓から覗かせた。しかし、デジタルカメラではその必要がなくなり（ミラー不要）、撮像素子上の情報をそのまま、ファインダーなり液晶に表示させる事が出来るようになった。これにより、構造が簡単になり、小型化し持ち運びが楽になり、暗くて光学的な一眼レフのファインダーでは見られなかった暗いものが、電子加工により、感度がよくなり撮影の時にファインダーからも見られるよ

うになった（一眼レフでは、見た目の情報・光学的情報しかファインダーからは見られず、ファインダーで人間の目で見られなかったものが、感度のよいフィルムを使っていると後で写真で見ると見られた、という事もあった）。更に、デジタルカメラではフィルムカメラでは調整の出来なかった、フィルムカメラのフィルムに相当する撮像素子での光の調整（ISO感度調整）も出来るようになった。フィルムカメラでは、せいぜいISO感度の違うフィルムを取り換えるしかなかった。

　フィルムカメラの時代は、フィルム代が高く、1枚1枚写真を撮るのに、神経を使った。デジタルカメラになって、コストが格段にかからなくなった。一度に何千枚撮っても電子メディアに保存するだけで現像の必要もなく殆どコストはかからない。そして撮ったすぐその場で写真を確認出来、失敗・操作ミスの写真はすぐに捨てる事（削除）が出来るようになって、どんどん写真を撮れるようになった。

　デジタル写真が普及したため、フィルム写真と違い、コンピューターとプリンターで個人でも写真処理が出来るようになり、従来のフィルム販売・写真の現像・プリントの店（DPEショップ、Development-Printing-Enlargement Shop）が消え、写真産業の姿が変わってしまった（街の写真屋さんが、ケイタイ・コンピューター屋さんになってしまった。フィルム会社は、一部マニア用を除いて、フィルムはあまり

作らず、写真とは全く別の薬・健康食品・飲料等を作るようになっている）。今はまた、携帯写真でも結構いい写真が撮れるので、低価格のデジタルカメラは、なくなってきている。

デジタルカメラ操作で知っておくべき事

画角・絞り・シャッター・シャッタースピード・　ISO感度・ホワイトバランス・色温度（光学系カメラにはない、デジタルカメラ特有の撮像素子の調整）

大概の場合、旅行者はカメラ自体に興味があるわけではなく、訪れた場所をうまく撮りたいだけなので、カメラについている**自動設定・オート**で撮影すれば足りる。カメラの性能がよくなり、デジタルカメラでは、その場ですぐにチェック出来るので、これでも十分足りる。また、もう少し進んで、環境に適した撮影をしようと思えば、**シーン別の設定**を選んで撮影すればよい。夜景・風景・人物・スポーツ（動きのあるもの）・花（接写）等のモードがある。

しかしもう少し、変化させて撮りたい、自動でも対応出来ないものを撮りたい、撮影にトラブルがある、うまく機能しない、と思う時は、カメラの基本構造を理解して、操作する必要がある。また、知らずに誤ってモードに触れ、どうしてよいか分からなくなったり、突然設定が切り替ってしまう事もある。この場合スイッチをいったん切って直る事もあるが、直らない事もある。その場合、カメラの構

造・機能・操作の基本を頭に入れておき、対応する必要がある。この意味でも、カメラの基本を知っておくべきである（実際撮影する時、逆光・色温度・速いもの暗いものを撮る時のISO感度とシャッタースピードの知識が必要になる）。

　デジタルカメラで操作出来るものは、カメラの構造上、前から、画角（ズームレンズの場合の焦点距離の移動）、絞り、シャッター・シャッタースピード、ISO感度・ホワイトバランス・色温度等（撮像素子の調整。これはカメラ内のソフト操作の問題）である。

　それでは、一つ一つ見ていく。

画角

　画角とは、レンズが写し込む被写体の範囲（絵のフレーム・枠）を、角度で表したもの。角度が大きい（広角、レンズと撮像素子の間が短い）と写し込む範囲が広く（魚眼レンズは、像は歪むが広い範囲を写し込める）なり、角度が小さい（望遠、レンズと撮像素子の間が長い）と、遠いものを近くのように写せるが狭い範囲しか写せなくなる。よく画角を35ミリ換算で、とかいわれるが、これはもともとカメラのフィルムが、映画フィルムの残りを使っていたため、前述のようにそれが標準となったためらしい。デジ

タルカメラで、撮像素子のサイズが小さい場合も、35ミリ換算で、画角が説明される。

　通常撮影では、ブレが生じないようにしっかり固定して撮影するが、カメラを動かして・フレーム・画面を動かして、撮影する場合もある。焦点を固定して・シャッターを半押しして、フレーム・画面を動かして撮影する場合と、横に動いているものを撮る時、カメラを動きにそって動かし撮影する「流し撮り」（横に動いているものが止まって見え、周囲の動いていないものが流れるように写る）の場合がある。いずれも、カメラを動かしながらの撮影である。

　旅行の場合、遠くのもので近づけない時、ズーム機能のついたカメラが便利である。ライカＱというカメラが評判がいいというので使ってみたが、前後に歩いて画角を決めなければならず、旅行で瞬間撮影をするには不向きで、今は箱の中に眠ってしまっている。

絞り

　絞り　猫の目をよく見た事があるだろうか。光が強い昼間は瞳孔を小さくしている。夜になると、瞳孔が大きく開いている。人間も同じであるが、猫程には目立たない。これがカメラにもあるが、普通にカメラのレンズを覗いても、通常は大きくあいたままなので、絞りが作用するのは、猫の目のようには見られない（撮影の瞬間を除いて、焦点あ

わせ・露出測定等の必要上絞りを全開にしている）。シャッターを切る瞬間に作用するからである。絞りには、２つの役割がある。一つはカメラに入ってくる光の**量の調整**である。水道の蛇口と同じで、出てくる水が多ければ（レンズを通して入ってくる光の量が多ければ）、蛇口を絞り、少なければ、蛇口を大きく開ける。もう一つは、**被写界深度（焦点が合う奥行きの範囲）**の調整である。絞りを大きく開ければ、被写界深度が狭くなり、一部のものにしか焦点が合わず、いわゆる「**ボケ**」が生じる。反対に絞りを絞れば、被写界深度は深くなり、広範囲に焦点が合うようになる。集合写真で、被写界深度を浅くすると、焦点の合った人しかはっきり写らず、周りの人はぼけてしまう・景色になってしまう、という事が起こる。絞りはF値（形容詞の焦点の、の意味のFocalからきている）で示され、値が小さい程絞りを開いた状態（取り込む光の量は多くなり明るくなるが、焦点の合う奥行きの範囲が狭くなりいわゆるボケる）、F値が大きいと絞りを絞った状態（取り込む光の量は少なく暗くなるが、反面被写界深度は深くなり全体にピントが合ってくる）となる。交換式の開放時のF値の小さい明るいレンズ（単焦点レンズ）は、被写界深度が浅くなり、ボケるが、値段が高い。

シャッター・シャッタースピード

　シャッタースピードは、分数で表される。分数値が大きいとシャッター速度が遅くなる。反対だとシャッター速度が速くなる。

　これも、入ってくる**光の調整**であるが、時間の調整で、人間の目で見るのと違った状態を写真に写し込める。人間の目でとらえられない高速度で動いているものを瞬間的に止まったかのような状態で写し込める（高速度で動く車・飛行機・鳥等）。スポーツの決定的瞬間（野球でいえば、投手がボールを離した瞬間、バッターがバットに球を当てた瞬間等）も、止まったような状態ではっきりと写し込める。あるいは、反対に人間の目では認識出来ない、ある程度長い時間のものも写し込める。動きのあるものの動いた軌跡をとらえる事が出来る。暗い所でシャッターを開けたままにし（バルブ撮影）時間をかけて天体の動きを撮影したり、シャッタースピードを遅くし光の流れ・糸を引くような滝の流れ・車の流れ等を写し込む時に利用出来る。

　高速で移動するバスや電車から、外の景色を写すと、景色が流れたような写真になる事がよくある。その時は、シャッタースピードを速くする必要がある。

　シャッタースピードを速くすると、当然取り込む光の量が少なくなり、暗くなる。そのため絞りを開ける（F値を

小さく）か後述のISO感度をあげるとかの工夫が必要になる。反対に、シャッタースピードを遅くすると、光の量は多くなるが、ある程度の時間の間の情報が変化しながら入ってきて、ぶれの問題が生じる。三脚を使うとか、台の上に置いて撮るとかの工夫が必要になってくる。

露出（明るさ）

　露出（明るさ）というものがある。あまりに光の量が多い、南の島で撮影したりする時、日陰で液晶画面をチェックしてみると、白くなっている場合がある。その時は、適当に露出調整を行う必要がある。あるいは、夜間・洞窟の中等画面が暗くなりすぎる時には、露出を変更する必要がある。露出（明るさ）は、絞り・シャッターの調整で行う（ここは光学系でもデジタル系カメラでも同じ）。

　露出（明るさ）をいじらず（絞り・シャッタースピードをいじらず）、その他の変更（カメラの構造上の機械的操作でなく、カメラ内のソフト・コンピューター設定の変更。従来の光学系カメラでは、機械的な絞りとシャッタースピードの調整だけだったが、デジタルカメラでは、撮像素子（従来のフィルムに相当）の調整も出来るようになった。画像をコンピューターに取り込んで、後でコンピューター上で、調整も出来るが）も出来る。ただ、昔は機械操作は手で絞

リング・ダイヤルを実際に回していたが、最近は全て数値設定・コンピューター設定出来るようになり、機械設定とその他設定の区別の意味がなくなってきている。

ISO 感度

　フィルム時代では、ISO感度はフィルム自体の感度で一度フィルムを入れたら、変更する事は出来なかった。そして選択の余地が限られていた。デジタルカメラでは、画像センサー（撮像素子、光信号をデジタル信号に変換する所）の感度となって、自由に設定を変えられる（フィルムカメラでは、不可能だった）。暗い所で、シャッタースピードを速くする必要がある時は（暗い所で鳥の瞬間的な動きを撮影するような時）、ISO感度をあげてみる必要があるが、あまりあげるとざらざらした感じの写真になってしまう。反対に光の量が多く写真が白っぽくなってしまう所では、ISO感度を下げればよい。

ホワイトバランス・色温度

　ホワイトバランスとは、本来光の影響を受けて、人間の感じる白色が、白色に写らない時（例えば、赤色電灯のもとでは、白いものでも全体が赤みがかって写ってしまう）に、白色補正（人間では脳内コンピューターで白色に補正出来る）する事であるが、デジタルカメラでは、色合いを自分

で好みに色々変える事にも使われる。

　色温度とは、光源が発する光の色を表すもので、温かい感じの暖色系からグラデーションでつめたい青色系まである。部屋の中で、白熱電球下撮影したものと蛍光灯下で撮ったもの、あるいはLED照明下で撮ったもので、写真の色が見た目と違ってくる。あるいは、部屋の中から部屋の照明で外の景色を撮ると、フィルターをかけたような写真になる。これを補正するのが、色温度調整である。昔の機械式カメラの時代は、これらの調整はレンズの前にフィルターを付けて行われていたと思う。しかし、デジタルカメラでは、ホワイトバランス同様、自分で色合いを適当に変えるためにも使われている。

　従って、デジタルカメラでは、ホワイトバランス・色温度は共に、写る写真の**色合い調整**と理解していいと思う。従来の光学系カメラでは不可能だった、撮像素子（フィルムカメラのフィルムに相当）の調整による、ISO感度・ホワイトバランス・色温度の変更が出来るようになった（カメラの操作の説明で、いまだに光学系カメラの機械的説明に終始（絞りとシャッタースピードの調整）し、デジタルカメラ特有の撮像素子の調整の話等の、カメラ内のコンピューター処理の話を意識的に説明しているのが少ない。ISO感度以下の説明が構造的・体系的になされていない）。

　以上は、構造上から考えられるカメラの要素を前から順

次にみた変更・調整（画角・絞り・シャッター、位置的には一番後ろで機械的処理ではない撮像素子の調整）であったが、デジタルカメラでの具体的操作は、各モード別に決められているので、各モードの意味と、何が出来るかを知らなければならない。

　具体的モードは、Ａ　Ｓ　Ｍ　Ｐ　である。

　まずＡモードについて。

　Ａは、Aperture value の略で、絞り値・絞り指数・絞りの開閉の度合い、の意味である。

　穴の大きさ位の意味で、日本語で「穴＝アナ」のＡ（あ）と、覚えにくかったら覚えればいいと思う。絞りを操作するには、このＡモードから入る。Ａモードは、**絞り優先モード**で、具体的には**Ｆ値**を操作する事である。Ｆ値は小さくなれば、絞りが開かれ、明るくなり、Ｆ値が大きくなれば、絞りが閉じられ、暗くなる。そして、この場合被写界深度に影響する事を、考慮に入れなければならない（絞り値が決まれば、後はコンピューターがシャッタースピード等を自動的に決定してくれる）。被写界深度を調整するため・焦点の合う範囲・奥行を調整するためにだけ、絞り（Ａ）で、Ｆ値を操作・変更する、という事もある。

　Ｓモードは、シャッター・モードの事で、シャッター調整は、Ｓモードから入る。Ｓモードは、**シャッター優先モード**で、シャッタースピードを自由に設定出来る。早い動き

のものを止まったように写したり、ある程度の時間の流れを写し込み、流れるような写真を撮る事も出来る（シャッタースピードが決まれば、後は自動的にコンピューターが設定してくれる）。

Mモードは、マニュアルモードで、絞り・シャッターの設定を自由に変える事が出来るモードである。単に絞りだけ（A）や単にシャッターだけ（S）の変更ではなく、絞り・シャッターを相互関係で変えられるモードである。マニュアルだから、本来は手動操作で、手動機械操作であったのであろう（カメラのコンピューター化で、マニュアルとプログラム操作が一緒になった感があるが）。

ここまでは、光学系カメラ・フィルムカメラの機械的な操作と共通である（絞り・シャッターという精密機器の操作である）。

Pモードは、**プログラムモード**の事で、絞り・シャッターで適正露出を保ったままで、ISO感度・色合い・露出補整等その他の設定が出来るモードである。ISO感度をあげて鮮明に写したり、色合いを変えたり、明るさを少し変えたり、その他の設定をする事が出来る（カメラ内のコンピューター操作である。プログラムとは、本来コンピューターに命令する事なので、コンピューター・プログラムモードであり、単なる機械式のカメラでは、出来なかったものである。フィルムカメラでは、最初からISO感度を変えておく（フィル

ムを変えておく）以外、ISO感度を変える事は出来なかった）。

　その他、どのポイントあるいは複数ポイントで、焦点・明るさ・色調整を行うか、逆光にどう対処するか等の問題はあるが、前記の基本を理解し、操作に習熟し、そのうえでマニュアルを見れば、解決出来ると思う（旅に興味を持つものが、そこまでカメラに詳しく興味を持つ時間と手間をかけるかは疑問であるが。スナップ写真で十分と思うのが、普通と思うが）。

　以上から、モード操作ボタンは順に、「AUTO」（オート）→「SCN」（シーン）→「A」（「アナ」で絞り優先）→「S」（シャッター優先）→「M」（マニュアル）→「P」（プログラム）、となる。

　通常はオートでよいが、暗い所、速く移動しているものを、速く移動している乗り物から、でうまく記録出来ない時、逆光がかっている時、基本を知って、操作を変えていかなくてはいけない。すぐに判断し、実際にカメラ設定を変更出来るようになるには、それなりの訓練が必要である。

　個人的失敗談としては、ポーランド南部クラクフ（古都で日本の京都のような所）の近くの**巨大な岩塩坑**（アウシュビッツ・オシフェンチムも近くにある）の内部を、当時写真の知識があまりなく、うまく撮れなかった。

ウクライナとルーマニアに挟まれた小さな国モルドバの首都キシナウ近郊に、**世界最大の巨大なワインセラー**（総延長250キロといわれる）がある。歩いて回れる日本の山梨のワインセラー等とは違い、ガイドつきの車でのツアーでしか入れない所（迷うと出られなくなりそう）であるが、暗い所で撮る設定に不慣れで、ツアーに遅れるとまずい、という事で、うまく写真が撮れず、暗くぼやけた写真しか撮れなかった。

　台湾の九份の夜景も、シャッタースピードを遅くしたため、光がホタルが飛んでいるように曲線を描いて写っており失敗した。

　日本の栃木の宇都宮の北側、大谷石採石場跡（太平洋上のプレートに火山の噴火による火山灰が堆積し、軽いためプレートと一緒に潜り込まず、日本側のプレート上に乗りあげたかたちの岩石の層）は夏も涼しい広大な地下空間であるが、じっくり１人で回れたので、暗い空間を、絞り・シャッタースピード・ISO感度を色々と調整して写真を撮る事が出来た。

　ベラルーシ・白ロシアの首都ミンスクで、雨が降っていたのでコーヒーショップの建物の中から部屋の明かりで、外の景色を撮っていた時、撮った写真の色が変だったが、原因がよく分からなかった。後で考えると、これはP以下で色合い調整をすべきだった（後でコンピューターソフト

で修正も出来るが）。

　コーカサス三国の内の**アゼルバイジャン**の首都バクー（風
の街の意味）の油田をバスの中から撮っていて、外は少し
暗くなっていたが、自動で写真を何枚も撮った。後で写真
を見たら、全体が赤紫色になっていた（ホワイトバランス・
色温度設定が変わっていたか、バスの車内灯に反応したか、
その時分からなかった。車内灯に反応したのであれば、カ
メラを窓ガラスにつけ車内灯に反応しないようにすべきだっ
た）。

　暗い場所で撮影する時、まず「**オート**」で撮影してみる。
次に「**シーン別**」で暗所に強いシーンで撮影する。更に「**A
モード**」で絞りを大きく開けて（F値を小さくして）撮っ
てみる。或いは「**S**」を操作して、シャッタースピードを
遅くして撮影してみる、絞り・シャッタースピードをマニュ
アルモードの「**Mモード**」で相互を色々変えて試してみる。
最後に、「**P**」でISO感度をあげてみる。色々試して明るさ
を調整してみるといいと思う。この時、カメラの機械的構
造・機能が全体として頭の中に入っているか理解している
か、何も知らず単にマニュアルを見ながら操作するかで応
用範囲が大きく違ってくると思う。明るい車内・室内から、
暗い外の景色を写すには、出来るだけ車内の光源の影響（色
温度の影響）を避けるため、窓を開けるかガラスに出来る

だけ近づけて撮影したほうがいい。それでも直らない時は、写真を後でコンピューター上で、補正するしかない。高速で走るバス・電車から外を撮る時、オートでは、景色が流れるようになってしまう。その時は、シャッタースピードを速くする必要がある。

　出来れば、時間があれば、その場ですぐに、モニターでチェックすればいいと思う。

カメラ本体について

　最近小型でそこそこ高画質で望遠一体のカメラがあり、画質にこだわる事もあまりないので、これを使っている。バッテリー（モバイルバッテリーも、リチウムイオン電池から高性能な全固体電池に置き換わるかもしれないが）もスマホ充電器で充電出来るので、重宝している（以前はバッテリーを何個も持ち歩いていた）。小型で携帯に便利なので、小型カメラを3台持ち歩いているが、あまりかさばらない。画像は、以前は携帯用外づけハードディスクに保存していたが、現在はSSD（ソリッド・ステート・ドライブでディスクを回さない固定半導体記憶装置）が、小型で軽く、読み出し速度が速く、これも使っている。以前は、動画・ビデオも使っていたが、前に述べたように、編集が大変だし、呼び出して見るのに時間がかかりすぎ、使っていない。

また、過去に訪れた国のデジタル写真は、外づけHDD
やSSDに国ごとに、保存している。その数は、一国につ
いて、最近は300枚から500枚位である。以前のフィルムカ
メラの時代は、コストが高くかさばるので、なかなか出来
なかったが、デジタル化されて、コストも安く、写真を大
量に撮る事は、問題なくなった。

　大学の教養課程で、世界地理を受講した（単に優を取り
やすいからという理由ではなく、好奇心、面白そうだとい
う理由から）。その授業は、先生がプロジェクターに世界
各地の写真を映して、１枚１枚解説する形式であった。多
分先生が撮った写真のネガをポジにして、１枚１枚台紙に
貼って整理し、助手に手伝ってもらって、教室を暗くして、
映していた。

　今は、デジタル写真で、コンピューターの携帯用のコン
パクトなSSDにファイルで何万枚も保存出来るようになっ
た。その写真を、コンピューター上でカチカチと（スライ
ドショウより早く、瞬時に呼び出せる）何百枚も再生して
いる（もちろん国別であるが）と、頭の中で混乱が生じ、
何とかまとめようとする気持ちが起こってくる。代表する
写真を見つけようとする気持ちが起こってくる。言語によ
る長い文章を要約するような、帰納的思考が起こってくる。
多くの写真の中から、代表する・要約する写真を選ぼうと

する気持ちが起こってくる（多くの写真の中から、展覧会に出す写真を選んでいる人は、このような思考・作業をしているのかもしれない）。その場合、その視点は、人によって、様々であろう。ビジュアル的に構図がいい、景色がいい・色がきれい、等があろうが、私の場合は、歴史的意味ある場所の視点からのものが多い。意味を知らない人にとっては、何の変哲もない、つまらない写真であろうが（猫や犬に見せても、「ニャーんじゃこら、意味分からんワン」といわれそうだが）。今ここに、黒海に突き出たクリミヤ半島ヤルタの写真がある。それには、レーニン像・ウクライナの国旗・北側の山が写っている。クリミヤがロシアに併合された今、二度と見る事の出来ない、歴史的写真である。

経験について

　一般的に、「賢者は、他人の成功・失敗経験・歴史からも学ぶ。愚者は、自己の経験からでしか学ばない。大バカ者は、自己の経験からでさえ何も学ばない。」という事が言えると思う。大バカ者は、考えず・反省し修正もしないで、いつでも「**出たとこ勝負**」でやろうとするので、何回も同じ失敗・ミスを繰り返す。「**後悔先に立たず**」、とも言われるが、後悔は否定的感情を伴い現在の思考行動に悪影響を及ぼし今更変更も出来ないので良くないが、将来に活かせる反省は必要である。そして私は、知ってそのうえで経験・実行する事が大事だと考えている。単に本等で情報として知っているのと、実際に実践したり・現地を見に行ったりと実際に経験する・行動に移すのは別で、別の次元・別の世界の話であると思っている。知ってそれを実行・行動するには、別のノウハウ・スキルが必要となり、実践特有の問題がある。

　よく、医者が、自分では実践していないで、知識だけで患者に「運動がいいですよ」といったり、タバコをやめられない医者が、「タバコは健康によくないので、やめたほうがいいですよ」等といっても、実行していないと言葉に説得力がない。この場合は、実行のノウハウを、自ら実行・

体得して、単に知識でなく実行の方法を教えるほうが役立つ（実際に瞑想（禅）・運動・旅行をしていないで、いうだけ・口先だけ、単に知識だけの実行力を伴っていない人の推測・想像の話につきあっても、あまり役に立たない、と思っている）。

　経験を積んでくると、同じような事に出くわした時、初めて経験した時より、エネルギーをあまり使わずに容易に対処・対応出来る。過去に出くわした事と全く同じという事はないので、その点は注意が必要で、対応する必要があるが、それでも全く初めて出くわすより、エネルギーを使わず素早くスムーズに対応出来るようになる。そして小さな失敗は勉強・授業料と考えて、どんどん実行していったほうがいいと思う。頭の中でシミュレーションして、悪い結果・失敗を恐れ、結局体が動かず、一生何もしなかった、１カ所に張りついてただ呼吸していただけの人生では何ももったいない。

　旅に限らず何でも、同じような事を、数多く経験してくると、外から第三者が見ても慣れている事が分かる。違和感を持たず躊躇する事なく行動しており無駄がなくスムーズなのが外目からも分かる。慣れない初心者は、見ていて戸惑っていて行動がぎこちないが、慣れている人は、多くのエネルギーを使う事なく、前に出会ったような事は、省エネで対応出来、全く新しい出来事に集中してエネルギーを使うようになるので、傍が考える程エネルギーを使うわ

けでもなく大変・疲れるわけでもなく、易々とこなせる。ただ慣れるまでが何でも大変である。

　例えば、海外で一人で歩いている時、向こうから話しかけてくる人は、何か利益を得ようとしている人だから、その事を分かって、対応する（話しかけてくる相手に、無警戒で、一緒に飲みに行って、スキを見てアルコールに睡眠薬を入れられて、金を盗られた、というような事も聞いた事がある）。危険な雰囲気の場所（日本でも繁華街で危険な場所はある）には、近づかない等の対策が打てるようになる。「君子危うきに近寄らず」といわれる。自分が君子かどうかは別として、初めから危険に近寄らなければ、危険な目にあう事はない。危険な人・雰囲気の場所を感じたら、初めから近づかない事である（一般の日常生活でも、雰囲気を察知し、人を利用しよう・利用して利益を得ようと近づいてくる人間を見抜き、それを遠ざける事が出来る。「信じる者は救われず騙される」といわれるが、ねずみ講・投資詐欺（どう考えても自分だけ高配当が保証される、はおかしい）・「振り込め詐欺のトリック」等も防げるようになる）。結果として、初めて行った場所でも、犯罪・トラブルに巻き込まれる確率がぐんと減ってくる。例えば、スリが多く見られる観光地では、バッグを背中に背負っていると危なく前に抱えるようにしないと危ない、現金は何カ所かに分けて持つ、腹下に着けているポシェットはシャツ

を上からかける（別に身だしなみが悪くだらしないわけでなく合理的理由がある）、私の場合財布を落としたり・盗まれたりするのを避けるためチェーンをつける（私のリール・ワイヤーは、百均で買えるようなちゃちなものではなく、私人の現行犯逮捕で手も縛れるような、頑丈なピアノ線のもの）、またイタリアで多く出会った犯罪者・詐欺師は人間心理の傾向・弱点を突いてきたり故意に注意を他のものに向けさせスキをついてものを盗ろうとするので、自分の心理のどの弱点を狙っているのかを考えて対応しないといけない事（相手はプロだが、自分のどの心理的弱点を狙おうとするのか見たくなる）、緊急時でも落ち着いて心を固定せず広く持つ事、等である。（世界のコソドロ・スリ（チボ）さんたちは、言葉でなく体で・行動で、色々警戒のポイントを教えてくれた。かなり鍛えてもらった、かなりの額の授業料を払った感じがするが）。

　よいと思った行動は、いちいち考える事なく、無意識化・体に覚え込ませる・儀式化・習慣化させるとよいと思う。気分が乗ろうが乗るまいが、やる気が起ころうと起こるまいと、やりたくなくとも、とりあえずやり始める、自分の意思・気分に従っていてはダメである。そうして毎日長くやっていると、やらないと気持ちが悪い、やらないと落ち着かない、特段意識せず考えなくても体が動く、普段意識せずやっている呼吸と同じようにやっている、という事に

なってくる（物事を自分の意思・気分に任せてやっていたら、習慣化は出来ない）。これも経験上いえる事である。

　眠りについて。「枕が違うと寝られない」という人がいる。旅をすると、旅の経験を積んでくると、どこででもすぐに寝られるようになる。日本の電車の中で、眠っている人を見かけるが、海外で一人旅をする時、日本程安全ではないのでこれは避けるが、安全で眠れる所では、私は眠くなったらすぐに眠れる。これも場数を踏む・経験である（ただし、ジェットラグ・時差ぼけだけは、特に東に向かって移動する時は、なかなかいつまでたっても克服出来ない）。またいつも一人で寝ているので、ホテルで寝る時、念のため目覚ましはかけて寝るが、その前に起きる事を念じて寝るので、必ず目覚ましが鳴る前に起き、目覚ましで起こされた経験は今まで１回もない（自分で念じた時間に起きる事が習慣化されている。不思議と時差があって、現地時間に合わせても、問題なく出来る）。長い間一人で旅をしているが、初めての場所でも、事前１時間前、飛行機だと２時間前に駅・空港に行って、コーヒーを飲んだり・本を読んだり・人や周りを観察したりしているので（プライオリティパスを持っているので、ラウンジのある空港では、リフレッシュメントを食べたりして時間をつぶす。ラウンジといえば、日本の空港のラウンジは海外のラウンジと比べると質は落ちる。中東産油国の空港のラウンジは特に質が高い。日本

の新幹線の東京駅八重洲口中央にある東北・北陸新幹線の
グランクラス用のラウンジは、空港のビジネスクラス・ラ
ウンジのようなものだが、最近質が落ちたように感じる）、
寝坊して乗り遅れたという経験は、これまでの所ない（時
間概念があいまいで、約束によく遅れる人もいるが、時間
に正確でない人は、いつも時間に不正確な習慣を持ってい
て、こちらが振り回されるので、つきあわないようにして
いる）。余裕を持って行動しているので、まさかの事にも、
対応出来た。ヨーロッパの国際列車の乗り換えで、中央駅
でなく別の駅から出発するというものが結構ある（日本で
も昔、東京駅始発以外に上野始発という列車もあった。パ
リ・バルセロナ・ベオグラード等は今でもそうであろうか）。
初めての時も、時間に余裕があれば、十分に対応出来る。

　海外一人旅の経験で、身につけた習慣として、「**チェック・
チェック・チェック**」**の習慣**がある。海外旅行の初めの頃
は、興奮していたためか、移動の時・あるいはホテルにも
のを置いたままにし（実際、ある空港で、出発時刻の変更・
ゲートの変更に気を取られ、荷物を待合スペースの座席に
置き忘れ手荷物検査が終わった後に気がつき、引き返し荷
物を確保し、再度手荷物検査を受けた経験がある。一人で
旅行しているのでこのような危険が常にある）、後で気づ
いたが、ものが返ってこない事もあった。また届け出・請
求手続きで、時間を無駄にする事が多かった。日本国内で

も、電車に乗って、座席の上の網棚に荷物を置き、寝込んで寝過ごしそうになり、乗越ししまいと慌てて降り、荷物を取り忘れた、という経験がある人が多いと思う。席を離れる時は、必ずチェックする、という習慣を身につけていれば、このミスは少なくなる（予め大事な重要書類とかの荷物は、手から・身から離さない工夫も必要だが）。事後チェックもそうだが、事前チェックも重要である。何かをする時、必ず装備は大丈夫か・忘れた装備はないか・漏れはないか、チェックしておく、という習慣も大事である。飛行機のパイロットは、出発前に入念にチェック項目を漏らさないように、チェックリストでチェックしている。また鉄道員は意識するだけではなく、体を使って・手で指して安全を確認している。自分もこれに倣い、旅に出る前・ホテルでチェックアウトする時・滞在した場所を離れる時、パスポート・現金カード・航空券・保険証を持っているか、忘れものはないか（自分のものでもホテルの備品と勘違いする事もある）・荷物は揃っているか（海外旅行ではいつも荷物は３個と決めている）・バッグの口は開いていないか（ものを落としたり・盗まれたりする危険がある。バッグのチャックが複数ある時は、同一側に揃え、チェックしやすいようにしておく）、手で指さして「チェック・チェック・チェック」と３度確認するよう習慣にしている。

　これで旅行に限らず助かった事が、何度もある。ホテル

での荷物忘れも防げたし、ATMの前で落とした自分のカードの紛失も防げた。仕事上でも、何度か思い違いによる重大ミスも防げた。先日も、いつものように、ATMで送金をした後、「チェック・チェック・チェック」をしていると、左側に自分のではないお金の入った封筒（多分5万円位か、封筒に鉛筆書きで振込先等を書いていた。封筒を開けていないので、定かではないが）が落ちているのを見つけた。3時過ぎだったので、ATMのインターホンでコールセンターに電話し、銀行の店舗の人に出てきてもらった。銀行員がいうには、「落としものだから、交番に届けてほしい」、との事だった。しかし、「それでは時間を取られるし、ATMには監視カメラがあるので、それで見たらどのような人が落としたか分かるでしょう」、といって、封筒を銀行員に預けATMを離れた。

　空港に行って飛行機に搭乗する時・チェックインの時、パスポートを持ってきていない事に気がついた、という人もいる。旅行に限らず、テストの時名前を書き忘れた・マークシートの記入が1つずつずれていた、仕事を完成したと思って提出したら、ミスがあった、等の事を経験した人もいるはずである。月末銀行振り込みで何カ所かに振込みをする際、振込み先を間違え、組み戻し・払い戻しに時間とエネルギーを取られた、という話も聞いた事がある。自分でチェックする習慣を持っていないからである。一応完成

させたのは、50％の終了と考えて、たいして時間もかからないので、作業の一応の終了後、一旦前向き次への思考を止め・立ち止まり振り返り、やりっぱなしで終わらず、チェック・チェック・チェックの癖・習慣をつけるといいと思う。（違った目・違った角度からチェックする事も必要）。事後チェックは簡単で時間もかからないのに、ミスが修正出来る場合でも一度犯したミスを修正するには、多くのエネルギーと時間が必要となる。私は、経験から、「チェック・チェック・チェック」の習慣は、最も役立つ・最もよい習慣であると思っている。「チェック・チェック・チェック」の習慣に、旅のトラブルのみならず仕事上の重大ミスの回避にどれだけ救われた事か、「感謝・感謝・感謝」である。

　自衛隊のパイロット養成学校では、小さなミスでもミスを犯す癖のある者は、単にヒューマンエラーとして見逃せない・重大事故を起こしかねない・パイロット適性がないとして、排除するそうである。（事故・トラブル対策としては、不注意者・不適格性格者排除の他、ヒューマンエラー（何々したつもり・別のものに気を取られ・相互確認不足・ケアーレスミス・判断ミスが多い。）がそもそも生じない物理的システムを構築することが大事で、人の確認・チェックに頼りすぎず、人間の実際判断・行動でなくチェックだけするようにすることである。一般の仕事でもチェックせずミスをする癖のある者には、周囲が迷惑する。そして具体的身体を

使ったミスチェック行動をせず、単にやったつもりと頭だけで思い込む事はミス・重大事故のもとである。

　加えてミス・判断ミスを防ぐには、二つの**意識・目**を持つあるいは持とうとする事が必要だと思う（**複眼思考の必要性**）。一つ目の意識・目は自分を突き放し自分の上から高い所から全体の中での自分の位置・自分が今何をやっているかを観る目（**メタ認識**）・上から自分を大きく俯瞰する目・バードアイを持つ事であり、もう一つの別の意識・目は現実・実際にやっている事に対する意識・目である（これは我々が普通にやっている）。

　メタ認識は、訳も分からずただ**迷走**していては駄目であるが名僧の瞑想の境地までいかなくても**瞑想**し自己を見つめる目を持つ訓練をすれば、上から自分を静かに監視カメラで見ているような意識が誰でも身につけられると思う。（瞑想を続けていると、ストレスから解放され精神的な安定感が生じガサガサ感がなく落ち着きのある人間となり、漠然とした不安感が消え大安心が得られるという効果もある）。

　着眼大局・着手小局という言葉がある。でもこれは最初だけ大局観を持てばいいというイメージがある。しかし現実・事実は時々刻々と動いている、変化しているのである。大局観と小局観は同時に並行・パラレルに持つ事・持とうとする事が必要と思う。これにより、自己の行為の方向性

の判断ミス・全体バランスの判断ミス・現状での不適応ミスをかなり防げると思う。とかく過去に成功体験があり、その時に最適だった判断・行動にこだわり続ける（**守株**）という事がよくある（**失敗は成功の母**でもあるが、逆に**成功は失敗の母**でもある。慢心・思考停止が判断ミス、失敗を招く）。個人でも判断・行動に誤りがあった時すぐに修正出来ないことがよくあるが、特に巨大組織・システムでは、いちど動き出す・走り出したら現実不適応でもなかなか止められないという事がよくある。細部に埋没し全体を見渡しその中での自分の立ち位置を常に考えていないと、失敗・判断ミス・トラブルを引き起こす。

　危険の多い海外一人旅で、かなりの授業料を払って多くの経験をさせてもらった。これらの経験は、海外一人旅で獲得した金では買えない旅の成果である。海外一人旅は、好奇心を満たし・変化対応力・生きる力の訓練・トレーニングの場として、困難を楽しみに変える場所として、旅も人生も「知恵と勇気とサムマネー」で、今後も積極的にやっていきたい。

　以上、旅を通じて考えた、我々の現在の立ち位置、旅の目的、そして旅・旅に限らず生きていくための心・その他の準備を、思いつくままに書いてみた。よくある旅行記の

「来た・見た・感動した」の枠を超えた、単に旅行記を期待している人には期待外れと思われるが、旅を通じて旅から敷衍した人生に役立つ事、を書いてみた。

　しかし、事実は別にして私の考え方については、これも一つの考え方であって、唯一絶対なものではない。私の考え方については全くこだわる事はない。多様な考え方があって多様性を認めたうえでその中で自分はどう考えどう行動するかが問題で、その意味で考え方のたたき台、考える材料として、読んでもらえればいいと思う。大学に入って衝撃的な言葉を今でも覚えている。そして一番価値がある言葉だと今でも思っている。ある法律のゼミで先生に、一つの考え方の刷り込み・洗脳ではない、「諸説あるが、君はどう考えるの?」であった。それまでの勉強は、効率的に早く結論を知りたいというもので、ゼミでも「先生結論を知っているなら、議論しても時間の無駄だから早く結論を教えてください」と内心思っていた。この言葉がその後生きる上での指針となった。

　この世に偶然奇跡的に生まれ落ち生を受け、健康で丈夫に育ち、教育学習の機会にも恵まれ、その上種々の好条件が重なり、一人で世界中を旅し写真を撮り思いつくまま文章を書き、更にそれを出版する機会にも恵まれた事は、奇跡の何乗かに該当しまさに有難き事奇跡的な事超レアーな事で、それをこの身自身で身をもって体験できた事は感謝

以外にない。我ながら非常に恵まれた存在だと思う。その奇跡的幸運で得られた稀な経験成果、私の思いついた事で、皆様方の旅なり人生なりで何か少しでも参考となりお役に立つことが出来たら、望外の幸せである。我々いずれの人の人生も、宇宙時間から考えるとほんの一瞬瞬間である。人生はまるでシャボン玉か線香花火のようで、何もない所からパーと膨らみ光り輝き（輝けなかったと思う人もいるかもしれないが）、パッと消えて何もなかったかのように跡形もなくなってしまうものである。この限られた一瞬瞬間の空間の中で何を見出し何を作り出していくか、各人に与えられたテーマではなかろうか。

「運（はこ）ぶと書いて運（うん）と言う」

　自分で前もって用意・準備しておかないと、機会チャンスが来ても運よく結果が出せない・運と巡り合えない。運がいいと言われる人は、それなりの準備をしているという事。

「チャンスの神様は前髪しかない。（後ろ髪をひかない。）」

　これもチャンスは皆に平等に来るが、その時チャンスを掴む準備が出来ていないとチャンスを生かせない、運を掴めない、運はもう一度後ろから追いかけて来てくれることが無くチャンスを与えてくれない。チャンスに備えて希望をもってちゃんと準備しておく事。

「成功の秘訣は、運・鈍・根」である。」

　運は、前もって十分準備しておかないと運が廻って来た

時運はつかめない、という事。

鈍は、目先の事で小賢しく立ち回る者・策に溺れる者は、
　　運がスルリと逃げてしまう、という事。周りに左
　　右されず・一喜一憂せず少し鈍感位がちょうどい
　　い、という事。

根は、すぐに諦めるのではなく希望をもってドンと構え
　　て根気よく、という事。

　とこんな事も言われています。参考にして考えてみてく
ださい。

　ついでながら、本書に、眠気防止・重箱の隅つつき・間
違い探し・粗探し読書向けに、何カ所か間違いを入れてお
きました。探してみてください。

　それでは皆様最後に、**ボンボヤージュ・ハブアナイスツ
リップ！　旅も人生も！**

これまで主に一人旅してきた
海外の国々・場所・地域

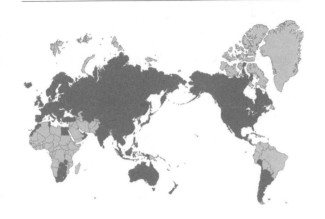

ヨーロッパ

アイスランド（レイキャビック）　**アイルランド**（ダブリン）
イギリス（ロンドン　オックスフォード　バーミンガム
マンチェスター　リバプール　カーライル　グラスゴー
エディンバラ　ニューカッスル）　**ポルトガル**（リスボン）
スペイン（マドリード　トレド　コルドバ　セビーリヤ
アルヘシラス　マラガ　グラナダ　バレンシア　バルセロ
ナ　サンセバスチャン）　**アンドラ（公国）　フランス（六**

角形）（パリ　リヨン　アビニョン　エクサンプロヴァンス　マルセイユ　シャモニー）　**スイス**（ジュネーブ　ローザンヌ　モントルー　ツェルマット　ブリーク　シュピーツ　ベルン　インターラーケン　グリンデルバルト　ユングフラウ山　ルツェルン　サンモリッツ　チューリッヒ　サルガンス　バーゼル）　**リヒテンシュタイン　モナコ　イタリア**（ジェノヴァ　ピサ　フィレンツェ　ヴェネツィア　ボローニャ　リミニ　ミラノ　ティラーノ　ローマ）　**バチカン　サンマリノ　マルタ**（ヴァレッタ）　**ギリシャ**（アテネ　エギナ島　イドラ島　テッサロニキ）　**ルクセンブルク　オランダ**（アムステルダム）　**ベルギー　ドイツ**（ブレーメン　ハノーバー　ハンブルク　ローテンブルク　ベルリン　フランクフルト　シュツットガルト　アウクスブルク　ミュンヘン）　**デンマーク**（コペンハーゲン）　**ノルウェー**（オスロ）　**スウェーデン**（イェーテボリ　ストックホルム　ウプサーラ）　**フィンランド**（トゥルク　ヘルシンキ）　**ロシア**（モスクワ　サンクト・ペテルブルク）　**エストニア**（タリン　ナルヴァ　タルトゥ　パルヌ）　**ラトヴィア**（リーガ）　**リトアニア**（ヴィリニュス　カウナス）　**ベラルーシ（白ロシア）**（ミンスク）　**ポーランド**（ワルシャワ　ポズナニ　ヴロツワフ　クラクフ　ヴィエリチカ岩塩鉱（坑）　アウシュビッツ＝オシフェンチム）　**チェコ**（プラガ＝プラハ）　**スロバキア**（ブラチスラバ　トレンチーン）　**オー**

ストリー（ヴィエナ＝ウイーン　ザルツブルク　インスブルック　グラーツ）　スロベニヤ（リュブリャナ　ブレッド湖）　クロアチア（ザグレブ　ドブロブニク）　ボスニア・ヘルツェゴビナ（サラエボ）　モンテネグロ（黒い山の意味）　コソボ　北マケドニア（スコピエ）　アルバニア（ティラナ）　セルビア（ベオグラード）　ハンガリー（ブタペスト）　ブルガリア（ソフィア）　ルーマニア（ブカレスト）　モルドバ（キシナウ）　ウクライナ（キーウ　オデーサ　シンフェローポリ　ヤルタ　〈クリミヤ半島は、ロシア併合前〉）　アゼルバイジャン（バクー＝風の街）　ジョージア（グルジア）（トビリシ）　アルメニア（エレバン）

アフリカ

モロッコ（タンジェ＝タンジール）　チュニジア（チュニス　カルタゴ＝カルサージ）　エジプト（アスワン　ルクソール（テーベ）　カイロ・ギザ）　南アフリカ（ケープタウン　喜望峰）　ボツアナ（チョベ国立公園）　ジンバブエ（ビクトリア滝）　ザンビア（ビクトリア滝）

アフリカはヒョウの顔（耳はチュニジア・カルタゴ）と水牛の顔（アフリカの角は水牛の角）の合体として覚えている。セネガルのダカール（ダカールラリーで有名）は、ちょうど豹の鼻と覚える。北アフリカとサブサハラの内、南の

部分しか行っていなくて、サヘル〈サハラ砂漠の南縁部分〉にも行っていない。

アジア

カザフスタン（アルマトイ・アルマティ＝旧都、リンゴの里の意味）　**キルギス**（**キルギスタン**）（ビシュケク）　**ウズベキスタン**（タシケント　ブハラ　シャフリサーブス　サマルカンド）　**インド**（デリー　アグラ　ジャイプル　ムンバイ）　**ネパール**（カトマンズ　ポカラ　タンセン　プトワル　ルンビニー）　**スリランカ**（コロンボ）　**ミャンマー**（ヤンゴン）　**タイ**（チェンマイ　カンチャナブリ　バンコック　パタヤ　プーケット　ハジャイ　ノンカイ）　**ラオス**（ビエンチャン）　**ベトナム**（ハノイ　フエ　ダナン　ホイアン　ニャチャン　ホーチミン＝サイゴン）　**カンボジア**（プノンペン　シェムリアップ）　**マレーシア**（ペナン島　クアラルンプール　マラッカ　プトラジャヤ＜新首都＞　ボルネオ（カリマンタン）島ミリ）　**ブルネイ**（BSB）　**シンガポール**　**インドネシア**（バリ島　ジャカルタ　バンドン　パレンバン　バンダルランプン）　**フィリピン**（マニラ　ブラカン）　**モンゴル**（ウランバートル）　**中国**（香港　広州　桂林　上海　北京）　**台湾**（台北　九份　台中　日月潭　ジャーイー（嘉義）　阿里山　台南　高雄　台東

花蓮) **韓国**（DMZ　ソウル　スーウォン　テジョン　テ
グ　キョンジュ　プサン　クワンジュ　チェジュ＝済州島）
トルコ（イスタンブール　アンカラ　コンヤ　イズミル）

中近東・アラビア

クウェート　　**バーレーン**　　**カタール**（ドーハ）　**ドバ
イ**　**アブダビ**　**オマーン**（マスカット）
（アラビア半島は、前飾り（カタール半島）のついた防寒
ロングブーツに見える）

オセアニア・南太平洋島嶼（トウショ）部

オーストラリア（ブリスベーン　シドニー　パース）　**ニュー
ジーランド**（オークランド　ロトルア　ウェリントン　ピ
クトン　クライストチャーチ）　**ニューカレドニア**（フラ
ンス特別共同体・海外領土　ヌーメア）　**バヌアツ**（ポー
トヴィラ）　**パラオ〈パラウ〉**（コロール島　ペリリュー島）
グアム　サイパン　フィジー（ナンディー　トレジャーア
イランド）　**マーシャル諸島**（マジュロ）　**ミクロネシア連
邦・トラック諸島**（チューク　ポンペイ）　**ソロモン諸島**（ガ
ダルカナル島・ホニアラ）

北アメリカ

カナダ（ヴァンクーヴァー島　ビクトリア　ヴァンクーヴァー　ウィスラー　カムループス　レイクルイーズ　バンフ　カルガリー　ジャスパー　エドモントン　サスカトゥーン　トロント　ナイアガラフォールス）　**アメリカ**（ハワイ・パールハーバー、ワイキキ　シアトル　サンフランシスコ　サンノゼ　ロサンジェルス　ロングビーチ　サンディエゴ　シカゴ　バッファロウ　ナイアガラフォールス　ボストン　ニューヨーク　アトランタ）　**メキシコ**（ティファナ　エンセナーダ　マザトラン　カンクーン　チチェン・イッツァ遺跡）

中米・カリブ

キューバ（ハバナ）　**コスタリカ**（サンホセ　リベリア）　**グアテマラ**（グアテマラシティ）

南アメリカ

ペルー（リマ）　**チリ**（サンティアゴ　バルパライソ）　**アルゼンチン**（ブエノスアイレス）　**ウルグアイ**（モンテビデオ）

（2020.2.12現在）

あとがき・解説

　これまで主に一人旅してきた海外について初めて書いた本（単行本）の初版が店頭在庫もなくなり異常なプレミアムがついてかなり少なくなってきたようなので、「まだ出版して1年も経っていませんが造反（増版）有理（有利）という事もあります、増版をしてみてはどうですか」、と幻冬舎MCの担当者に申し入れをした所、今の単行本は少し値段が高く、広く多くの人（々）に手軽に読んでもらえるよう持ち運びの容易なコンパクトサイズでお手頃価格の文庫本にしたら、とのお誘いを受けた。私の旅・旅行の体験・経験・考えた事・実践が、多くの人（々）の旅・旅行、更にもっと敷衍・一般化し人生は旅だとして生き方・生き抜き方・それぞれの人生の何らかの参考になればと思い、文庫本化をお願いした（目次も入れ、カッコ書きの小さな文字は読みづらいので、そこも何とか工夫して変更してもらいたい、との希望も含めて）。

　この本は、旅・旅行の話・海外紀行文なのに、関係ない歴史の話が多い、知識のひけらかしが多い、と感じる人もいると思われるが、単に目先の実況中継的・現状解説的な表面的な通り一遍の薄っぺらい話ではなく、我々の現在の移動・旅・旅行は過去の流れからどのような影響・恩恵を

受けているのか・過去からの流れの中で我々の移動に関する「現在の立ち位置」はどのようであるかを再確認チェックするため見えないものを観るため、その事を意識して歴史認識を書いている（従来学校で習っていた歴史の日本史・世界史の便宜的な枠組みを越えて最近でいう歴史総合でまた現代史も書いている）。

　またこの本で旅行の具体的な現地情報・現地経験談・体験談が少ない、と思われるかもしれない。しかし、本書は、別の切り口・見方として、本書巻末の図で示した好奇心（高木真）による意識の拡大として、自己の内部に向かって（心と体）と自己の外部に向かって（地理・歴史）とに分けて書いている。自己の外部に向かっての意識の拡大（地理・歴史）は、確かに少し不十分だったので、別に写真集を出している。この写真集は情報量が多く（約1800枚）、また紙のように固定でなく拡大出来るよう、電子版にしている。これはヴィジュアル情報なので、文字情報が不得意な人も容易に見られるし、実際に現地に行って自分自身で写真を撮っておりかなりのコスト・費用がかかり、一個人一人ではではなかなか作れない貴重な写真集である。従来画像がなかなかなかった国々の画像もたくさんあり、生涯一度は世界旅行をしてみたいと思っている人には必見の写真集でもある。なお写真自体については、本書の心・体・技・経験の中の技の所で基本的に自分が理解している写真の事を

書いている。

　写真集は、<u>別売</u>「海外100カ国以上一人旅写真集・67カ国・約1800枚ヴェルヌの旅行の80日間も不要。たったの一日、写真で巡る世界一周」(電子版・学術研究出版)である。

〈著者紹介〉

高木 真（たかぎ まこと）

　確か4歳の時、九州の山奥から父に手を引かれ初めて町に行った。全てが珍しくキョロキョロしていて電柱にぶつかり人に笑われた。その時以来異空間に対する好奇心が生じ、学校では社会・地理・歴史に興味を持ち、中学時代は「兼高かおる世界の旅」を毎週見た。慶大政治学科では地域研究の講座を多く取った。暇を見ての全国旅行の後、プラザ合意後海外旅行機会に恵まれ、出来るだけ多くの国に行こうとした。コロナの影響で国内足止めとなり、この文章を書いてみた。

　他に『海外100カ国以上一人旅写真集・67カ国・約1800枚ヴェルヌの旅行の80日間も不要。たったの一日、写真で巡る世界一周』（電子版・学術研究出版）、『海外百カ国以上一人旅で考えた事・実践　文庫改訂版』（幻冬舎、2023）がある。

文庫増補改訂版
海外百カ国以上一人旅で考えた事・実践

2024年7月31日　第1刷発行

著　者　　高木真
発行人　　久保田貴幸

発行元　　株式会社 幻冬舎メディアコンサルティング
　　　　　〒151-0051　東京都渋谷区千駄ヶ谷4-9-7
　　　　　電話　03-5411-6440（編集）

発売元　　株式会社 幻冬舎
　　　　　〒151-0051　東京都渋谷区千駄ヶ谷4-9-7
　　　　　電話　03-5411-6222（営業）

印刷・製本　中央精版印刷株式会社
装　丁　　弓田和則